Flut der Angst

Hannes Nygaard ist das Pseudonym von Rainer Dissars-Nygaard. Er wurde 1949 in Hamburg geboren und hat sein halbes Leben in Schleswig-Holstein verbracht. Er studierte Betriebswirtschaft und war viele Jahre als Unternehmensberater tätig. Er lebt auf der Insel Nordstrand.
www.hannes-nygaard.de

Dieses Buch ist ein Roman. Handlungen und Personen sind frei erfunden. Ähnlichkeiten mit lebenden oder toten Personen sind nicht gewollt und rein zufällig.

HANNES NYGAARD

Flut der Angst

KRIMINALROMAN

emons:

Bibliografische Information der Deutschen Nationalbibliothek
Die Deutsche Nationalbibliothek verzeichnet diese Publikation
in der Deutschen Nationalbibliografie; detaillierte bibliografische
Daten sind im Internet über http://dnb.d-nb.de abrufbar.

© Emons Verlag GmbH
Alle Rechte vorbehalten
Umschlagmotiv: iStockphoto.com/Auke Holwerda
Umschlaggestaltung: Tobias Doetsch
Gestaltung Innenteil: César Satz & Grafik GmbH, Köln
Lektorat: Dr. Marion Heister
Druck und Bindung: CPI – Clausen & Bosse, Leck
Printed in Germany 2014
ISBN 978-3-95451-378-9
Originalausgabe

Unser Newsletter informiert Sie
regelmäßig über Neues von emons:
Kostenlos bestellen unter
www.emons-verlag.de

Dieser Roman wurde vermittelt durch die Agentur EDITIO DIALOG,
Dr. Michael Wenzel, Lille, Frankreich (www.editio-dialog.com).

Dieses Buch widme ich meinen Leserinnen und Lesern.

EINS

Petrus meinte es gut. Er konnte mit seinem Werk zufrieden sein und sich an den lobenden Worten erfreuen, die Gäste und Bewohner Nordfrieslands über ihn verloren.
Seit Tagen beherrschte ein strahlendes Blau den weiten Horizont. Für die letzten Tage des Frühlings war es angenehm warm.
Das Wetter lockte die Menschen ins Freie; in der Außengastronomie gab es kaum einen freien Platz. Und wer nicht von einem beschaulichen Plätzchen aus das muntere Treiben verfolgte, bummelte gemächlich vom sehenswerten Husumer Schifffahrtmuseum über den Zingel und das Areal am Binnenhafen, schlenderte die Flaniermeile bis zur Kleikuhle, dem Platz in der Nähe der Klappbrücke, entlang.
Matthias von Wiek genoss die Atmosphäre. Es war eine lieb gewordene Familientradition, dass er seinen Geburtstag im Familienkreis an der Westküste verlebte.
Als Verkaufsleiter eines für innovative Technologien aus Glas bekannten Mainzer Weltkonzerns war er beruflich oft in allen Erdteilen unterwegs. Im Urlaub waren die beruflichen Belange unendlich weit entfernt. Dazu trug auch bei, dass er und seine Frau in der urwüchsigen und beschaulichen Region ein Paradies entdeckt hatten.
Urlaub und Geburtstagsfeier fanden seitdem hier statt. Und am Abend würde es wieder das Treffen mit der Familie und Freunden im Stammlokal geben.
Stefanie, seine Frau, hatte darauf gedrungen, den Tag in Husum zu verbringen, durch das kleine Zentrum zu schlendern, in den schmucken Geschäften zu stöbern, das weit über die Grenzen der Westküste hinaus bekannte Textilkaufhaus zu erobern, um schließlich mit einem Seufzer festzustellen, dass die Wünsche ihre Möglichkeiten bei Weitem überstiegen.
»Egal, was du noch vorhast«, sagte Matthias von Wiek entschieden, »wir trinken jetzt einen Kaffee.« Er sah sich um. »Da

Auf dem Dampfer.« Er zeigte auf das Restaurantschiff »Nordertor«, einen ehemaligen Förderdampfer, der seit seiner Indienststellung im Jahre 1936 Passagiere befördert hatte, bis er nach einer Odyssee vor langer Zeit in Husum endgültig vor Anker gegangen war.

Eine Gangway führte auf das Vorderdeck des blau-weiß gestrichenen Schiffs. An ihrer Seite waren eine Reihe Schilder befestigt, die auf die Öffnungszeiten, den Rauchersalon und andere Besonderheiten hinwiesen. Der zunächst rumplig erscheinende erste Eindruck beim Betreten des Decks verschwand im Innenraum, der eine urige rustikale Atmosphäre bot.

Sie fanden einen freien Tisch im hinteren Teil des Schiffes.

Von Wiek stieß seine Frau an. »Da drüben, das ist das neue Rathaus.«

»Irgendwie passt das nicht zum Ambiente auf der anderen Seite«, stellte seine Frau fest. »Da drüben ... Die Häuser mit den Spitzgiebeln sehen schnuckelig aus. Selbst die Neubauten fügen sich harmonisch ein. Aber das Rathaus ... Das wirkt wie ein Fremdkörper. Mit Ausnahme des Stahlgestells ...«

»Du meinst den Aussichtsturm am Ende des Hafens, den mit der Plattform?«

»Sag ich doch.« Es klang schnippisch.

Sie wurden durch die Bedienung unterbrochen.

»Ich glaube, ich möchte einen Eisbecher«, entschied von Wiek, während seine Frau sich die Kuchenauswahl vortragen ließ, wählte und ein Kännchen Kaffee bestellte.

»Wolltest du nicht hierher, um Kaffee zu trinken?«, neckte sie ihren Mann.

Der sah auf die andere Hafenseite.

»Da drüben. Ist das ein Kutter? ›Hildegard‹, steht an der Spitze.«

»Weiß nicht. Damit kenne ich mich nicht aus. Ich habe mal gehört, es sei ein Tonnenleger. Und die Spitze heißt Bug.«

»So ein Blödsinn.« Stefanie von Wiek lachte. »Was für Tonnen soll der legen? Und wohin?«

Matthias von Wiek zeigte auf das Wasser. »Wir haben Ebbe. Das läuft ganz schön schnell ab.«

»Dann ist der ganze Hafen Matsch«, sagte seine Frau.

Er lächelte milde. »Schlick heißt das.«
»Von mir aus. Sieht auch nicht sauberer aus.«
»Zumindest werfen die Leute hier nicht alles ins Wasser. Es ist erstaunlich, was man aus manchem Binnensee herausfischt.« Interessiert sah er in das Hafenbecken am Heck des Schiffes.
»Allerdings liegt hier auch etwas. Sieh mal. Eine Schaufensterpuppe.«
Seine Frau unterzog sich nicht der Mühe, aus dem Fenster zu sehen. »Wie fandest du den Hosenanzug?«, fragte sie.
»Welchen?«
»Den lindgrünen, den ich zuletzt anprobiert habe.«
»Ach den.«
»Nun sag mal.«
Matthias von Wiek war froh, dass sie durch die Kellnerin abgelenkt wurden, die ihre Bestellungen brachte. Zufrieden löffelte er seinen Eisbecher leer, zufrieden war er auch, dass seine Frau mit Kaffee und Kuchen beschäftigt war und das Thema »Hosenanzug« vorerst ruhen ließ. Beiläufig warf er einen Blick aus dem Fenster und hielt mitten in der Bewegung inne.
»Das gibt's doch nicht!«
»Matthias«, mahnte seine Frau. »Du hast heute Geburtstag und bist ein weiteres Jahr von dem Alter entfernt, bei dem man sich träumerisch den Löffel mit Eis und Sahne an die Nasenspitze führen darf.«
Von Wiek ignorierte die Bemerkung. »Da«, sagte er mit belegter Stimme, »da unten im Matsch —«
»Vorhin hast du mir noch erklärt, dass es Schlick heißt«, unterbrach ihn seine Frau.
Matthias von Wiek ging nicht darauf ein. »Das ist keine Schaufensterpuppe. Das ist ein Mann!«
Seine Frau warf jetzt auch einen Blick durchs Fenster. »Tatsächlich«, sagte sie. »Donnerwetter.«
Von Wiek stand auf und ging zum Tresen. »Da liegt etwas im Wasser«, sagte er mit stockender Stimme. »Ein Toter.«
Die Bedienung sah ihn mit großen Augen an. »Wie bitte?«
Er wiederholte seine Worte.
Die junge Frau informierte ihre Chefin, die ebenfalls hinaus-

sah. Inzwischen hatten es auch die anderen Gäste bemerkt und drängten ans Fenster.
»Ich rufe die Polizei«, erklärte die Chefin resolut.

★★★

Erster Hauptkommissar Christoph Johannes sah von seinem Bildschirm auf. Weit reichte sein Blick nicht. Am Schreibtisch vor ihm saß Große Jäger und fluchte leise vor sich hin. Büroarbeit gehörte nicht zu den Lieblingsbeschäftigungen des Oberkommissars. Der Mann mit der speckigen Lederweste und dem Holzfällerhemd ließ krachend seine Hand auf die unsortierten Papiere auf seinem Schreibtisch fallen.
»Linke Jeanstasche«, sagte Christoph.
Große Jäger räkelte sich, dass der Bürostuhl bedenklich ächzte, und ließ die Pranke in der Hosentasche verschwinden. Kurz darauf tauchte sie mit einer Streichholzschachtel wieder auf. Dann krachte die andere Hand erneut suchend auf die Papiere.
»Mist«, fluchte Große Jäger, als er bei seinem unkontrollierten Herumschlagen die zerknautschte Zigarettenpackung erwischte. Viel konnte er nicht zerdrückt haben. Nicht mehr. Die Packung hatte zuvor schon Ähnlichkeit mit einem Plattfisch gehabt. Der Oberkommissar erhob sich. »Zehn Minuten Gesundheitspause«, sagte er und wollte zur Tür gehen, als sich sein Telefon meldete.
»Ja. – Oh, wie spannend. – Wirklich? – Gut. – Wir kommen«, hörte Christoph, bevor sich Große Jäger ihm zuwandte.
»Wie schnell erstarrt eine Leiche?«
»Bitte?«, fragte Christoph zurück.
Große Jäger hielt die Zigarettenpackung in die Höhe. »Ist eine Zigarettenlänge von Relevanz, wenn wir zum Fundort einer Leiche müssen?«
»Ganz bestimmt«, erklärte Christoph und schloss die Arbeit ab, mit der er sich aktuell beschäftigte. »Wo?«
Erneut wurde die Zigarettenpackung in die Höhe gehalten.
»Verrate ich dir nach der Gesundheitspause.«
Große Jäger war nicht dazu zu bewegen, weitere Informationen von sich zu geben. Sie hatten kaum die Hintertür des

Polizeigebäudes in Husums Poggenburgstraße verlassen, als er sich den Glimmstängel anzündete und gierig inhalierte. Erst dann war er bereit, zu berichten.

»Man hat einen Toten im Binnenhafen gefunden.«
»Das sind nur ein paar Schritte«, erklärte Christoph.
»Na und? Wo erscheint die Polizei zu Fuß? Bei den zahleichen Touristen, die rund um den Hafen allgegenwärtig sind, würden wir uns lächerlich machen.«
»Es wäre doch eine Attraktion, wenn du mit einem Blaulicht in der Hand dort angelaufen kämest, vergleichbar mit den Läufern, die das olympische Feuer durchs Land tragen.«
Große Jäger tippte sich an die Stirn. »Und dazu soll ich ›Tatütata‹ singen?«
»Bei deiner Körperfülle kann man dich nicht mehr mit dem Pferd anrücken lassen. Das würde dem armen Tier die Wirbelsäule brechen.«
»Die Ambitionen hätte ich auch nicht. Du bist hier der Sheriff. Ich bin nur ein Deputy.«
»Dann los, Hilfsmarshall«, sagte Christoph. »An der Nordseeküste gibt es die Gezeiten.«
»Gemach, gemach«, erwiderte Große Jäger. »Wenn wir es ganz ruhig angehen lassen, verschwindet die Leiche wieder im Wasser. Wir müssen nur auf die Flut warten.« Sie stiegen ein und fuhren die kurze Strecke zum Binnenhafen. Vor den schmucken Häusern mit den bunten Geschäften und Restaurants gab es keine Abstellmöglichkeiten. Dort waren alle Parkplätze belegt. Christoph parkte den Volvo auf der anderen Seite direkt an der Kaimauer im Halteverbot.
»Die Ureinwohner nehmen sich alles heraus«, meckerte ein älterer Mann, der die aufsteckbaren Sonnenschutzgläser vor seiner Hornbrille hochgeklappt hatte.
Große Jäger streckte dem Mann die Zunge heraus, ohne sich um seine weiteren Beschwerden zu kümmern. Mühsam bahnten sich die beiden einen Weg durch den Ring der Schaulustigen, die von den Besatzungen zweier Streifenwagen zurückgedrängt wurden.
»Moin«, grüßte einer der Polizisten mit einem Kopfnicken Richtung Hafenbecken.

Christoph trat dicht an die Kaimauer und sah in den graubraunen Schlick hinunter. Nur in der Mitte war noch ein schmales Rinnsal, in dem das Wasser der Husumer Au, eines kleinen Zulaufs aus dem Hinterland, Richtung Nordsee floss. Der Schlick hatte die Leiche halb verdeckt. Das ablaufende Wasser hatte am leblosen Körper Sedimente angespült, die sich dort zu einer kleinen Erhebung angesammelt hatten. Von hier oben war nicht viel zu erkennen. Der Mann lag auf dem Bauch, Arme und Beine waren leicht angewinkelt. Das Gesicht lag halb auf einer Seite.

Christoph wechselte einen Blick mit Große Jäger.

»Habe ich auch gesehen«, erwiderte der Oberkommissar.

Am Hinterkopf zeichnete sich eine dunkle Stelle ab, die teilweise vom Hafenschlick verschmutzt war. »Das haben wir nicht so oft«, fuhr Große Jäger fort. »Ein Einschuss in den Hinterkopf. Entweder war er Artist und hat auf diese umständliche Art Selbstmord begangen, oder es ist ein glatter Mord.«

»Aus dieser Distanz ... Kompliment. Erkennst du auch Motiv und Täter?«

»Klar«, erwiderte Große Jäger. »Sieht aus, als hätte der Tote einen Anzug getragen. Der muss jetzt allerdings in die Reinigung. Man wollte ihn in diesem Zustand nicht ins Restaurant lassen. Es gab Streit, und in dessen Verlauf hat ihn der Oberkellner erschossen.«

»Erschossen?«, fragte Christoph spitz.

Große Jäger schürzte die Lippen. »Na ja. Vielleicht hat er auch mit einem zu zähen Stück Fleisch geworfen.« Dann wühlte er sein Handy hervor und forderte die Spurensicherung an. »Beeilt euch«, schloss er das Gespräch ab. »Sonst verschwindet die Leiche und taucht erst in der Nacht wieder auf. Ach ja ... vergesst die Badehosen nicht.«

»Wenn du dich jemals versetzen lassen willst, dann musst du nach Oldenburg in Holstein oder Geesthacht. Die Dienststellen sind weit weg. In Flensburg wird man dich nicht nehmen. Da hast du dir zu viele Freunde angelacht«, sagte Christoph und entschied, die Husumer Feuerwehr zu alarmieren. »Wir müssen den Toten bergen und Dr. Hinrichsen anfordern.«

Der Allgemeinmediziner betrieb in Husums Schloßgang eine Praxis. Er wurde von der Polizei zurate gezogen, wenn es ungeklärte Todesfälle gab, um eine erste Einschätzung vorzunehmen, da die Rechtsmedizin im fernen Kiel beheimatet war.

»Das kannst du vergessen«, erwiderte Große Jäger. »Oder weißt du, in welchem Golfclub er Mitglied ist? Heute ist Mittwochnachmittag. Da sind die Ärzte nicht in der Praxis. Ich kümmere mich um die Zeugen. Um die, die den Toten entdeckt haben«, fügte er an.

»Die sind auf der ›Nordertor‹«, erklärte der uniformierte Beamte in ihrer Nähe und zeigte auf das Restaurantschiff.

Christoph und die Streifenwagenbesatzungen bemühten sich, die Zuschauer zum Weitergehen zu bewegen. Es war ein vergebliches Unterfangen.

»Abenteuerurlaub an der Küste«, feixte ein Passant.

»Vielleicht ist das alles nur gestellt, und die drehen eine neue Folge von ›Morden im Norden‹«, meinte ein anderer.

Kurz darauf ertönten schon von Weitem die Signalhörner der freiwilligen Feuerwehr. Christoph war immer wieder erstaunt, wie schnell die Frauen und Männer nach Auslösung eines Alarms am Einsatzort eintrafen. Und das nicht nur in Husum.

»Wir haben einen Toten im Hafenbecken, den wir bergen müssen«, erklärte Christoph. Der Feuerwehrmann nickte und teilte seine Männer ein. Eine Gruppe sollte einen Sichtschutz aufbauen, während er die Drehleiter »Florian Nordfriesland 20/32/1« nachorderte.

»Die setzen wir als Hubrettungsgerät für die Bergung von Menschen ein«, erklärte der Einsatzleiter.

Die ersten Feuerwehrleute hatten Leitern und Planen bereitgestellt und einen provisorischen Steg auf dem Grund des Hafens errichtet, zu dem eine Leiter neben einem Dalben hinabführte. Sie mussten dabei der Vertäuung der »Nordertor« ausweichen. Es bestand nicht nur das Problem, einzusacken, der Schlick war auch gleitfähiger als Schmierseife. Man konnte sich kaum aufrecht halten. Mit Unterstützung zweier Feuerwehrleute krabbelte Christoph hinab und balancierte zur ersten Inaugenscheinnahme bis zum Toten. Viel war nicht zu erkennen. Aus der Nähe bestätigte sich die erste Vermutung. Der Mann war erschossen worden.

Christoph schätzte ihn auf etwa vierzig Jahre. Am linken Arm trug der Tote eine teuer aussehende goldene Armbanduhr. Offensichtlich hatten es der oder die Täter nicht auf den Raub von Wertgegenständen abgesehen.

Die inzwischen eingetroffene Drehleiter fuhr die Stützen aus, der Maschinist rangierte den mit zwei Feuerwehrmännern besetzten Rettungskorb an der Spitze der Drehleiter bis zu dem Toten. Die auf dem Hafengrund wartenden Kameraden befestigten den Leichnam und deckten ihn mit einer Plane ab, bevor er in die Höhe gezogen wurde und an Land schwebte. Dort wurde er auf einer anderen Plane vorsichtig abgelegt.

»Keine Schaumbildung vor der Atemöffnung. Er war also schon tot, als er ins Wasser fiel. Vermutlich«, relativierte Große Jäger. »Lange kann er dort nicht gelegen haben. Keine Waschhautbildung.«

Der Oberkommissar tauchte vorsichtig mit seinen großen Händen in die Innentasche des Sakkos und förderte ein Portemonnaie sowie einen Kugelschreiber ans Tageslicht. »Parker«, sagte Große Jäger und legte das Schreibgerät an die Seite. Er warf einen ersten Blick in die Geldbörse. »Schätzungsweise zweihundert Euro.«

»Andere Währungen?«

»Nein.« Der Oberkommissar besah sich die Scheine genauer. »Hier lebt der europäische Gedanke. Sie sind unterschiedlicher Herkunft.« Mit einem Blick auf den Toten meinte er: »Die Scheine sind von der Bundesbank herausgegeben, andere stammen aus Holland und Italien.«

»Keine Schweizer?«, fragte Christoph.

»Nein, keine Schw...« Große Jäger stutzte. »Tühnkopp. Die haben doch gar keine Euros.« Er fand noch Kreditkarten. »Die sind italienischer Herkunft«, sagte er. »Wenn der Aufdruck stimmt, heißt der Mann Maurizio Archetti.«

Er setzte die Suche in den Seitentaschen des Sakkos fort. »Interessant«, murmelte er halblaut und hielt die elektronische Zimmerkarte eines Husumer Hotels in der Hand. »Der Tote hat sich etwas geleistet«, stellte Große Jäger fest. Er setzte die oberflächliche Untersuchung fort. »Die Finger weisen keine Abwehrverletzungen auf. Er hat sich also nicht gewehrt.« Nachdem er sich über den Hinterkopf gebeugt hatte, sagte er: »Ich will der Rechtsmedizin nicht vorgreifen, aber es sieht wie ein aufgesetzter Schuss aus.«

»Eine Hinrichtung?«, fragte Christoph ungläubig.

Sie nutzten die Wartezeit bis zum Eintreffen der Spurensicherung und suchten die Umgebung ab, liefen gebückt an der Kaimauer entlang und versuchten, Verdächtiges auf dem Gehweg und am Straßenrand zu entdecken.

»Nichts«, stellte Christoph fest. »Wenn er hier erschossen wurde, haben die Täter die Patronenhülse mitgenommen.«

»Muss es hier gewesen sein?«, warf Große Jäger ein.

»Davon gehe ich fast aus. Es ist viel Blut ausgetreten. Damit würde man nicht nur das mögliche Transportfahrzeug beschmutzen, sondern auch die Leute, die ihn transportiert haben.«

»Hmh«, überlegte der Oberkommissar. »Das letzte Hochwasser war heute Morgen um halb neun. Da strömen hier noch nicht die Massen vorbei, aber wenn man jemanden erschossen hätte, wäre das nicht unbemerkt geblieben. Niedrigwasser war demnach etwa um drei Uhr nachts. Niemand wirft eine Leiche ins leere Hafenbecken. Also muss er zwischen schätzungsweise halb vier und sechs Uhr ermordet worden sein.«

»Was treibt sich ein gut angezogener Fremder zu dieser frühen Stunde am Husumer Hafen herum?«, überlegte Christoph laut und sah auf, als der weiße Mercedes Vito der Flensburger Spurensicherung eintraf. Als Erster stieg deren Leiter, Hauptkommissar Jürgensen, aus.

»Moin, Klaus«, begrüßte ihn Große Jäger und fuhr Jürgensen über die millimeterkurz geschnittenen Haare. »Soll ich dir einen Termin mit einem unserer Prädikatslandwirte machen? Niemand versteht vom Düngen so viel wie die. Da wachsen auch die Haare wieder.«

»Der Herr segne den Tag, an dem du als Leiche aufgefunden wirst«, erwiderte Jürgensen und trat hinter den Sichtschutz.

»Habe ich mir gedacht«, entfuhr es ihm, als er die durch den

Schlick verkrustete Leiche sah.« »Mehr könnt ihr nicht an der Westküste.«
»Wir würden dir gern den Gefallen tun und den Toten durchspülen. Dazu müssen wir auf die Flut warten. Im Gegensatz zu euch an der Ostsee tauschen wir zweimal täglich das Wasser aus.«
»Habt ihr den selbst geangelt?«, wollte Jürgensen wissen und zeigte auf den Toten.
»Die Sportfischergruppe der Husumer Feuerwehr war dabei behilflich. Wir wollen dich nicht meckern hören, schon gar nicht, dass du in den Mudd da unten hineinmusst. Das hat Christoph für dich erledigt.« Große Jäger wies auf Christophs verkrustete Schuhe hin.
»Was haben wir da?«, wurde Jürgensen ernst.
»Vermutlich einen aufgesetzten Schuss«, antwortete Christoph.
»Eine Hinrichtung?«, fragte Jürgensen erstaunt.
»Wir haben sogar eine erste Spur, die zum Täter führt«, erklärte Große Jäger. Als Christoph und Jürgensen ihn erstaunt ansahen, fuhr er fort: »Das muss ein Flensburger gewesen sein. Unsere Leute tun so etwas nicht.« Bevor jemand antworten konnte, verschwand er hinter dem Sichtschutz.

Das Hotel lag zentral und führte die vier Sterne zu Recht. Es war bei Touristen, aber auch Geschäftsreisenden beliebt und stellte eine Bereicherung für die Stadt dar. Die junge Frau an der Rezeption sah auf, als die beiden Beamten das Foyer betraten. Ein skeptischer Blick streifte Große Jäger, dessen Schmerbauch über der schmuddeligen Jeans hing und die Gürtelschnalle verdeckte.
Christoph bat darum, den Hotelmanager sprechen zu dürfen. Die junge Frau sagte: »Einen Moment, bitte«, und kehrte kurz darauf mit einem grau melierten Mann im dunklen Anzug wieder.
»Sommerkamp«, stellte er sich vor und deutete geschäftsmäßig eine Art Verbeugung an. Dabei verzichtete er auf einen Händedruck.
Christoph hielt die Zugangskarte hoch, die sie beim Toten gefunden hatten und die er an sich genommen hatte, nachdem die Spurensicherung sie analysiert hatte. »Die ist von Ihrem Haus?«

»Ja.« Ein kurzer Blick reichte Sommerkamp.

»Können Sie mir sagen, wer dieses Zimmer gebucht hat?«

»Natürlich.« Sommerkamp nahm die Karte und führte sie in ein Lesegerät ein. »Maurizio Archetti heißt der Gast. Er ist gestern angereist.« Der Manager blickte über den Brillenrand. »Darf ich fragen, ob etwas passiert ist?«

»Wir vermuten, dass Herrn Archetti etwas zugestoßen ist.«

»Ein Unfall?« Es klang erschrocken.

Die beiden Beamten ließen die Frage unbeantwortet.

»Wie hat sich der Gast angemeldet?«, wollte Christoph wissen.

»Über ein Hotelbuchungssystem. Er hat sich mit seiner Kreditkarte legitimiert.«

»American Express?«, fragte Große Jäger.

»Ja. Aber wieso, ich verstehe nicht …«

Eine solche Kreditkarte hatten sie im Portemonnaie des Toten gefunden.

»Wir möchten gern das Zimmer sehen«, bat Christoph.

»Kommen Sie«, zeigte sich der Hotelier hilfsbereit und führte sie in einen der großzügigen und modern eingerichteten Räume.

Vom Doppelbett war eine Seite benutzt. »Der Zimmerservice war heute hier?«, fragte Christoph und zeigte auf die gemachten Betten.

»Sicher.« Sommerkamp nickte.

»Wann ist Archetti gestern eingetroffen?«

»Gegen achtzehn Uhr.«

»Hat er im Restaurant oder in der Bar etwas zu sich genommen?«

»Nein.«

»Für welchen Zeitraum ist das Zimmer reserviert?«

»Zwei Nächte.«

Christoph war erstaunt, wie präzise sich Sommerkamp die Daten bei seinem kurzen Blick auf den Bildschirm gemerkt hatte. Es klang professionell.

Sie warfen zunächst einen Blick ins Bad. Eine Zahnbürste steckte im Becher. Zahnpasta, zwei Herrendüfte, Aftershave und ein elektrischer Rasierapparat boten keine Überraschung. Die Kulturtasche war aus feinem Leder. Darin fanden sich ein Näh-

sowie ein Maniküreset und Bürstchen für die Zahnzwischenräume.
»Kein Kamm?«, wunderte sich Christoph.
»Habe ich auch nicht«, knurrte Große Jäger.
Auf dem Nachttisch lag eine Halbbrille. Christoph schmunzelte, als er die englische Ausgabe des »Playboy« entdeckte.
»Schwul war er nicht«, stellte Große Jäger fest.
Die Reisetasche war von Hermès. Große Jäger hob das zweite Paar Schuhe an. »Sieht aus wie handgenäht.«
Die Edeljeans, der Pullover und die drei Hemden, die Archetti in den Schrank gehängt hatte, stammten ebenfalls aus guten Herrenausstattergeschäften.
»Es sieht nicht so aus, als hätte er sich die Termine des Winterschlussverkaufs merken müssen«, sagte Große Jäger und interessierte sich für einen Aktenkoffer, der neben dem Schreibtisch stand. Die Zahlenschlösser waren nicht gesichert.
Der Oberkommissar öffnete den Koffer. »Da ist ein Tablet«, erklärte er. »Ein iPad, genau genommen. Das Ladekabel. Und ein Stapel Papiere.«
Vorsichtig nahm er sie heraus und legte sie auf den Schreibtisch. »Entweder ist Archetti sein richtiger Name, oder die Unterlagen sind durchgängig gefälscht, da alle Papiere und Dokumente, die wir gefunden haben, auf Archetti lauten. Das Flugticket zeigt, dass er gestern, von Amsterdam kommend, um halb drei Uhr in Hamburg eingetroffen ist. Er ist mit der KLM geflogen. In Fuhlsbüttel hat er sich einen Leihwagen genommen, einen Mercedes C200. Den wollte er vier Tage behalten.«
»Das heißt, Archetti hatte noch einen weiteren Termin nach Husum«, sagte Christoph. Er sah den Hotelmanager an. »Wir müssen noch die Spurensicherung herschicken. Können Sie sicherstellen, dass in der Zwischenzeit niemand den Raum betritt?«
»Natürlich«, versicherte Sommerkamp. »Wollen Sie mir nicht sagen, was passiert ist?«
»Wir gehen davon aus, dass Herr Archetti erschossen wurde.«
»Mein Gott. Und das hier – in Husum?« Sommerkamp war blass geworden.
Christoph nickte. Dann rief er Hauptkommissar Jürgensen an.
»Ich habe auch etwas«, erklärte der Leiter der Spurensicherung.

»Wir haben drei Meter von der Kaimauer entfernt Blutspuren gefunden. Da sind schon viele Leute drübergelatscht. Trotzdem. Das ist euch Nordfriesen wohl entgangen«, lästerte Jürgensen.
»Kein Wunder. Ihr habt ja auch Fischaugen.«
»Niemand ist so gut wie du«, erwiderte Christoph.
Dann kehrten er und Große Jäger zur Dienststelle zurück. Was wollte Archetti in Husum? Mit wem war er verabredet? Außer der Kreditkarte hatten sie keine weiteren Dokumente gefunden, die etwas zur Identität aussagten. Hatte er Familie? Wer musste benachrichtigt werden? Die Beamten der Husumer Kripo würden ausschwärmen und die Stadt durchforsten, in Restaurants und Cafés nachfragen, ob man Archetti gesehen hatte.

ZWEI

Der Besprechungsraum war schlicht eingerichtet. Zwei zusammengeschobene Tische, Holzstühle mit einem Stahlrohrgestell, ein Whiteboard und das Plakat, das für den Polizeidienst warb. Erste Hauptkommissarin Frauke Dobermann hatte sich an die Kargheit des Raumes gewöhnt. Sie sah noch einmal auf ihre Notizen, die handschriftlichen und jene im Notebook gespeicherten, und schloss ihren Vortrag ab.

»Wir müssen diesem Unwesen auf andere Weise Herr werden. Nur wenige Betroffene trauen sich, Anzeige zu erstatten. Die Opfer sind ältere Menschen, die zudem eingeschüchtert werden. Wenn die örtlichen Kollegen die Ermittlungen aufnehmen, machen die Täter den Laden zu und eröffnen am nächsten Tag unter einem anderen Namen einen neuen.«

»Sie haben leider recht«, stimmte der schwergewichtige Hauptkommissar Nathan Madsack zu. »Aber wie wollen Sie das für die Täter lukrative Geschäft mit den Betrügereien bei den Kaffeefahrten unterbinden?«

»Indem wir das Verfahren an uns ziehen und es als das betrachten, was sich dahinter verbirgt: ein organisiertes Verbrechen.«

»Dem der Boden entzogen wäre, wenn niemand mehr an solchen Veranstaltungen teilnähme«, mischte sich Kriminalhauptmeister Jakob Putensenf ein. »Warum sind die Menschen so dumm?«

Diese Frage konnte Frauke nicht beantworten. Sie sah Kriminaloberrat Michael Ehlers fragend an. »Wenn Sie einverstanden sind, werden wir einen Vorschlag erarbeiten, wie man dieser Betrugsmasche begegnen kann.«

Ehlers räusperte sich. »Da wäre noch etwas.« Er drehte verlegen seinen Kugelschreiber, als ihn die vier Mitarbeiter der Ermittlungsgruppe ansahen.

»Sie erinnern sich an Dottore Alberto Carretta?«

»Niemand leidet unter Demenz«, sagte Frauke. Wie zufällig sah sie Putensenf an. »Den haben wir als Patron der ›Organisation‹

lange genug gejagt. Es war ein schweres Stück Arbeit, bis wir ihn überführen konnten. Dafür sitzt er jetzt in der JVA Celle ein. In Anbetracht seines Alters wird er dort auch das Zeitliche segnen.«
Erneut räusperte sich Ehlers. »Es war nicht Celle, sondern Meppen.«
»Wieso?«, mischte sich Putensenf ein. »Der Knabe ist ein schweres Kaliber. Der gehört nach Celle. Dort sitzen die dicken Hunde.«
Frauke hob ihren Zeigefinger. »Sie sagten *war* in Meppen, nicht er *ist*.«
»Nach seiner Verurteilung –«, begann Ehlers. Putensenf unterbrach ihn. »Der hat ›lebenslänglich‹ bekommen. Außerdem wurde die besondere Schwere der Schuld festgestellt.«
»Nach seiner Verurteilung«, setzte der Kriminaloberrat ein weiteres Mal an, »war Carretta ein Vierteljahr in Meppen inhaftiert. Man hat auf seinen Gesundheitszustand und das hohe Alter Rücksicht genommen.«
»Nicht zu glauben. Wer alt ist, darf ungestraft morden.«
»So ist das nicht, Herr Putensenf.«
»Jakob, halt endlich mal die Klappe«, mischte sich Madsack ein und sah Putensenf an.
»Ist er aus den Gründen entlassen worden, die Herr Putensenf nannte?«, fragte Frauke.
»Neiiin«, erwiderte Ehlers gedehnt. »Es gab andere Gründe.«
»Welche?«, fragte Frauke.
Der Kriminaloberrat hob in einer hilflosen Geste die Hände. »Die kenne ich auch nicht.«
»Dann sehen wir uns die Akte an«, beschloss Frauke.
»Zu der haben weder Sie noch ich Zugang. Die ist zur geheimen Verschlusssache erklärt worden.«
»Das ist nicht Ihr Ernst«, sagte Frauke empört. »Gut! Dann werden wir Dottore Carretta persönlich befragen, sofern er sich nicht in seine Heimat geflüchtet hat, wo die Zitronen blühen.«
Ehlers verzog das Gesicht zu einer Grimasse. »Das ist nicht mehr möglich. Carretta ist vorgestern ermordet worden.«
Frauke sah ihren Vorgesetzten ungläubig an.
»Er war auf der Oste angeln. Das ist ein kleiner Fluss, der etwa

gegenüber von Brunsbüttel in die Elbe fließt, na ja, nicht ganz, sondern ein Stück weiter westlich.«

»Wo sind wir gelandet?«, empörte sich Putensenf. »Der Clanchef einer Verbrecherorganisation fängt in aller Seelenruhe kleine Fische, nachdem man ihn hat laufen lassen und er in seinem ganzen Verbrecherleben nur große an Land gezogen hat. Weiß man schon Näheres?«

»Nein«, sagte Ehlers. »Der Mord geschah in der Nähe von Neuhaus. Zuständig ist die Kripo Oldenburg, zu der die Polizeiinspektion Cuxhaven gehört. Ich habe mir gedacht, dass Sie ohnehin keine Ruhe geben, wenn Sie von Carrettas Tod erfahren, und sich deshalb vor Ort erkundigen.«

»Gut«, sagte Frauke. »Schwarczer und ich werden uns umsehen.«

»Wieso Sie beide?« Putensenf war unzufrieden.

»Madsack versteht es, Dinge aus dem Innendienst heraus zu organisieren, und Sie, Putensenf, sind der Einzige, der undercover bei einer Rentnereinkaufstour mitfahren kann, ohne dass es auffällt.«

»Muss das sein?« Putensenf hatte sich an den Kriminaloberrat gewandt.

Der nickte. Dabei zeigte sich ein spöttisches Lächeln auf seinem Gesicht. »In Ihrem Team ist alles in weiblicher Hand.«

»Armes Deutschland«, moserte Putensenf. »Kanzlerin, Verteidigungsministerin, Bischöfin und eine Frau als Ermittlungsgruppenleiterin bei der Polizei. Nicht nur bei der Polizei – sogar bei der Kripo.«

Frauke streckte den Zeigefinger in seine Richtung. »Sie sind arm dran. Vergessen Sie bei Ihrer Aufzählung nicht Ihre Ehefrau, die zu Hause das Regiment führt.«

Putensenf sah nicht glücklich aus, als ihn die anderen angrinsten.

Frauke nutzte die Fahrt, um mit der Oldenburger Kripo zu telefonieren, während Schwarczer den Audi der Fahrbereitschaft Richtung Cuxhaven steuerte.

»Heinrichs«, hatte sich der Oldenburger Hauptkommissar

vorgestellt. »Spaziergänger haben das Ruderboot mit dem Außenbordmotor an der Brücke über die Oste bei Geversdorf gefunden. Das ist nicht weit von Neuhaus entfernt. Es trieb dort an der Böschung herum, und sie sahen von der Brücke aus einen leblosen Körper. Zunächst glaubten sie, der Angler habe gesundheitliche Probleme, und haben den Rettungsdienst alarmiert. Die haben festgestellt, dass der Angler, ein älterer Mann, tot war. Gemeinsam mit der herbeigerufenen Streife sahen sie, dass der Tote erschossen wurde. Wir haben die Ermittlungen aufgenommen. Zeugen gibt es keine. Das Boot wurde flussabwärts im Yachthafen Neuhaus gemietet. Der Bootsverleiher erinnerte sich an einen freundlichen älteren Herrn, der schon ein paarmal Kunde bei ihm war. Gesprochen haben sie aber nie miteinander, abgesehen von den Modalitäten zur Bootsmiete. Der Angler hatte seine Ausrüstung dabei. Auf dem Parkplatz haben wir das Auto sichergestellt. Es war auf Stéphane Ruffier zugelassen. Es handelt sich um einen Ford Galaxy.«

»Wie heißt der Tote?«, unterbrach Frauke den Oldenburger Kollegen.

Heinrichs wiederholte den Namen.

»Merkwürdig. Warum hat er sich eine französische Identität zugelegt?«

»Ich verstehe Sie nicht.«

»Wir kennen ihn unter einem anderen Namen. Eigentlich ist er Italiener.«

»Das haben wir noch nicht feststellen können. Nach unseren Ermittlungen wohnte er seit Kurzem in Cuxhaven, und zwar ...« Es entstand eine kleine Pause. »In einem teuren Apartmenthaus direkt am Strand. Wir haben die Nachbarn befragt. Ruffier war ein unauffälliger Mitbewohner. Man ist sich nur gelegentlich begegnet. Besucher sind nicht aufgefallen.«

»Also weiß niemand, woher er stammt und warum er nach Cuxhaven gezogen ist?«, fragte Frauke.

»Das ist zutreffend. Wir haben die Wohnung durchsucht, aber nichts Verdächtiges gefunden. Vielleicht hat er etwas mit der Seefahrt zu tun. Unter seinen Unterlagen haben wir Seekarten von der Elbmündung gefunden, auf dem sichergestellten Rechner

viele Schiffsbilder. Offenbar haben ihn die Schiffe und die Elbe von der Mündung bis auf Höhe Brunsbüttel interessiert.«
»Die Schleusenanlagen?«
»Ja«, bestätigte Heinrichs. »Die scheinen Ruffier besonders fasziniert zu haben.«
»Ich verstehe allerdings nicht, weshalb Ruffier mit dem Anglerboot flussaufwärts gefahren ist. Dort findet sich nur Landschaft pur. Er hätte in die andere Richtung gemusst, wenn er sich für die Elbe und Brunsbüttel interessiert hätte«, sagte Frauke.
»Der Mann war nicht sehr bewandert. Er kannte weder die Region, noch war er mit dem Umgang mit Wasserfahrzeugen vertraut. Wir haben mit dem Menschen vom Yachtclub gesprochen. Ruffier wollte – angeblich – zum Angeln auf die Elbe. Das erschien dem Einheimischen aber zu gefährlich. Die Strömung in der Elbe ist so kräftig, da geraten Sie schnell in eine Notsituation. Wer damit nicht vertraut ist, kann leicht in die Nordsee hinausgetrieben werden, wenn er nicht zuvor in die Fahrrinne gerät oder das leichte Boot kentert. Das konnte der Yachtclubmensch nicht vertreten. Außerdem … was sollte jemand, der offensichtlich auch vom Angeln nichts verstand, in der Elbe fangen? Darum hat er den alten Mann, wie er sagt, angelogen und ihm die falsche Richtung flussaufwärts gewiesen.«
»Schicken Sie bitte alle sichergestellten Sachen zum LKA nach Hannover«, bat Frauke.
»Heißt das, wir sollen den Fall abgeben?«, wollte Heinrichs wissen.
»Bleiben Sie bitte am Ball. Es wäre gut, wenn Sie mich über Ihre Fortschritte informieren würden.«
»Das ist aber keine Einbahnstraße«, sagte Heinrichs.
Frauke versicherte ihm, dass sie ihrerseits die Oldenburger Kripo unterrichten würde. Zum Abschluss bat sie, dass Heinrichs ihr ein Foto des Toten auf das Smartphone senden sollte.
Sie waren schon hinter Bremerhaven, als das Foto eintraf.
»Das ist Dottore Alberto Carretta«, sagte Frauke zu Schwarczer. »Warum ist der mit einer neuen Identität in Cuxhaven untergeschlüpft? Und wer hat sie ihm verschafft? Dieselben Leute, die für seine Entlassung gesorgt haben? So, wie wir ihn

kennengelernt haben, interessierte er sich weder für Schiffe noch fürs Angeln.«

Schwarczer antwortete nicht. Wie immer.

Für die etwas mehr als zweihundert Kilometer benötigten sie über zwei Stunden.

Die Kernstadt Cuxhavens konzentrierte sich auf das Gebiet an der Elbe und dem Hafengelände, während die touristisch geprägten Stadtteile sich wie an einer Kette am Wattenmeer entlangzogen. Aus dem Weltraum ähnelte es fast einer Sichel. Carrettas Unterkunft lag in einem großen halbkreisförmigen Gebäudekomplex in der Nordfeldstraße. Man musste die teilweise einfallslosen Betonklötze nicht unbedingt mögen, die den Ortsteil Döse an dieser Stelle prägten. Man hätte sie auch in einer seelenlosen Wohnsiedlung einer beliebigen Großstadt finden können.

Die »Kurparkresidenz« ragte architektonisch heraus. Der Planer hatte den Gebäudekomplex so angelegt, dass von fast allen Wohnungen des Halbrunds der Blick aufs Wasser führte. Das half offenbar nur bedingt. Nicht nur die Schilder, die auf ein Vermietungsangebot verwiesen, auch die zugeklebten Fenster der leeren Ladenlokale wirkten befremdlich. Dafür gab es ein reichhaltiges Angebot an Parkplätzen, und gegenüber warb ein rustikal wirkender Miniaturgolf-Park um Kunden.

Die Suche nach dem Hausmeister dauerte eine Weile. Er wohnte an einem anderen Ort und tauchte eine halbe Stunde später auf.

»Schon wieder Polizei?«, fragte er mürrisch. »Ich habe noch anderes zu tun, als für Sie den Türöffner zu spielen.«

»Gehört das nicht zu Ihren Aufgaben? Sie werden nicht für das Sonnenbad auf Ihrem Balkon bezahlt«, sagte Frauke. »Unsere Zeit ist noch kostbarer. Also los. Öffnen Sie die Tür.« Dem ihr zugeworfenen bösen Blick maß sie keine Bedeutung bei.

Die von Carretta – oder für Carretta? – angemietete Wohnung lag im, so fand Frauke Dobermann, schönsten Teil des Hauses. Von der verglasten Loggia aus hatte man einen phantastischen Blick über das Wasser.

Der Hausmeister bemerkte den umherschweifenden Blick der beiden Polizisten.

»Toll, nicht wahr? Die Hauptfahrrinne führt unweit der Kugelbake entlang. Bei klarem Wetter können Sie die Schiffe beobachten. Mit dem Ding da«, er zeigte auf ein Fernrohr, das auf ein Stativ montiert war, »haben Sie einen wunderbaren Blick rechts rüber nach Friedrichskoog drüben in Schläfrig-Holzbein und links bis nach Neuwerk.«

Frauke Dobermann sah durch das Gerät, verstellte ein wenig die Okulare und stellte fest, dass man mit dem Fernrohr wirklich detailliert entfernte Dinge betrachten konnte. Sie richtete es auf ein kleineres auslaufendes Schiff, justierte nach und war erstaunt.

»Das überrascht mich«, sagte sie. Dann richtete sie das Gerät auf die Kugelbake, ein hölzernes dreißig Meter hohes Seezeichen, das nicht nur das Wahrzeichen Cuxhavens ist, sondern auch das Wappen der Stadt ziert.

»An diesem stark befahrenen Seefahrtsweg war die Kugelbake ein wichtiger Orientierungspunkt«, setzte der Hausmeister seine Erklärung fort. »Dort endet die Elbe, und es beginnt die Nordsee. Na ja, die Nautiker sagen dazu Außenelbe.« Er streckte den Arm aus. »Die Elbe ist hier achtzehn Kilometer breit. Ganz schön, was? Und wenn Sie sich an die Kugelbake stellen, haben Sie den nördlichsten Punkt Niedersachsens erreicht. Nicht nur das. Östlich ist das Mündungsgebiet der Elbe, westlich das der Weser. Hier vereinigen sich also symbolisch die beiden miteinander konkurrierenden Flüsse und damit auch Hamburg und Bremen.«

Von hier oben sah man auch ohne optische Hilfe den Strom der Touristen, die auf dem Damm Richtung Kugelbake wanderten.

Geradeaus, direkt vor dem Seedeich, dehnte sich der feine weiße Strand fast endlos aus. Auf ihm wimmelte es von Urlaubern, die zwischen den Strandkörben hin- und hereilten oder ins Wasser gingen, das zwischen den Buhnen an den Strand plätscherte.

Sie bedankten sich beim Hausmeister und schickten ihn fort.

»Carretta hat in Hannover gewohnt. Wir haben bei ihm nie einen Bezug zum Meer festgestellt. Seine hannoversche Unter-

kunft war unauffällig und in einem bürgerlichen Viertel. Ganz anders als dieses Domizil«, überlegte Frauke laut.
»Er hat nicht mehr viel Zeit gehabt. Möglicherweise wollte er den Ruhestand an diesem Ort genießen«, antwortete Schwarczer und strich versonnen mit der Hand über das helle Eichenholz der Anrichte. »Massiv«, stellte er fest.
»Die ganze Einrichtung ist teuer. Sie werden hinter den Schränken keine Aufkleber mit einem blau-gelben Elch finden.«
»Carretta war nicht unvermögend.«
»Sein Geld und alles andere ist im Zuge des Prozesses eingezogen worden. Nein, Schwarczer. Die Entlassung aus dem Strafvollzug, der andere Name, dieses Domizil in Cuxhaven und das plötzliche Interesse für die Schifffahrt ... Das passt nicht zusammen.«
Sie fanden keine weiteren Hinweise. Es gab keine Papiere, keinen Computer oder Handy, das Telefon schien unbenutzt zu sein. Die Inhalte der Schränke und des Kühlschranks ergaben keine Anhaltspunkte. In der Küche fanden sich vier Flaschen Rotwein. »Der alte Herr war Gourmet«, stellte Schwarczer fest.
»Sprechen Sie nicht von einem ›Herrn‹«, wies ihn Frauke zurecht. »Carretta war ein Schwerkrimineller. Er trägt die Verantwortung für den Tod vieler Menschen.« Sie verharrte einen Moment am Fenster. »Heinrichs von der Oldenburger Kripo sprach doch von Schiffsfotografien. Haben Sie irgendetwas entdeckt?«
Schwarczer schüttelte den Kopf.
»Kommen Sie, wir fahren zurück nach Hannover«, entschied Frauke.

Auf der Rückfahrt rief sie noch einmal in Oldenburg an.
»Wie kommen Sie darauf, dass sich der Tote für maritime Motive interessierte?«
»Wir haben seinen Fotoapparat gefunden«, erklärte Heinrichs.
»Wo?«
»Eine nagelneue Nikon. Ich war überrascht, dass die Kamera mit einem Zoomobjektiv bestückt war, das eine Brennweite von achtzehn bis dreihundert Millimetern hat.«

»Ich bin kein Hobbyfotograf«, sagte Frauke.
»Wenn Sie das Fotografieren nicht professionell betreiben, können Sie damit alles abdecken. Das ist wesentlich mehr als die Knipser von Tante Trude im Urlaub.«
»Sie haben mir noch nicht gesagt, *wo* Sie die Kamera gefunden haben. In der Wohnung?«
»Nein. Wir waren überrascht, dass sie mit im Boot lag.«
»Das ist eigenartig«, stimmte Frauke zu. »Wer auf einer Angeltour ist, pflegt im Allgemeinen keine teuren Fotoapparate mitzuführen. Und die Bilder?«
»Das war die zweite Überraschung. Es gab nur den einen Chip. Der steckte in der Kamera. Anhand der laufenden Systemnummern für die Bilder konnten wir feststellen, dass es die ersten Aufnahmen waren. Offensichtlich hatte der Tote erst mit dem Fotografieren begonnen. Dafür sprechen auch die ersten zehn Bilder. Da hat er die Wohnungseinrichtung und wahllos Motive von seinem Balkon aus gewählt. Ich vermute, er hat geübt und sich mit den Funktionen der Kamera vertraut gemacht.«
Es wurde immer rätselhafter.

In Hannover ließ sie sich von Schwarczer bei der Staatsanwaltschaft absetzen.
Der Eingang am Volgersweg konnte nur von Bediensteten benutzt werden. Frauke wählte deshalb den Weg über das Landgericht am anderen Ende der weitläufigen Anlage. Den streng gesicherten Zugang überwand sie durch Vorzeigen des Dienstausweises. Rechts führte die Treppe zum Zuschauerbereich des Schwurgerichtssaals, der überregionale Popularität dadurch gewonnen hatte, dass in ihm gegen den ehemaligen Bundespräsidenten, seinen Pressesprecher und weitere Personen aus dessen Umfeld verhandelt wurde.
Durch endlose Gänge und über eine der zahlreichen Treppen fand Frauke zum Büro von Staatsanwalt Holthusen.
Im Unterschied zu den großzügigen und nahezu luxuriös ausgestatteten Arbeitsräumen der Fernsehstaatsanwälte residierte Holthusen in einem engen Büro, das mit Akten überladen schien. Staatsanwalt Holthusen mochte vielleicht vierzig Jahre alt sein,

schätzte Frauke. Er war von kleiner, gedrungener Statur. Das runde Gesicht wurde durch einen Schnäuzer verziert, der überhaupt nicht zur ungesunden roten Gesichtsfarbe passte, die auf Bluthochdruck schließen ließ. Selbst durch das schüttere Haar schimmerte die rote Kopfhaut durch.

»Frau Dobermann.« Holthusen sah auf und begrüßte sie mit einem laschen Händedruck.

Er saß über eine der zahlreichen Akten gebeugt, die überall in dem engen Raum verteilt lagen, in den Regalen an der Wand, auf Schreibtisch und Fensterbank und sogar auf dem Fußboden.

»Dottore Alberto Carretta ist aus der Haft entlassen. Man hat ihm eine neue Identität verschafft. Warum? Wer hat das veranlasst?«, stieg Frauke ohne Vorrede in das Thema ein.

Holthusen stand auf, umrundete den Schreibtisch, legte die Akten vom Besucherstuhl neben den Schreibtisch und sagte: »Bitte.«

Frauke blieb stehen. »Machen wir es kurz. Wer mischt da mit? Was wird hier gespielt?«

Der Staatsanwalt schenkte ihr einen müden Blick. Ein Hauch Traurigkeit lag darin. »Ich habe es auch nur zufällig erfahren und war genauso erstaunt wie Sie. Ich kann Ihnen versichern, es ist ohne unser Zutun geschehen.«

»Haben Sie einen Blick in die Akte geworfen?«

»Nein. Das geht nicht. Die ist zur Verschlusssache erklärt worden.«

Gleiches hatte Frauke bereits von Hauptkommissar Heinrichs gehört.

»Wir sprechen von einem Intensivstraftäter. Sie wissen, was sich Carretta alles hat zuschulden kommen lassen. Sie haben damals die Anklage vertreten.«

»Niemand zweifelt daran, dass Urteil und Strafmaß richtig waren. Es gibt Dinge, die können und müssen wir beide nicht verstehen.«

»Ist Carretta als Kronzeuge angetreten? Hat man ihn deshalb einer Sonderbehandlung zugeführt?«

»Davon wüsste ich«, sagte Holthusen. »Warum interessieren Sie sich plötzlich für diesen Fall?«

»Carretta ist erschossen worden.«

Jetzt war der Staatsanwalt erstaunt. »Davon habe ich noch nichts gehört.«

»Offenbar gibt es Interessenten, denen daran gelegen ist, möglichst viel zu vertuschen. Wäre Carretta als Kronzeuge angetreten, würde seine Ermordung Sinn machen. Es läge im Interesse anderer Hintermänner, ihn zum Schweigen zu bringen, um seine Aussagen zu vermeiden.«

Holthusen kratzte sich den Haaransatz über dem Ohr. »Bestimmt. Davon hätte ich gehört. Hier liegen andere Gründe vor.«

»Sie meinen ...« Frauke zögerte kurz. »Sie meinen, es könnten Aspekte der Staatssicherheit mitspielen?«

»Das wäre der einzige denkbare Grund. Ja.«

»Das ist doch lächerlich. Ich will einen Mord aufklären. Und Sie?«

Holthusen ließ sich die Einzelheiten vortragen. »Das fällt in die Zuständigkeit der Staatsanwaltschaft Stade.«

»Und wenn die auch gebremst wird?«

»Tja.« Holthusen hob die Hände zu einer hilflosen Geste.

»Wenn niemand die Ermittlungen aufnimmt, wir beide aber davon wissen, wäre es Strafvereitelung im Amt«, sagte Frauke.

»So einfach ist das nicht.«

»Doch, Herr Holthusen.« Frauke stand auf. »Also! Klemmen wir uns hinter die Mordermittlung, oder?« Es klang drohend.

Holthusen seufzte. »Ich könnte mit dem Oberstaatsanwalt –«

»Nein!«, unterbrach ihn Frauke. »Sie und ich – wir nehmen die Ermittlungen auf. Ich spreche mit Ehlers. Eine andere Möglichkeit gibt es nicht.« Sie beugte sich über den Schreibtisch. »Wir müssen ja nichts an die große Glocke hängen.«

Der Staatsanwalt kapitulierte. »Gut«, stimmte er zu.

Frauke kehrte ins Landeskriminalamt zurück und suchte ihren Vorgesetzten auf. Sie berichtete von den bisherigen Ergebnissen und der Übereinkunft mit dem Staatsanwalt. Unerwähnt ließ sie, in welcher Art und Weise sie Holthusen »überzeugt« hatte.

»Wenn der Staatsanwalt zustimmt, bleibt uns keine andere

Möglichkeit«, erklärte Ehlers. »Das ist eine hochbrisante Sache. Ich gehe davon aus, dass alle Beteiligten strenges Stillschweigen bewahren.«

»Für mein Team garantiere ich es«, erklärte Frauke. Trotz mancher Unzulänglichkeit ihrer Mitarbeiter war sie sich in diesem Punkt sicher.

Deshalb ersparte sie sich eine Ermahnung, als sie kurze Zeit später das Team zu einer Dienstbesprechung zusammenrief und den Sachstand vortrug.

»Putensenf spricht mit der Rechtsmedizin«, ordnete Frauke an.

»Mit Dr. Bunsenbrenner?«, fragte der Kriminalhauptmeister.

»Dr. Bruntzenbanner«, korrigierte Frauke. »Wer Putensenf heißt, sollte nicht über andere Namen spotten.«

Putensenf bellte. Frauke ignorierte es. Sie kannte diese Art Anspielung auf ihren Familiennamen.

»Bruntzenbanner.« Putensenfs Aussprache ähnelte einem Grunzen. »Die Süddeutschen nehmen uns die Energie und gut ausgebildete junge Leute weg und schicken uns dafür ihren Atommüll und Bunsenbrenner.«

»Ich verstehe die Südländer. Jemanden wie Sie möchte ich auch nicht haben. Außerdem ist Dr. Bruntzenbanner Österreicher.«

»Noch schlimmer«, stöhnte Putensenf.

»Madsack versucht herauszufinden, ob unter Carrettas neuem Namen Ruffier etwas bekannt ist. Immerhin ist ein Auto auf ihn zugelassen. Uns interessieren Handyverträge, Mietverträge, Bankkonten und Kreditkarten. Was ist über die Vita des angeblichen Ruffier herauszufinden?«

»Okay«, nickte Madsack und brachte mit einer heftigen Kopfbewegung das Doppelkinn zum Schwingen.

»Schwarczer nimmt Kontakt zum KTI auf.«

»Die sind bestimmt noch nicht so weit vom Kriminaltechnischen Institut«, mischte sich Putensenf ein.

»Nicht jeder ist so langsam wie Sie«, belehrte ihn Frauke. »Also, Schwarczer. Ballistik. Auswertung des Rechners und der Fotografien. Was hat Carretta fotografiert? Und wann?«

»Und was machen Sie?« Putensenf sah Frauke mit fragendem Blick an.

»Es wird allmählich öde, Putensenf. Sie stellen immer die gleiche Frage. Dabei kennen Sie die Antwort.«

»Oooh neee.« Putensenf verzog das Gesicht zu einer Grimasse. »Sie gehen Schuhe kaufen.«

DREI

Raimund Bielefeldt war eine stattliche Erscheinung. Obwohl sie sich noch nie begegnet waren, kannte Christoph den Geschäftsführer und Sprecher gleich mehrerer Verbände und Interessengruppen. Mit großem Eifer setzte er sich erfolgreich für die Belange der Wirtschaft an der Westküste und im Bereich Unterelbe ein.

Bielefeldt hatte sich am frühen Morgen telefonisch gemeldet und erschrocken gezeigt.

»Ich habe mich vorgestern mit Maurizio Archetti getroffen. Wir haben abends zusammen gegessen. Und jetzt lese ich in der Husumer, dass er tot ist. Stimmt das?«

Christoph bestätigte es. »Ist es Ihnen möglich, zu uns zu kommen?«

»Selbstverständlich. In zwanzig Minuten.«

Auf die Minute pünktlich betrat Bielefeldt das Büro und nahm auf dem angebotenen Stuhl Platz. Christoph musterte den Mann mit der randlosen Brille und dem gepflegten dunklen Bart.

»Ich bin erschüttert«, begann Bielefeldt. »Das ist nicht zu glauben. Man sitzt mit einem Menschen zusammen, trinkt einen guten Wein und ... Kurz darauf wird er ermordet. Das geht einem an die Nieren.«

»Sie waren mit Archetti verabredet?«, fragte Christoph.

»Ja. Der Termin war seit Langem vereinbart. Es ist nicht selbstverständlich, dass jemand aus Brüssel zu uns an die Westküste kommt.«

»Aus Brüssel?«, fragte Christoph. Das Flugticket war für Amsterdam nach Hamburg ausgestellt.

»Ja.« Bielefeldt sah Christoph erstaunt an. »Archetti ist Mitarbeiter bei der EU-Kommission.«

»War er in offizieller Mission in Husum?«

»Sie meinen, er habe mich privat besucht?« Bielefeldt schüttelte energisch den Kopf. »Ich bin ihm vorgestern das erste Mal begegnet. Mich hat es auch überrascht, dass Brüssel einen

Spitzenbeamten hierher entsandt hat. Sicher ist es ein brisantes Thema, aber üblicherweise schert es die Eurokraten nicht. Es ist schwer für uns, in Kiel oder Berlin Gehör zu finden. In Brüssel schon gar nicht.«
»Um was ging es bei Ihrem Treffen?«
»Schleswig-Holstein ist nicht sehr reich mit industriellen Perlen gesegnet. Es gibt einen tüchtigen und erfolgreichen Mittelstand. Das kann aber nicht darüber hinwegtäuschen, dass es an vielen Stellen krankt. Insbesondere die Infrastruktur ist marode. Die Bundesländer haben sich werbewirksame Slogans einfallen lassen. Zum Beispiel Baden-Württemberg: ›Wir können alles außer Hochdeutsch.‹ Über uns lästert man: ›Schleswig-Holstein. Das Land der einstürzenden Brücken.‹ Gerade hier im Norden zeigt sich, dass wir zunehmend abgekoppelt werden. Die Eisenbahn wird fast noch mit Holz betrieben, seit Jahrzehnten warten wir darauf, dass unsere einzige Verkehrsader, die B 5, von der buckeligen Kurvenpiste zu einer Hauptstraße ausgebaut wird, unsere Häfen verkommen, die Küstenautobahn endet vor einer Einflugschneise für Fledermäuse, von den maroden Brücken über den Nord-Ostsee-Kanal ganz zu schweigen. Und wenn das ganze Geld in den Ausbau der Fehmarnbeltquerung sowie die Hinterlandanbindung an der Ostküste fließt, können wir bald nur noch mit dem Geländewagen unterwegs sein. Andere Fahrzeuge kommen nicht mehr über die zerfallenen Straßen. Zugegeben, das Problem ist auch hausgemacht. Meine Mitstreiter und ich werden oft gescholten, dass wir dem zuständigen Landesbetrieb Straßenbau und Verkehr Planungsfehler und Inkompetenz vorwerfen. Aber ehrlich … Professionell ist es nicht, was von dort kommt. Die Leute, die draußen ihre Arbeit verrichten, sind okay. Es ist wie bei einem Fisch. Mit dem Kopf können Sie nichts anfangen.«
»Das haben Sie mit Archetti besprochen?«
Bielefeldt nickte ernst. »Nicht nur das. Brüssel ist fern. Und wir sind eine Randregion. In Deutschland, aber auch für die EU-Kommission. Natürlich haben wir ein unvergleichliches Privileg, in einer Landschaft zu leben, in der die Natur uns überreichlich beschenkt. Jahrhunderte haben die Menschen hinterm

Deich mit der Natur gelebt. Dann erschienen Fanatiker auf der Bildfläche, die den Landwirten ein anderes Bewirtschaftungskonzept aufzwingen und den Küstenfischern das Revier wegnehmen möchten. Hat irgendjemand den Wachtelkönig gesehen? Nein. Hätte man auf die Ökos gehört, würde es in Hamburg keine prosperierende Luftfahrtindustrie geben. Viele tausend Arbeitsplätze wären vernichtet worden, und auch all die Menschen, die indirekt daran hängen samt Familien, wären brotlos und hätten unendlich viel Zeit, nach dem Wachtelkönig zu suchen. Ökologie ist wichtig. Aber man darf den Menschen und seine Bedürfnisse nicht vergessen. In dieser Region werden wir immer weniger. Junge Leute ziehen weg, weil sie keine Arbeitsplätze finden. Nur die Alten bleiben. Und mit jedem Senior stirbt auch ein Stück Land, ein bisschen Zukunft. Dagegen müssen wir etwas unternehmen. Das ist unser Anliegen. Deshalb haben wir das Gespräch mit Brüssel gesucht.«

»Haben Sie so gute Kontakte dorthin, dass ein Spitzenbeamter nach Husum kommt?«

»Das war schwierig. Und – zugegeben – es hat mich auch überrascht.«

»War das Ihr einziges Thema?«, fragte Christoph.

»Reicht das nicht? Aber Sie haben recht. Wir haben auch über die Elbvertiefung gesprochen.«

»Die Elbe ist weit entfernt.«

Bielefeldt schüttelte den Kopf. »Irrtum. Wir sind von der Metropolregion Hamburg abhängig. Und diese Stadt lebt vom Hafen und vom Welthandel. Wenn Hamburg wirtschaftlich stirbt, sind wir alle erledigt. In einer globalen Welt müssen Sie mithalten. Es gibt wenig Welthäfen, die geografisch so benachteiligt sind wie die Hansestadt. Sie dürfen nicht vergessen, dass die großen Schiffe einhundertzwanzig Kilometer landeinwärts fahren müssen. Die Elbe hinauf. Und die Containerriesen werden immer größer. Zwangsläufig, um im internationalen Wettbewerb bestehen zu können. Wenn die Elbvertiefung scheitert, ist Hamburg aus dem Rennen. Da freuen sich Rotterdam und Antwerpen. Haben Sie einmal darüber nachgedacht, wie viele Arbeitsplätze allein am Nord-Ostsee-Kanal hängen?«

»Wo haben Sie mit Archetti gesprochen?«, fragte Christoph.
»Beim Essen. Wir waren im Wintergarten im ›Alten Gymnasium‹. Als man uns dort dezent vor die Tür gesetzt hat, sind wir noch für zwei Stunden in der Bar im Storm-Hotel gewesen.«
»Wie spät war es, als Sie sich getrennt haben?«
»Etwa ein Uhr. Ich habe meine Frau angerufen. Wir wohnen in Bohmstedt. Sie hat mich abgeholt, und gemeinsam haben wir Archetti vor seinem Hotel abgesetzt.«
»Das muss wenige Minuten später gewesen sein.«
Bielefeldt stimmte zu.
»Wissen Sie, mit wem Archetti gestern verabredet war?«
»Leider nicht. Ich könnte mir aber vorstellen, dass es ein Vertreter der Ausbaugegner war.«
»Können Sie einen Namen nennen?«
»Archetti hat mir gegenüber kein Wort verlauten lassen. Versuchen Sie es einmal mit Frank Hofsänger. Der wohnt irgendwo in der Nähe von Brunsbüttel.«
»Und mit dem wollte sich Archetti in Husum treffen?«
»Wie gesagt – ich weiß es nicht. Aber wenn jemand aus Brüssel kommt, dürfte es für Hofsänger kein unüberwindbares Hindernis sein, den Weg nach Husum anzutreten.«
»Wir vermuten, dass Archetti insgesamt vier Tage in Norddeutschland bleiben wollte. Hat er sich dazu geäußert?«
»So vertraut waren wir nicht miteinander. Er hat sich meine Argumente angehört, nachgefragt, aber selbst keine Meinung geäußert. Auch auf Nachfragen meinerseits hat er nichts zum Thema verlauten lassen.«
Bielefeldt versicherte zum Abschied, sich umgehend zu melden, wenn ihm noch etwas einfalle.
Christoph sah auf die Uhr, dann auf den freien Platz vor ihm. Große Jäger legte den Begriff »flexible Arbeitszeit« stets sehr großzügig aus. Mittlerweile war es halb zehn. Christoph nahm den Schnellkocher, um Wasser zu holen. Als er kurz darauf zurückkehrte, hockte der Oberkommissar auf seinem Stuhl und hatte die Füße in der herausgezogenen Schreibtischschublade geparkt.
»Moin. Ich war bei den Kollegen auf Sammeltour«, begrüßte

ihn Christoph. »Wir möchten dir ein paar neue Batterien für deinen Wecker zukommen lassen.«

»Wenn jeder so viel und so früh arbeiten würde wie ich, kämen wir mit der halben Mannschaft aus und könnten die eingesparten Räumlichkeiten zu einem Bahnhofshotel umbauen.«

»Gute Idee. Musterräume für die Übernachtung haben wir im Keller.«

»Und das Hotel wäre absolut einbruchsicher. Alles ist vergittert. Außerdem gibt es einen Nachtportier.« Große Jäger nickte in Richtung des Schnellkochers. »Ich vermute, du hast Wasser gezapft, um diese schreckliche indische Brühe anzurichten.«

»Das edle Getränk nennt sich Darjeeling.«

Der Oberkommissar hielt Christoph den schmuddeligen Kaffeebecher entgegen. »Da du schon auf halbem Wege bist, könntest du Tante Hilke Guten Morgen sagen und mir bei der Gelegenheit etwas von ihrem Spülwasser mitbringen.«

»Hilke freut sich jedes Mal, wenn du selbst bei ihr erscheinst. So weiß sie jede Begegnung mit den anderen Kollegen noch mehr zu schätzen.«

»Sag mal – war das Knäckebrot heute Morgen bei euch zu Hause alle?«

»Ich habe schon ein Sahnestück zum Frühstück gehabt«, entgegnete Christoph und berichtete von Bielefeldts Besuch.

Große Jäger grinste und zeigte dabei seine nikotingelben Zähne. Dann verhakte er die Finger beider Hände ineinander. »Abgesehen von deiner unsozialen Einstellung, indem du mich hier verdursten lässt, passen wir beide wie zwei Maßstücke zusammen. Ich war heute Morgen im Hotel, in dem Archetti übernachtet hat, und habe mit dem Nachtportier gesprochen. Der ist sich sicher, dass der Mann nachts nicht aufgetaucht ist. Daran hätte er sich erinnert. Und an ihm führt kein Weg vorbei.«

»Das bedeutet, Archetti ist, nachdem er sich von Bielefeldt und dessen Frau vor der Tür verabschiedet hat, gar nicht ins Hotel gegangen, sondern weitergezogen.«

»Und wenn das nicht zutrifft? Was wissen wir über Bielefeldt? Der Mann ist enorm engagiert. Vielleicht hat ihn Archetti wissen lassen, dass man in Brüssel anders denkt, als es sich die Nordfriesen wünschen. Das Verwaltungsgericht in Leipzig hat sich auch gegen den Weiterbau der A 20 bei Bad Segeberg ausgesprochen. Ossis eben.«

»Dieses Urteil hat nichts mit dem Standort in den neuen Ländern zu tun«, sagte Christoph.

»Wer entscheidet in Brüssel? Ein Kommissar. Allein und autokratisch. Nach außen heißt es, die Kommission steht dahinter. Aber bei dem Sprachenwirrwarr blickt ohnehin keiner mehr durch. Und der Kommissar kümmert sich nicht selbst um die Dinge, sondern schickt einen Subalternen auf Reisen. In diesem Fall Archetti. Und dem glaubt er. Also hängt alles an dessen Einschätzung. Und das Ganze nennt man Demokratie.«

»Das ist deine Interpretation.«

Große Jäger grinste. »Widerlege es mir.«

»So stellt sich die Frage: Wo war Archetti, nachdem er sich vom Ehepaar Bielefeldt getrennt hatte?«

Der Oberkommissar hob den Zeigefinger und bewegte ihn hin und her. »Nee. Das ist zu einfach. Wir müssen auch einen Blick auf seinen Gastgeber werfen. Außerdem war das Bett im Hotel benutzt. Hat Archetti sich vielleicht ein wenig ausgeruht, bevor er zu seiner abendlichen Verabredung gegangen ist? Oder gibt es doch ein Loch, durch das er unbemerkt ins Hotel geschlüpft ist?«

»Ich werde mit Kiel sprechen«, erklärte Christoph.

»Mit der Rechtsmedizin und der Kriminaltechnik?«, fragte Große Jäger.

»Nicht nur.«

»Da es in diesem ungastlichen Haus keinen Kaffee gibt, werde ich mich auf den Weg in die Stadt machen«, erklärte Große Jäger.

»Es gib hier schon Getränke, aber keinen Zimmerservice.«

Der Oberkommissar schniefte nur, als er den Raum verließ.

Christoph versuchte, erste Ergebnisse in Kiel in Erfahrung zu bringen.

»Wir haben hier ein Präzisionsgewehr«, antwortete Dr. Diether, »keine Schnellfeuerwaffe. Es dauert. Ich habe aber eine gute Nachricht für Sie.«

»Und?«

»Das Opfer ist tot. Es kann nicht mehr weglaufen.«
In der Kriminaltechnik bestätigte man ihm, dass das iPad des Opfers vorliege. »Wir haben aber noch keine Möglichkeit gefunden, es auszuwerten«, erklärte der Kieler Beamte.
Auch Christophs dritter Anrufversuch war erfolglos. Am anderen Ende der Leitung wurde nicht abgenommen. Enttäuscht wandte er sich anderen Aufgaben zu, die auf die Bearbeitung warteten.

Christoph musste nicht aufsehen. Die Tür flog krachend gegen die Wand, und der Griff grub sich ein winziges Stück weiter in den Putz ein, dort, wo etliche heftige Türbewegungen für ein schon recht ansehnliches Loch gesorgt hatten.
Der Weg von der Tür bis zum Schreibtisch reichte Große Jäger, um Christoph den Erfolg seiner Mission zu signalisieren. Das breite Grinsen und der hochgestreckte Daumen waren untrügliche Zeichen dafür.
»Voll positiv«, begann Große Jäger und stöhnte. »Das habe ich teuer bezahlt. Ich bin kreuz und quer durch die Stadt gelaufen. Die ganze«, überbetonte er.
»Du meinst nicht etwa Husum, die Stadt der kurzen Wege?« Christoph schmunzelte.
»Ich spreche von der größten Metropole der Westküste. Dort findet kein reges Nachtleben statt.«
»Deine Exkursionen durch die Neustadt künden aber von anderen Erkenntnissen.«
»Das ist etwas anderes. Insiderwissen. Außerdem kann ich mir nicht vorstellen, dass Archetti von Tresen zu Tresen gezogen ist. Er hätte sich gar nicht mit den Leuten verständigen können. In der Neustadt spricht man eine ehrliche Sprache und nicht so krude wie in Brüssel. Zunächst war ich im ›Alten Gymnasium‹ und hatte Glück. Einer der Kellner, der auch gestern Abend Dienst hatte, konnte sich an die beiden Männer erinnern. Sie haben gut und ausführlich gegessen und aus dem Weinkeller auffahren lassen. Das Personal im Alten Gymnasium ist diskret. Darum konnte er auch nicht sagen, welche Themen die beiden behandelt haben. Es sah aber nach einem Geschäftsessen aus. Der Kellner

meinte, man habe sachlich miteinander diskutiert. Ihm ist auch kein anderer Gast aufgefallen, der sich für die beiden interessierte. Als Nächstes habe ich die Bar im Storm-Hotel aufgesucht und ein wenig Unfrieden gestiftet, als ich den Barkeeper von gestern aus dem Schlaf geklingelt habe. Auch er konnte sich an Bielefeldt und Archetti erinnern und bestätigte den Eindruck, den der Kellner aus dem Restaurant gewonnen hatte. Die beiden Männer haben noch zwei oder drei Drinks zu sich genommen. Was, daran erinnerte er sich nicht mehr, nur, dass Bielefeldt bezahlt hat.«

»Das bestätigt Bielefeldts Darstellung«, sagte Christoph.

»Nicht nur das. Er und seine Frau sind entlastet.«

»Du hast dich vorhin sehr skeptisch gezeigt.«

»Da hatte ich auch noch nicht recherchiert. Ich weiß jetzt, wo Archetti sich hingewandt hat, nachdem er vor dem Hotel ausgestiegen ist.«

»Viele Möglichkeiten gibt es in Husum nicht um diese Zeit.«

»Nur eine. Die Rosenstraße.« Große Jäger grinste. In der engen Altstadtgasse mit dem buckeligen Kopfsteinpflaster standen urige windschiefe Häuschen. Vor einem hing eine rote Laterne aus.

»Ehrlich?« Christoph war überrascht.

»Was sich Strauss-Kahn oder Franz Josef Strauß in New York geleistet haben, andere in Rom, hat Archetti in Husum gesucht. Bunga Bunga an der Nordsee. Es muss gegen halb zwei gewesen sein, als Archetti Einlass begehrte. Ich meine, in die Bar«, fügte Große Jäger schmunzelnd an. »Gegangen ist er um vier.«

»Da hatten wir schon eineinhalb Stunden auflaufendes Wasser«, sagte Christoph. »Bis zum Binnenhafen sind es nur wenige Gehminuten. Möglicherweise wollte er vom Bordell aus zum Hotel zurück. Unterwegs begegnete er seinem Mörder. War Archetti ein Zufallsopfer? Wie Raubmord sieht es nicht aus. Falls man es auf ihn abgesehen hatte, muss er beobachtet worden sein. Wer wusste von seinem Aufenthalt in Husum?«

Die beiden Beamten sahen sich an. Fast gleichzeitig sagten sie: »Bielefeldt.«

»Der wird sicher diskret sein, wenn Archetti ihm vom geplanten Bordellbesuch erzählt hat. Andererseits musste er sich nur in Geduld üben. Irgendwann musste der EU-Beamte am

Binnenhafen vorbeikommen. Und dann ...« Große Jäger ließ den Satz offen.

»Wir sollten uns mit Frank Hofsänger beschäftigen«, sagte Christoph. »Mich interessiert, was der mit Archetti zu besprechen hatte.«

Dann griff er zum Telefonhörer und wählte. Es dauerte eine ganze Weile, bis sich der andere Teilnehmer meldete.

»Lüders.«

VIER

Das Team hatte sich im Besprechungsraum versammelt.
»Haben Sie ein Paar Schuhe gefunden?«, fragte Putensenf.
Frauke schüttelte den Kopf. »Kein großes Paar, Putensenf, sondern ein kleines paar Schuhe.«
»Was hat das mit der Schuhgröße zu tun?«, fragte der Kriminalhauptmeister.
Madsack lachte und stieß ihn an. »Jakob, wenn man ›ein paar Schuhe‹ kleinschreibt, sind es gleich mehrere.«
»So genau wollte ich es nicht wissen.«
»Aber ich möchte wissen, was Sie in der Rechtsmedizin erfahren haben.«
»Spannendes«, begann Putensenf und sah auf den kleinen ledernen Kalender, in den er seine Notizen eintrug. »Carretta wurde durch zwei Schüsse getötet. Einer war ein Durchschuss durch den Kopf. Ich greife dem Russ... Kollegen Schwarczer einmal vor. Dieses Geschoss konnte nicht gefunden werden. Vermutlich ist es irgendwo ins Wasser der Oste gefallen.«
»Sie meinen, Carretta wurde durch einen sogenannten Krönlein-Schuss ermordet«, fiel ihm Frauke ins Wort. »Das ist ein Durchschuss mit einem rasanten Geschoss. Dabei wird das Schädeldach gesprengt durch die vollständige Exenteration des Gehirns.«
»Häh?« Putensenf sah sie irritiert an, bevor er fortfuhr: »Es ist davon auszugehen, dass es identisch ist mit dem zweiten Geschoss. Das traf Carretta ins Herz und hat es regelrecht zerfetzt. Wenn es kein Zufallstreffer war, wovon auszugehen ist, ist der Mörder ein Präzisionsschütze.« Putensenf sah auf. »Das Herz ist etwa fünfzehn Zentimeter groß. Das Geschoss ging mitten in den ...? Das ...? Also ins *ventriculus cordis* hinein.« Putensenf hatte den lateinischen Ausdruck abgelesen und mühevoll buchstabiert.
»Ist gut, Putensenf. Sparen wir uns anatomische Feinheiten«, sagte Frauke.
»Jedenfalls konnte das Geschoss sichergestellt werden. Es handelt sich um das sogenannte NATO-Kaliber.«

»Also sieben Komma zweiundsechzig«, fügte Frauke an.

Schwarczer räusperte sich. »Das KTI meint, es könnte sich bei der Tatwaffe um eine modifizierte Remington 700 handeln, besser bekannt als Scharfschützengewehr M40. Dafür sprechen die sechs Züge, die die Techniker erkannt haben wollen.«

»Wer benutzt so etwas?«, fragte Madsack.

»Es wurde ursprünglich für US-Marines entwickelt und ist für lange Distanzen gedacht. Man unterscheidet zwischen effektiver und maximaler Reichweite. Die erstere beträgt etwa einen Kilometer. In der Hand guter Scharfschützen und mit einer entsprechenden Optik ausgestattet, kann sich diese Entfernung verdoppeln«, fuhr Schwarczer fort.

»Der Täter ist demnach kein beliebiger Killer, sondern an dieser Waffe ausgebildet«, sagte Frauke.

Schwarczer bestätigte es durch Kopfnicken. »Es liegt nahe, dass der Täter Scharfschütze beim Militär war.«

»Oder Polizei?«, mischte sich Putensenf ein.

»Kaum«, erwiderte Schwarczer. »Die Präzisionsschützen der Polizei verwenden andere Waffen. Dort geht es nicht um die weite Entfernung, sondern um die Exaktheit. Der finale Rettungsschuss muss beim ersten Mal sitzen. Im militärischen Einsatz gelten andere Bedingungen. Unter diesen Umständen ist es auch noch nicht gelungen, den exakten Standort des Todesschützen ausfindig zu machen.«

»Man muss doch aus der auf den Körper einwirkenden Energie und dem Einschusswinkel die Position des Mörders errechnen können«, wandte Putensenf ein.

»Ja«, stimmte Schwarczer zu. »In diesem Fall ist das Opfer aber unter Umständen im Anglerboot noch weitergetrieben. Wir stehen also vor dem Problem, dass wir die Positionen von Opfer und Täter zum Zeitpunkt der Ermordung nicht exakt kennen.«

»Das erschwert unsere Arbeit«, sagte Frauke. »Immerhin haben wir ein paar Anhaltspunkte. Der Täter muss Carretta beobachtet haben. Er wusste über seine Gepflogenheiten Bescheid und konnte sich in aller Ruhe auf die Tat vorbereiten. Warum war Carretta so arglos? Hat er sich nicht bedroht gefühlt, weil man ihm eine neue Identität verpasst hatte?«

Madsack hob den Zeigefinger, als würde er sich wie ein Schüler melden.

»Ruffier alias Carretta hat sich mit ordnungsgemäßen Papieren legitimiert. Das Auto ist auf ihn zugelassen. Das gilt auch für den Handyvertrag, das Bankkonto und die Kreditkarten, soweit ich es in der Kürze der Zeit eruieren konnte. Über die Vita des angeblichen Ruffier war nichts in Erfahrung zu bringen. Wie auch. Die Bank oder das Telekommunikationsunternehmen fragen nicht nach dem Lebenslauf. Ich habe auch die Meldebehörde in Cuxhaven befragt. Das ist merkwürdig. Ruffier war plötzlich da. Es ist in Cuxhaven nicht hinterlegt, woher er angeblich gekommen ist.«

»Wir sollten die NSA fragen, wenn die gründlichen preußischen Bürokraten hier versagen«, brummte Putensenf.

Frauke zeigte auf Schwarczer. »Liegen schon Ergebnisse vom KTI vor? Was befand sich auf dem Notebook? Mails?«

»Nein. Offensichtlich hat sich Carretta nicht mit diesem Medium auseinandergesetzt. Er war schließlich nicht mehr der Jüngste.«

»Vorsicht!« Putensenf giftete Schwarczer an. »Das ist keine Frage des Alters. Immerhin hat Carretta fotografiert und die Bilder auf dem Rechner gespeichert.«

»Richtig«, sagte Schwarczer. »Auf dem Notebook befanden sich die Bilder, die wir auch auf der SD-Karte im Fotoapparat gefunden haben. Nicht mehr, aber auch nicht weniger.«

»Was hat das Ganze für eine Bewandtnis?«, sagte Frauke mehr zu sich selbst. »Warum hat er sich in Cuxhaven mit Blick auf die Elbmündung eingemietet? Weshalb hat er Containerschiffe fotografiert? Gibt es bei den Bildern eine Systematik?«

Schwarczer zuckte die Schultern.

»Ich meine, eine bestimmte Nationalität? Einen Abgangshafen oder zumindest eine eingrenzbare Abgangsregion, zum Beispiel Südamerika?«

»Sie meinen – Drogenschmuggel?«, fragte Madsack.

»Vergessen Sie nicht, dass Carretta ein Mafia-Pate war. Und zwar kein kleines Licht.«

»Das verstehe ich nicht«, sagte Putensenf. »Der Mann saß

hinter Schloss und Riegel.« Plötzlich hellte sich seine Miene auf. »Doch! Natürlich! Er hat sich als Kronzeuge angedient. Vielleicht sogar als Lockvogel. Und einen Deal mit der Staatsanwaltschaft gemacht, die ihm falsche Papiere und eine neue Identität verschafft hat. Die Gegenseite ist aber dahintergekommen und hat den vermeintlichen Verräter liquidiert.«

»Das ist nicht auszuschließen.« Frauke sah Madsack an. »Bleiben Sie am Ball. Wir müssen doch herausfinden können, warum plötzlich alle mauern. Staatsanwalt Holthusen behauptet, von Carrettas Haftentlassung nichts gewusst zu haben.«

»Und wenn er uns anlügt?«, gab Putensenf zu bedenken.

»Warum sollte er? Wir ermitteln in einem Mordfall. Holthusen wäre schlecht beraten, wenn er uns bremsen oder mit falschen Informationen gar in eine Sackgasse führen würde. Nein! Da zieht jemand anders die Fäden!«

»Wer?«, fragte Putensenf.

»Das müssen wir herausfinden.« Frauke sagte, dass sie noch einmal nach Cuxhaven fahren wolle. »Mit Ihnen, Putensenf.«

»Was wollen wir da?«

»Das erkläre ich Ihnen unterwegs. Schwarczer, Sie versuchen, mehr Informationen über die Verwendung des Präzisionsgewehrs zu sammeln. Gab es frühere Fälle? Sind irgendwo Gewehre gestohlen worden?«

Der Kommissar schob Frauke eine SD-Karte zu. »Ich habe eine Kopie der Bilder gemacht. Die können Sie mit nach Cuxhaven nehmen.«

Frauke überließ Putensenf das Steuer, während sie die Fahrt nutzte, um sich immer wieder die Bilder anzusehen. »Nur Containerschiffe«, murmelte sie. »Ich verstehe zu wenig davon, um sie kategorisieren zu können. Es ist auch keine Systematik erkennbar, dass Carretta gezielt bestimmte Nationalitäten oder Reedereien ausgewählt hat. Dann hätte er die Aufnahmen jeweils auf das Heck der Schiffe ausgerichtet. Dort steht der Heimathafen. Mir scheint es, als würden die Bilder bunt durcheinanderlaufen.«

»Wo wollen Sie in Cuxhaven hin?«, fragte Putensenf unterwegs.

»Zur Wasserschutzpolizei Hamburg.«
»Moment mal. Cuxhaven gehört seit … seit …«, stammelte Putensenf.
»1937«, half Frauke aus. »Mit dem Groß-Hamburg-Gesetz ging Cuxhaven in die preußische Provinz Hannover über. Heute gehört es zu Niedersachsen. Es gibt aber einen Staatsvertrag zwischen den Anrainerstaaten der Unterelbe. Darin ist geregelt, dass Hamburg für die Elbe von Schnackenburg bis zur Hoheitsgrenze einschließlich des Hafens von Cuxhaven, die Insel Neuwerk und ihre kleineren Schwestern sowie das Seegebiet drum herum zuständig ist.«
»Dann müssen wir also nach Hamburg.« Putensenf trat sachte auf die Bremse.
»Fahren Sie weiter. Das zuständige Hamburger Wasserschutzpolizeirevier ist in Cuxhaven angesiedelt.« Sie nannte die Adresse in der Präsident-Herwig-Straße.

Die »Fischmeile« ist ein touristisch geprägter Rundgang zwischen altem und neuem Fischereihafen, der von Informationstafeln begleitet wird, die Interessantes zum Thema Fisch bereithalten. Ausgangspunkt der »Fischmeile« ist die Präsident-Herwig-Straße, an deren Front sich ein endlos lang erscheinender Klinkerbau entlangzieht, der früher dem Fischhandel diente. Davon zeugen noch die hölzernen Luken im Obergeschoss, durch die die Ware aus dem Lager auf die Lkws geladen wurde.
Mittlerweile hatten sich hier zahlreiche Lokale angesiedelt, teilweise auch mit einladender Außengastronomie.
Am Ende des ersten lang gestreckten Blocks fand sich die Dienststelle, weithin sichtbar durch eine im Wind knatternde blaue Flagge »200 Jahre Hamburger Polizei« und das Wappen der Hansestadt, umkränzt von einem Polizeistern. Vor dem unscheinbaren Gebäude waren Parkplätze für Dienstfahrzeuge reserviert. Neben dem Schild »Polizei Hamburg« und dem Zusatz »Wasserschutzpolizeirevier 4« befand sich der Eingang.
Frauke Dobermann zeigte auf zwei nicht mehr in Gebrauch befindliche Porzellananschlüsse der früher außen entlanggeführten Stromleitungen, die noch an der Fassade zu erkennen waren.

»So sah es früher aus. Zu Ihrer Zeit, Putensenf.«
Es roch kräftig nach Fisch.
Putensenf zog die Nase kraus. »Das stinkt.«
Obwohl ein nasskalter Wind um das Haus pfiff und die Temperaturen kühler erscheinen ließ, als das Thermometer anzeigte, empfing sie Hauptkommissar Brück in einem blütenweißen Hemd mit kurzen Ärmeln. Als müsse er Werbung für seinen Berufsstand machen, trug er einen sorgfältig gestutzten Vollbart. In Verbindung mit den drei goldenen Streifen auf der Schulterklappe verkörperte er für Landratten das Sinnbild eines Seeoffiziers.
Mit einem festen Händedruck begrüßte er die beiden hannoverschen Polizisten.
»Es ist nicht sehr komfortabel bei uns«, entschuldigte er sich und zeigte auf zwei Holzstühle. »Aber Kaffee trinken Sie, oder?«
Ohne die Antwort abzuwarten, holte er zwei unterschiedliche Tassen aus einem Aktenschrank, eine Packung Würfelzucker und fragte: »Mit Milch? Ich habe leider nur Kaffeeweißer.«
»Danke, schwarz«, sagte Frauke und wusste, dass Putensenf diese Darreichungsform hasste. Brück schien seinen Kaffee kräftig zu lieben. Das Gebräu erwies sich als stark und aromatisch.
»Was kann ich für Sie tun?«, fragte er und schob nach: »Aus Hannover?«
»LKA. Wir ermitteln in einem Mordfall. In Neuhaus an der Oste —«
»Habe davon gehört«, unterbrach Brück sie. »Merkwürdiges Ding.«
Frauke berichtete kurz, was sie bisher in Erfahrung bringen konnten. »Wir haben beim Opfer zahlreiche Fotos gefunden«, schloss sie. »Es handelt sich ausnahmslos um Containerschiffe. Können Sie in der Aufnahmeserie eine Systematik erkennen?«
»Lassen Sie sehen«, sagte Brück, schob ein paar Papiere, die auf seinem Schreibtisch lagen, zur Seite und schaffte Platz für Fraukes Notebook.
Nachdem Frauke die Bilder aufgerufen hatte und sich die beiden hannoverschen Ermittler hinter Brück gestellt hatten, ließ der Hauptkommissar die Aufnahmen durchlaufen. Zunächst gab

er keinen Kommentar ab. Dann begann er erneut und murmelte zwischendurch ein »Aha« oder »Interessant«.

»Ja«, sagte er nach dem zweiten Durchlauf und strich sich durch den rotblonden Bart. »Mir ist aufgefallen, dass alle Fotos von drei Standorten aus aufgenommen wurden. Zum einen wurde – vermutlich mit einem dreihunderter Teleobjektiv – von der Apartmentanlage in Döse, nahe dem Kurpark, fotografiert. Das ist gleich neben der Kugelbake. Der nächste Standort des Fotografen war der Hafen von Otterndorf, genau genommen etwas weiter auf dem Deich in Höhe des Campingplatzes. Warum er auch noch von der Ostemündung aus fotografiert hat, vermag ich logisch nicht zu erklären. Von dort hatte er keine so gute Sicht auf die Schiffe.«

»Hat er sich für die Schleusung in Brunsbüttel interessiert?«, vermutete Frauke.

Brück wiegte den Kopf. »Da hätte ich mir einen Standort auf der anderen Elbseite gewählt. Vom niedersächsischen Ufer kommt man schlecht an die Elbe. Das muss man kennen. Ungefähr in Höhe Balje.«

»Der Fotograf war ortsfremd, außerdem schon betagter. Um nach Brunsbüttel zu gelangen ...«

»... muss man elbaufwärts fahren und bei Glückstadt mit der Fähre die Elbe überqueren«, ergänzte Brück. »Vielleicht hat Ihr Opfer das gescheut. Oder er hat es nicht gewusst. Man hätte natürlich aus der Ostemündung heraus in die Elbe fahren können. Von dort haben Sie einen guten Blick querab nach Brunsbüttel. Ich«, dabei lächelte Brück, »wäre noch ein Stück weiter am südlichen Ufer entlanggeschippert und hätte mich genau gegenüber Brunsbüttel auf die Lauer gelegt. Aber das können Sie von Orts- und Seeunkundigen nicht erwarten.«

»Das würde auch erklären, weshalb Carretta sich auf drei Standorte beschränkt hat.«

»Den Blick aus dem Fenster seines Apartments –«

»Seines was?«, unterbrach Brück.

»Carretta alias Ruffier wohnte in dem Apartmenthaus in Döse. Die Bilder wurden von seiner Wohnung aus aufgenommen«, erklärte Frauke.

»Wenn er an Schiffsaufnahmen interessiert war, verstehe ich nicht, weshalb er nach Otterndorf gefahren ist. Oder doch«, berichtigte sich Brück. »Da war er dichter dran. Aber was soll das Fotoshooting von der Oste aus?«

»Dafür haben wir auch noch keine Erklärung. Es ist eine sehr vage Vermutung, dass das Einschleusen in Brunsbüttel ein Ziel gewesen sein könnte«, sagte Frauke.

»Unwahrscheinlich«, widersprach Brück. »Dagegen sprechen auch die ausgewählten Schiffe.«

Die beiden hannoverschen Polizisten sahen sich an. »Gibt es da eine Systematik?«, fragte Frauke.

»Ja und nein. Mir ist nur aufgefallen, dass sich der Fotograf für Containerschiffe interessiert hat.«

»Das haben wir auch bemerkt«, sagte Putensenf.

»Schon. Aber Ziel der Aufnahmen waren die seegängigen Schiffe, nicht die Feederschiffe. Das ist so«, begann Brück zu erklären, unterbrach sich aber noch einmal und fragte: »Noch 'nen Kaffee?«

»Gern«, erwiderte Frauke und hielt dem Hauptkommissar die Tasse hin, während Putensenf das Gesicht verzog.

»Der mörderische Konkurrenzkampf auf den Weltmeeren zwingt die Reedereien zu immer größeren Schiffen, deren Kapazität nach TEU bemessen wird. Darunter versteht man einen Standardcontainer. Die Riesen transportieren heute oft mehr als zehntausend Container. Die ›Mærsk Mc-Kinney Møller‹ zum Beispiel von der dänischen Mærsk-Reederei ist vierhundert Meter lang und kann über achtzehntausend Container laden. Das Ganze übrigens nur mit einer Besatzung von zweiundzwanzig Mann.«

»Boah«, entfuhr es Putensenf.

»Die kommt hier aber nicht vorbei. Mit ihrem Tiefgang schafft sie es nicht die Elbe hoch. Die großen Seeschiffe transportieren also die Container zwischen den Knoten des Welthandels, zum Beispiel von Asien nach Europa.«

»Und Amerika«, warf Putensenf ein.

Brück schüttelte den Kopf. »Nein. Die haben den Anschluss verpasst. Dort gibt es keine Häfen, die diese Schiffe anlaufen können. Die Container kommen also aus Asien nach Rotterdam,

Antwerpen oder Hamburg. Dort werden sie umgeladen und auf kleinere Schiffe verteilt. Die nennt man Feederschiffe. Und diese bringen die Container dann zu den Ostseehäfen, also nach Finnland, Russland, Polen, Schweden oder in zunehmendem Maße auch in die baltischen Staaten.«

»Die großen Schiffe steuern also Hamburg an. Die ganze Elbe hoch«, sagte Frauke, »die Fracht wird auf die Feederschiffe umgeladen, die kommen wieder elbabwärts und biegen bei Brunsbüttel in den Nord-Ostsee-Kanal ab, um dann über die Ostsee ihr eigentliches Ziel zu erreichen.«

Brück lächelte milde. »So könnte man es erklären.«

»Und Feederschiffe hat Carretta nicht fotografiert?«

»Kaum«, sagte Brück. »Ein paar größere sind schon dabei. Die Feederschiffe werden nicht nur in Hamburg beladen. Viele Containerschiffe landen in Rotterdam an. Von dort starten zahlreiche Feeder, durchfahren den Nord-Ostsee-Kanal und suchen ihr Ziel auf. Der Laie kann schlecht einschätzen, ob der Pott, der ihm vor die Linse kommt, ein kleines Seeschiff oder ein großes Feederschiff ist.«

»Und Carretta war Laie«, bestätigte Frauke. »Das wäre eine Erklärung.«

»Haben meine Erläuterungen Sie weitergeführt?«, fragte Brück.

»Sie waren interessant und aufschlussreich, aber Erkenntnisse, warum Carretta sich plötzlich für Schiffe interessierte, habe ich nicht gewinnen können.«

Brück versicherte zum Abschied, dass Frauke oder ihre Mitarbeiter ihn jederzeit erneut ansprechen dürften.

Sie kehrten zum Auto zurück. Bevor Putensenf den Motor starten konnte, sagte Frauke: »Warten Sie. Was wollte Carretta mit diesen Bildern? Mit Sicherheit hat er kein plötzliches maritimes Interesse entwickelt. Warum hat man ihn so schnell aus der Haft entlassen? Weshalb sind die Akten verschwunden und niemand erteilt uns Auskünfte?«

»Könnte es sein, dass die Staatsanwaltschaft uns an der Nase herumführt?«, rätselte Putensenf.

»Dafür würde ich meine Hand nicht ins Feuer legen, obwohl ich überzeugt bin, dass Holthusen an der Aktion nicht beteiligt ist und genauso überrascht wurde wie wir. Vielleicht ist Schwarczer vorangekommen.« Sie wählte den Anschluss des Kommissars an.

»Die verwendete Langwaffe, also das Gewehr M40, wird von deutschen Streitkräften nicht benutzt. Auch nicht von Spezialkräften wie den Sondereinsatzkommandos oder dem KSK9. Die Polizei hat es schon gar nicht im Einsatz. Keine einzige Landespolizei.«

»Auch nicht die Bayern?«, rief Putensenf dazwischen, der das Gespräch über die Lauthöreinrichtung mitverfolgte.

Schwarczer ging nicht darauf ein. »Alles deutet auf die US-Marines hin.«

»Wie kann man an die Waffen herankommen?«, fragte Frauke.

»Die Amerikaner werden es uns nicht verraten, falls man sie bestohlen hat. Haben Sie etwas über Waffendiebstähle in Erfahrung bringen können?«

»Keine zu unserem Fall passende. Das verwendete Gewehr ist den Ermittlungsbehörden unbekannt. Es liegt keine Aktion vor, wo sein Gebrauch dokumentiert ist.«

»Das Gewehr muss doch jemandem gehören«, sagte Frauke ungeduldig.

»Ich habe mit Ruthenbeck gesprochen«, erklärte Schwarczer. Der Hauptkommissar galt als der Schusswaffenexperte im LKA. »Er meint, ein M40 als Tatwaffe sei außergewöhnlich. Er kann sich an keinen ähnlichen Fall erinnern. Es handelt sich um ein ausgesprochen spezielles Scharfschützengewehr, das auf dem freien oder auch grauen Markt so gut wie nie auftaucht.«

»Dafür würde ich meine Hand nicht ins Feuer legen«, erwiderte Frauke. »Man kann nur staunen, welche Hightechwaffen in Krisengebieten eingesetzt werden. Da laufen Leute, die nie eine Schule besucht haben, mit modernstem Kriegsgerät herum.«

»Und nun?«, wollte Putensenf wissen, nachdem Frauke das Telefongespräch beendet hatte.

»Carretta war kein Zufallsopfer. Man hat ihn gezielt ausgewählt. Der Täter muss ihn beobachtet und verfolgt haben. Er kannte Carrettas Gepflogenheiten. Das war ein Profi. Dafür spricht nicht nur die Waffe, sondern auch das Beharrungsvermögen. Der Mörder hat so lange gewartet, bis die Gelegenheit günstig war. Die idealen Bedingungen fand er auf der Oste, als Carretta angeblich zu einer Angeltour aufgebrochen ist. Als wir uns damals mit dem Dottore befasst haben, sind wir nirgendwo auf Hinweise gestoßen, die ein solches Hobby vermuten ließen. Ich glaube nicht, dass Carretta zum Vergnügen auf Fischfang war. Das war nur ein Vorwand. Zu den vielen ungeklärten Fragen stellt sich mir eine weitere. Wer wurde ermordet? Dottore Alberto Carretta oder sein Alter Ego, Stéphane Ruffier?«

Eine Weile herrschte Schweigen im Wagen. Plötzlich gab sich Frauke einen Ruck. »Ich verordne Ihnen absolutes Stillschweigen, Putensenf. Vergessen Sie, was Sie jetzt hören.«

»Ja, aber —«

Frauke wusste, dass Jakob Putensenf sehr eigenwillige Ansichten zum Thema »Frauen in der Polizei« hatte. Immer wieder überraschte er Frauke und die anderen mit inakzeptablen Äußerungen. Trotzdem konnte sie sich auf den Kriminalhauptmeister verlassen, der mit ganzem Herzblut Polizist war.

»Wir befinden uns in einer Sackgasse«, erklärte sie. »Staatsanwalt Holthusen und Ehlers unterstützen uns und stehen hinter unseren Ermittlungen. Das ist alles. In Niedersachsen wird uns keiner weiterhelfen.«

Putensenf wollte nachfragen, doch sie legte den Zeigefinger auf die Lippen und bedeutete ihm, zu schweigen. Sie nutzte ihr eigenes Handy ohne Freisprecheinrichtung und wählte, bis sie eine sonore Stimme vernahm.

»Lüders.«

FÜNF

Ein schlichtes Zimmer. Ein Kleiderschrank. Ein Sideboard. Hinter dem Schreibtisch stand ein Bürostuhl mit Wippautomatik, davor zwei Besucherstühle. Ein Notebook, ein Telefon, mehrere grüne Aktendeckel und ein gerahmtes Foto mit einer lachenden Frau und vier Kindern im Alter von zwanzig bis sechs Jahren. Zusätzlich fanden auch noch ein halb gefüllter Kaffeebecher und eine Colaflasche Platz.

Friedjof, der mehrfach behinderte Bürobote, griff zur Flasche, hielt sie über den Schreibtisch und animierte sein Gegenüber, mit dem Kaffeebecher anzustoßen.

»Prost, Rudolf«, sagte der junge Mann, setzte die Flasche an und ließ gluckernd den Inhalt in die Kehle laufen.

»Wieso Rudolf?«

»Der war doch auch Verteidigungsminister. So wie du. Rudolf sollte alles Unheil vom deutschen Volk abwenden.«

»Erstens sitze ich nicht mit einer Gräfin halb nackt in einem mallorquinischen Swimmingpool. Zweitens ist meine bessere Hälfte keine Gräfin, sondern eine Königin. Und drittens bin ich kein —«

»Schon gut, Herr Major«, unterbrach ihn Friedjof. »Du hast die gleiche Besoldungsgruppe wie ein Major. Allerdings heißt es bei der Kriminalpolizei Rat. Weißt du auch, warum?«

Kriminalrat Dr. Lüder Lüders wollte zu einer Erklärung ansetzen, aber Friedjof winkte ab.

»In anderen Berufen *weiß* man etwas. Bei uns in der Kripo *rät* man es.«

Lüder lachte. »Es ist gut, dass man vom Kriminal*rat* spricht.« Er fuhr sich mit der Hand durch die wuscheligen blonden Haare. »Wenn die grau sind, kannst du mich Kriminal*weiser* nennen.«

Friedjof hob die Hand. »Du? Ein Weiser? So alt kannst du gar nicht werden.«

»Raus, Friedhof«, rief Lüder und öffnete die kleine Schublade am Schreibtisch.

53

Friedjof sprang auf und beeilte sich, das Büro zu verlassen.
»Erspar es dir, mit Büroklammern zu werfen«, rief er lachend.
Zog aber vorsichtshalber doch den Kopf ein.
Die kleinen Neckereien gehörten bei beiden zum Alltag.
Friedjof war bis heute stolz, dass Lüder ihm schon vor vielen Jahren das Du angeboten hatte.
»Friedhof?«, rief Lüder ihm hinterher.
Der Bürobote blieb im Türrahmen stehen und drehte sich um.
»Ja?«
»Der Fortschritt ist nicht aufzuhalten. Demnächst werden alle Papiere aus dem Büroalltag verschwinden.«
»Macht nichts«, erwiderte Friedjof. »Dann verteile ich eben SD-Karten und Sticks.«
»Ich dachte, du hast mit dem Verbreiten von Gerüchten genug zu tun.«
»So wirst du nie Innenminister«, rief Friedjof und verschwand auf dem Flur.
Mir würde die Beförderung zum Oberrat schon reichen, dachte Lüder. Eine Familie mit vier Kindern, ein altes Haus, Autos, die oft »kränkelten« … Seufzend hob er einen Aktendeckel an und las die handgeschriebene Notiz. Dann griff er zum Telefon.
»Diether«, meldete sich eine forsche Stimme. »Wenn das Unheil des Polizeilichen Staatsschutzes anruft, schwant mir Böses.«
Lüder hatte sich an die bisweilen sehr sarkastische Art des Oberarztes der Rechtsmedizin der Kieler Christian-Albrechts-Universität gewöhnt.
»Was gibt es heute Abend bei Ihnen zu essen?«, fragte er.
»Keine Blutwurst. Man hat uns das falsche Ausgangsmaterial geschickt. Für welche Dahingeschiedenen interessieren Sie sich? Lassen Sie mich raten. Genau! Wenn der Förde-Bond anruft, sind es nicht die Leichenteile in der Gefriertruhe. Auch nicht das Säurefass, in dem eine kriminelle Großfamilie aus Dingsbums aufgelöst wurde. Das muss die Leiche sein, die von der Artillerie ermordet wurde.«
»Sagt Ihre Frau manchmal, Sie würden alles durch eine rosarote Brille sehen?«, fragte Lüder.

»Wie kommen Sie darauf?«
»Als Pendant zu der schwarzen, die Sie im Dienst aufhaben. Sie meinen also, in Husum habe man Münchhausen erschossen.«
»Hat das Opfer gelogen?«
»Das weiß ich noch nicht. Aber wenn Sie von der Artillerie sprechen, muss es ein großkalibriges Geschoss gewesen sein.«
»Sooo groß auch nicht. Aber NATO-Kaliber. Das hat mir der Kollege von der Kriminaltechnik verraten, der immer ganz begierig ist, Einzelteile von mir zu erhalten. Er ist aber wählerisch. Ich könnte ihm alternativ auch –«
»Danke«, schnitt Lüder ihm das Wort ab. »Sie müssen jetzt nicht mit Ihrem anatomischen Wissen glänzen.«
»Immerhin habe ich überhaupt noch eine Spur Wissen.«
»Das kann nicht sehr groß sein. Ich habe in all den Jahren nicht gehört, dass einer Ihrer Patienten als geheilt entlassen wurde. Sie wollen mir jetzt erzählen, dass unser Toter durch ein Geschoss des Kalibers sieben Komma zweiundsechzig ums Leben gekommen ist.«
»Ja.« Dr. Diether war für einen Moment verblüfft. »Haben Sie schon mit der KTU gesprochen? Oder waren Sie der Schütze? Ach nee. Das soll ein Scharfschütze mit einem Präzisionsgewehr gewesen sein. Dafür kommen Sie nicht in Frage. Also. Die Kugel, wie Laien wie Sie es nennen, ist durch …«
Lüder hörte nicht hin. Er ließ den Rechtsmediziner ausführlich erklären, wie das Geschoss eingedrungen war und welche Schäden es verursacht hatte. Erst als Dr. Diether laut und vernehmlich »Klingeling – klingeling« durchs Telefon rief und anmerkte: »Nun können Sie wieder aufwachen«, ließ Lüder ein »Hmh« hören.
»Es war ein schöner Tod«, erklärte Dr. Diether zum Abschluss. »So möchte ich auch abtreten. Maurizio Archetti hatte kurz zuvor ergiebigen Geschlechtsverkehr. Ob ihm das so viel Spaß gemacht hat … Ich weiß es nicht. Er hatte eins Komma sieben Promille im Blut. Das muss eine Superparty gewesen sein. Und das menschliche Wonnegefühl lässt sich steigern, wenn man sich nach viel aufgenommener Flüssigkeit entleeren muss. Und genau dabei hat es ihn erwischt. Bumm.«
Lüder war nicht überrascht. Dr. Diether bestätigte das, was

ihm Christoph Johannes aus Husum schon mitgeteilt hatte. Der Italiener hatte zunächst gut gegessen, dann eine Bar aufgesucht und anschließend den Abend in einem Bordell ausklingen lassen.

»Das Opfer ist nach unseren Erkenntnissen ein hochrangiger Mitarbeiter der EU-Kommission aus Brüssel«, hatte Christoph berichtet. »Es scheint, als wäre er in offizieller Mission unterwegs gewesen. Deshalb halte ich es für geboten, den Staatsschutz im LKA zu informieren.«

Merkwürdig, dachte Lüder. Genauso rätselhaft war der Fall, den ihm Frauke Dobermann aus Hannover geschildert hatte. Leider konnte er ihr keinen Rat geben. Wenn die Niedersachsen gegenüber ihren eigenen Ermittlern Informationen zurückhielten, konnte die Landespolizei Schleswig-Holstein erst recht nicht behilflich sein. Die ehemalige Flensburgerin schien in eine Situation geraten zu sein, die Lüder selbst schon oft erlebt hatte. Er sah aber keinen Anhaltspunkt, der hannoverschen Polizei einen Rat zu erteil… Moment!

Lüder stutzte. Hastig suchte er den Schmierzettel hervor, auf dem er sich während des Telefonats mit Frauke Dobermann ein paar Notizen gemacht hatte.

»Donnerwetter«, entfuhr es ihm. Dann rief er die Hauptkommissarin an.

»Ich bin auf eine Merkwürdigkeit gestoßen«, sagte er. »Können Sie veranlassen, dass Ihre KTU –«

»Bei uns heißt es KTI«, erklärte Frauke Dobermann.

»Dass wir alle Informationen über die benutzte Waffe bekommen. Senden Sie alles an Frau Dr. Braun. Die wird Ihnen noch ein Begriff sein. Es ist nicht auszuschließen, dass mit derselben Waffe ein Mord in Husum verübt wurde.«

»In Husum?«, fragte Frauke Dobermann ungläubig.

»Ich habe bisher nur sehr dürftige Informationen«, erklärte Lüder. »Aber Morde durch einen Scharfschützen mit einem Präzisionsgewehr gibt es nicht täglich. Darüber hinaus scheint es noch weitere mögliche Parallelen zu geben. In Husum wurde ein italienischer Staatsbürger erschossen.«

»Unser Opfer ist auch Italiener, auch wenn er in die Identität eines Franzosen geschlüpft ist.«

»Sie erwähnten, dass Sie bei Ihrem Toten ein auffälliges Interesse an Schiffen registriert haben.«
»Ja.«
»Das Husumer Mordopfer war ein Beamter der EU. Er hat in Nordfriesland Gespräche mit einem Interessenvertreter geführt, der sich für die Verbesserung der Infrastruktur einsetzt. Autobahn, Eisenbahn, insbesondere aber Elbvertiefung und Nord-Ostsee-Kanal.«
»Der beginnt in Brunsbüttel«, sagte Frauke Dobermann. »Wir haben den Eindruck, dass Carretta sich ganz besonders für die Schleusenanlagen interessierte.«
Sie versicherte, umgehend die Informationen an das Kieler LKA weiterzuleiten.

Die Rückfrage in Husum bestätigte, dass bisher noch keine Meldung über Archettis Ermordung an sein Büro oder an die italienischen Behörden erfolgt war.

»Mich wundert«, ergänzte Christoph Johannes, »dass sich noch niemand nach ihm erkundigt hat. Wir halten den Kontakt zum Hotel aufrecht. Ich gehe davon aus, dass dort zuerst eine Rückfrage nach seinem Verbleib auflaufen würde.«

»Ich habe mit unserer Kriminaltechnik vereinbart, dass ich umgehend Nachricht erhalte, wenn auf dem sichergestellten Notebook eine Mail eintreffen sollte. Merkwürdig, dass ein offenbar so wichtiger Mann nicht vermisst wird.«

Lüder versuchte, bei der EU in Brüssel jemanden zu erreichen. Es war ein nahezu aussichtsloses Unterfangen und dauerte Stunden, bis er einen Gesprächspartner fand, der ihn nicht abwimmeln oder weiterverbinden wollte.

Rocheteau hieß der Mann und sprach ein kaum verständliches Französisch. Es klang, als würde jemand mit einem übergroßen Nasenpolypen ständig »Öööhre Röööhre« von sich geben. Alle Versuche Lüders, mit ihm Englisch zu reden, waren gescheitert.

»Hier ist die deutsche Polizei aus Kiel.«
»Kiel?«
Lüder bestätigte es. »Bei uns ist eine Straftat verübt worden. Vermutlich heißt das Opfer Maurizio Archetti«, erklärte Lüder vorsichtig.

Sein Gesprächspartner schwieg.
»Kennen Sie Archetti?«
»Ich gebe grundsätzlich keine Auskunft am Telefon«, erklärte Rocheteau.
»Begreifen Sie nicht? Es eilt. Archetti ist vermutlich tot. Wir suchen Angehörige, die wir informieren können. Oder sein Büro.«
»Monsieur Archetti kann nicht tot sein«, erklärte Rocheteau. »Er ist in Deutschland.«
»Herrje«, sagte Lüder auf Deutsch. »Warum schickt man die Leute nach Brüssel, die man an anderen Orten nicht mehr gebrauchen kann?« Vor seinem geistigen Auge tauchten die Bilder ehemaliger Ministerpräsidenten auf.
»Können Sie uns ein Bild Archettis schicken?«
»Nein.«
»Ist er verheiratet? Haben Sie Kontaktdaten von Angehörigen?«
»Keine Auskunft.«
Alle Versuche, Rocheteau eine Antwort zu entlocken, scheiterten. Schließlich legte Lüder auf, ohne sich zu verabschieden.

Sein nächster Gesprächspartner begrüßte ihn freundlich. Geert Mennchen vom Innenministerium arbeitete für den Verfassungsschutz des Landes, der in Schleswig-Holstein eine Abteilung des Ministeriums war.
Lüder nannte ihm die Namen Archetti und Carretta. »Oder kennen Sie Letzteren vielleicht unter dem Namen Ruffier?«
»Archetti. Irgendwo habe ich das schon mal gehört.« Der Regierungsamtmann klang nachdenklich.
»Er ist Beamter bei der EU-Kommission«, erklärte Lüder.
»Mag sein, dass ich ihn daher kenne. Die anderen beiden sagen mir nichts. Moment.« Lüder hörte Mennchen durch die Leitung Selbstgespräche führen. Der Verfassungsschützer wiederholte die Namen mehrfach.
»Nein, sorry. Damit kann ich nicht dienen. Um was geht es denn?«
Lüder erläuterte die vermuteten Zusammenhänge. »Zwei Dinge sind merkwürdig«, schloss er. »Das ist die Tatwaffe, ein

vorwiegend von Spezialkommandos der US-Armee benutztes Scharfschützengewehr. Und das auffällige Interesse für Schiffe in der Elbmündung.«
»Das ist ein heikles und sensibles Thema«, erwiderte Mennchen. »Das würde ich gern mit Ihnen erörtern. Aber nicht telefonisch.«
Lüder versicherte, in einer Viertelstunde bei Mennchen zu sein.

Das Innenministerium lag in einer Reihe anderer Ministerien direkt an der Kieler Förde. Der Regierungsamtmann hatte ein Büro mit Blick auf das Ostufer. Rechts sah man die ehemalige Deutsche Werft, gegenüber mündete die Schwentine, und daneben lag der betriebsame Ostuferhafen.
»Ich habe die Zeit genutzt und noch einmal nach den Namen gesucht. Fehlanzeige. Hellhörig werde ich, wenn sich jemand in so auffallender Weise für die Schifffahrt interessiert«, sagte Mennchen.
»Wir können ausschließen, dass Carretta einem Hobby nachgegangen ist. Es gibt viele begeisterte Hobbyfotografen, die Eisenbahnen, Flugzeuge oder auch Schiffe fotografieren. Das trifft hier mit Sicherheit nicht zu.«
»Seit Langem gibt es Drohungen gegen die Bundesrepublik. Sie sind gegen große Menschenansammlungen gerichtet, belebte Plätze, aber auch gegen die Infrastruktur. Denken Sie an die Bonner Kofferbomber, die ein Attentat auf die Eisenbahn verüben wollten. Welche verheerenden Folgen das hat, haben wir bei den Anschlägen in Madrid oder auf die Londoner U-Bahn gesehen. Ein hoch entwickeltes Land wie unseres hängt am Tropf der Infrastruktur. Deshalb beobachten alle Nachrichtendienste und die Verfassungsschutzämter die Szenerie mit Argusaugen.«
»Gibt es aktuelle Bedrohungen?«
»Was ist aktuell?«, wich Mennchen aus. »Da draußen laufen genug Verrückte herum, die zündeln würden, wenn man sie ließe. Latent ist die Gefahr immer vorhanden. Nur weil es eine Weile in unserem Teil der Welt etwas ruhiger war, dürfen wir uns nicht zurücklehnen. Zweifelsohne gibt es Erfolge im Kampf gegen den

Terrorismus. Aber von einer Entspannung zu sprechen ... Das wäre leichtsinnig und töricht.«

»Haben Sie Anhaltspunkte, dass sich etwas zusammenbrauen könnte? Beobachten Sie gezielt irgendwelche Leute oder Gruppierungen?«

»Nicht in diese Richtung. Es gibt die üblichen Verdächtigen. Aber die von Ihnen genannten Personen sehe ich dort nicht. Ein ehemaliger Mafia-Pate? Die haben andere Interessen. Und selbst wenn sich dort etwas Größeres zusammenbrauen sollte ... Ich meine, das internationale Drogenkartell und so ... Die würden sich nie mit einem großen Staat anlegen. Wozu auch? Das bringt nichts. Und Archetti, der EU-Beamte? Selbst wenn man ganz weit ausschweift und eine groß angelegte Korruption vermuten würde, ist das kein Fall für uns. Das ist Ihr Geschäft.«

»Ich würde diese Möglichkeit nicht ausschließen«, antwortete Lüder. »Es gibt ein paar Ungereimtheiten, die wir noch nicht haben klären können. Brüssel zeigt sich nicht kooperativ. Ich bin geneigt, zu sagen, die strotzen vor Arroganz. Gibt es eine gewaltbereite Szene unter den Naturschützern?«

Mennchen lachte. »Sie meinen Ökoterroristen?«

Lüder fiel in das Lachen ein. »So würde ich es nicht nennen.«

»Sicher gibt es dort Aktivisten, die ihren Forderungen durch illegitime Aktionen Nachdruck verleihen. Denken Sie an die Tierschützer, die Nerzfarmen stürmen und die für die freie Wildbahn nicht geeigneten Tiere ins Freie lassen. Greenpeace ist immer wieder für Spektakuläres gut. Die rechtliche Bewertung solcher Handlungen lasse ich einmal unberücksichtigt, auch, ob man alles gutheißen muss. Aber Terrorismus? Das würde ich weit von mir weisen. Und nicht nur ich.«

»Und wenn sich extrem militante Umweltschützer eine neue Spielwiese suchen?«

»Davon habe ich noch nichts gehört«, sagte Mennchen.

»Immerhin wollte sich Archetti am Folgetag mit einem Umweltaktivisten treffen. Dazu ist es nicht mehr gekommen.«

»Ich fürchte, Ihnen nicht weiterhelfen zu können«, erklärte Mennchen mit Bedauern.

Im Landeskriminalamt suchte Lüder die Kriminaltechnik auf. Fritz Wohlgemut, ein ziviler Mitarbeiter, hielt ihm den ausgestreckten Arm mit einem Kugelschreiber entgegen.
»Lassen Sie mich raten. Sie möchten wissen, ob die Hannoveraner etwas geschickt haben.« Er nickte. »Sie haben.«
»Wann liegt das Ergebnis vor?«, wollte Lüder wissen.
»Herr Dr. Lüders.« Ein spöttischer Unterton schwang mit. »Menschen können schnell arbeiten, aber nicht zaubern.«
»Ich bin zufrieden, wenn Sie mir eine Zeitangabe nennen.«
Wohlgemut lachte laut auf. »Ich sagte, *Menschen* können nicht zaubern. Aber wir. Mit unserem Zauberkasten.« Er zeigte auf seinen Rechner. »Unsere Auswertungen stecken darin, und die aus Hannover haben wir zur Paarung dazugelegt.«
»Ich hoffe, das Baby braucht keine neun Monate«, sagte Lüder.
»Es ist da. Ein Junge.«
»Lassen Sie das keine Frau hören. Die Gleichstellungsbeauftragte würde sich darüber beklagen.«
»Der würde ich antworten, dass ich meine Frau auf Händen trage. Zurück zu Ihrer Frage. Es ist definitiv dasselbe Gewehr, aus dem die tödlichen Geschosse abgefeuert wurden. Mit dieser Waffe wurden zwei Menschen ermordet.«
»Da wir davon ausgehen können, dass das Gewehr kein Wanderpokal ist und weitergereicht wurde, haben wir es wahrscheinlich mit demselben Täter zu tun.«
»Davon würde ich ausgehen, zumal das M40 keine Alltagswaffe ist. Die können Sie nicht unterm Tresen im Rotlichtviertel kaufen.«
»Ich wäre fast geneigt, Ihnen zu widersprechen«, antwortete Lüder.
»Ich fürchte, Sie könnten in diesem Punkt recht haben. Was ist heutzutage nicht alles denkbar«, sagte Wohlgemut mit einem Seufzer.
Ein paar Türen weiter suchte Lüder den nächsten Experten auf. Kommissar Langer hockte hinter seinem Schreibtisch, der mit Rechner, Tablets und anderem elektronischen Gerät vollgestellt war. »Nach Feierabend beschäftigen Sie sich bestimmt handwerklich im Bastelkeller«, sagte Lüder zur Begrüßung.

Langer schüttelte seine langen blonden Haare. »Nö. Ich bin in einer Community unterwegs, düse durch den Chatroom und probiere neue Apps aus. Das Thema ist so spannend, da kann man Beruf und Freizeit trennen.« Er musterte Lüder. »In welcher Welt leben Sie? Heute ist doch alles Elektronik. Haben Sie Ihre Haushaltsgeräte noch nicht vernetzt? Es ist eine tolle Sache, wenn ich Feierabend mache und meinen Herd anrufe, dass er das Essen zubereiten soll.«

»Begrüßt Ihr Herd Sie auch mit einer Umarmung und ein paar lieben Worten?«, fragte Lüder.

»Nee.« Langer sah ihn verdutzt an.

»Ich mache es genauso wie Sie. Ich rufe zu Hause an, bevor ich das LKA verlasse. Wenn *ich* nach Hause komme, werde ich umarmt, das Essen ist fertig, der Tisch gedeckt, und ich werde nett unterhalten. Und das alles kostet keinen Strom.«

»Das ist doch etwas anderes. Meine Rechner zu Hause haben keine Migräne.«

»Wenn Sie die umarmen und mit ins Bett nehmen, sind Sie am nächsten Morgen kaputt. Das ist bei mir anders.«

»Ich habe das Tablet geknackt, das die Husumer uns geschickt haben. Es war nicht sonderlich schwer.«

»Sie kannten den Besitzer doch nicht, weder seinen Hund noch den Kosenamen seiner Freundin.«

Langer lächelte. »Das ist doch kein Problem. Solche Methoden wenden vielleicht Detektive in schlechten Krimis an. Wir arbeiten anders. Es gibt eine Software, die generiert nach einem mathematischen Verfahren Passwörter.«

»Sie lassen also ganz schnell Passwörter durchlaufen, bis das richtige gefunden ist. Trial and Error. Was machen Sie, wenn sich das System nach drei Fehlversuchen dagegen sperrt?«

Langer schmunzelte. »Von der Standardsoftware, die auf dem Markt ist, kennen wir das Innenleben. Da schalten wir diesen Mechanismus ab. Abgesehen davon gibt es auch Tricks, das Passwort zu umgehen. Alle Schutzmechanismen sind nichts anderes als Programmcodes. Und wenn Sie den kennen und verstehen, können Sie ihn umgehen.«

Lüder winkte ab. »Was haben Sie gefunden?«

»Inhaltlich habe ich es nicht verstanden. Es geht um den Naturschutz entlang der Unterelbe. Irgendetwas mit Flora-Fauna-Habitat. Im Wesentlichen sind es Protokolle und Statistiken. Es geht auch um Standardcontainer und Verkehrsaufkommen, Entwicklungspotenziale und so was. Das sollte sich jemand anders ansehen. Ich kümmere mich um die Informatik. War's das?« Langer wedelte mit einer SD-Karte. »Ist hier alles drauf. Muss ich aber wiederhaben. Wegen der Kostenstelle. Wir werden scheel angesehen, wenn wir Datenträger bestellen.«

»Können Sie mir das nicht schicken?«

»Haben Sie so viel Zeit?«, antwortete Langer mit einer Gegenfrage. »Bei der Datenmenge dauert das ewig in unserem lahmen Netz.«

»Also hat die von Ihnen so gepriesene neue Welt doch ihre Grenzen«, merkte Lüder an.

Statt einer Antwort hielt Langer ihm die SD-Karte hin. »Aber zurück«, ermahnte er Lüder.

Von seinem Büro aus schaltete Lüder eine Dreierkonferenz mit Christoph Johannes in Husum und Frauke Dobermann, die er unterwegs auf dem Handy erreichte.

»Wir haben die Übereinstimmung der Tatwaffe festgestellt«, eröffnete Lüder und erläuterte den Sachstand. »Die beiden Morde gehören definitiv zusammen.«

»Welchen Zusammenhang sollte es geben?«, fragte Frauke Dobermann. »Ich sehe einzig die Verbindung zur Schifffahrt.«

»Das bedeutet eine große Übereinstimmung«, bestätigte Lüder.

»Für mich sind noch Fragen ungeklärt, die uns Archettis zweiter Gesprächspartner beantworten könnte«, sagte Christoph Johannes.

Lüder stimmte ihm zu. »Auf dem Tablet finden sich Daten, die Bezug auf den Naturschutz im Unterelbebereich nehmen. Wir haben sie aber noch nicht im Detail ausgewertet.«

»Ich kann mir nicht vorstellen, dass unser Mordopfer, also Carretta, sich plötzlich für den Naturschutz engagiert. Für mich ist es immer noch rätselhaft, weshalb man ihn aus der Haft entlassen hat und das Ganze so geheimnisvoll erfolgte. Was steckt dahinter?«

Auf diese Frage fanden die beiden anderen Teilnehmer auch keine Antwort.

»Wir sollten mit Frank Hofsänger sprechen«, entschied Lüder. »Ich würde dich, Christoph, bitten, an diesem Gespräch teilzunehmen.«

»Damit kommen wir mit unserem Mord aber nicht weiter«, beklagte sich Frauke Dobermann.

»Ich lade Sie ein, mitzukommen. Sie können sich dann einen Überblick verschaffen. Vielleicht ergeben sich Anhaltspunkte, die Sie weiterführen«, schlug Lüder vor.

»Zumal Hofsänger ganz in der Nähe Brunsbüttels wohnt. Und für die Schleusenanlagen scheint Ihr Toter sich besonders interessiert zu haben«, ergänzte Christoph Johannes.

»Das könnte man vermuten, aber nach dem Gespräch mit der Wasserschutzpolizei sind leise Zweifel aufgetaucht. Die maritimen Kollegen meinen, dafür hätte es bessere Standorte gegeben als den, an dem Carretta erschossen wurde. Allerdings war er ortsfremd und kannte die alternativen Plätze nicht, die eine bessere Beobachtung Brunsbüttels ermöglicht hätten.«

Frauke Dobermann stimmte zu, gemeinsam mit den beiden anderen Hofsänger aufzusuchen. Sie verabredeten sich für den nächsten Morgen in Brunsbüttel.

»Dort wird es ein Café geben«, sagte Christoph. »Wir telefonieren uns sonst zusammen.«

Anschließend spielte sich Lüder die von Carrettas Tablet kopierten Daten auf seinen Rechner. Langer hatte recht. Es war eine Vielzahl von Daten und Statistiken, teilweise mit Abkürzungen und Schlüsseln, die sich dem unbedarften Betrachter auf den ersten Blick nicht erschlossen. Lüder rätselte eine Weile, bis er zwei Zahlen heraussuchte und sie mit anderen Werten, die er sich aus dem Internet beschaffte, verglich. Die Zahlen waren ähnlich. Er suchte weiter und glaubte, nach kurzer Zeit zumindest ein Rätsel gelöst zu haben.

Die Statistiken gaben die Verkehrszahlen der beförderten TEU wieder, der Anzahl der Standardcontainer. Jemand hatte sich der Mühe unterzogen, Hamburg, Bremen/Bremerhaven und Rotterdam miteinander zu vergleichen. In weiteren Auswertungen wurde dargestellt, wie die Verkehrsströme liefen, wie viele der angelandeten Container weiterverschifft wurden in den Ostseeraum, mit anderen Verkehrsträgern ins Hinterland gebracht wurden oder in den Anlandehäfen ihren Bestimmungsort fanden. Wenn man die Systematik verstand, konnte man die Entwicklung der letzten Jahre erkennen. Die Autoren der Studie hatten auch einen Blick in die Zukunft gewagt und Prognosen aufgestellt, die in verschiedenen Varianten mündeten. Lüder suchte in den Erläuterungen, fand aber keine Erklärungen.

Er lehnte sich nachdenklich zurück. Das war hochbrisantes Material. Die Vergangenheitswerte konnte sich jeder beschaffen, aber die künftige Entwicklung bedeutete einen Einblick in die geheimen Planungen der Brüsseler Eurokraten. War es ein Denkmodell? Wer vorzeitig wusste, welchen Einfluss Brüssel üben wollte, konnte rechtzeitig Investitionen tätigen – oder unterlassen. Überlebenswichtig war für die im Wettbewerb stehenden Häfen auch die Bereitstellung von künftigen Flächen. Der wachsende Containerverkehr verschlang immer neue Areale. Wer im harten internationalen Wettbewerb mitmischen wollte, benötigte Platz. Sehr viel Platz. Ging es vielleicht um Grundstücksspekulationen? Das würde auch das Interesse der Mafia erklären. Lüder konnte sich aber nicht denken, dass man den hochrangigen Paten Carretta aus diesem Grund aus der Haft entlassen hatte.

Warum war noch nichts an die Öffentlichkeit gedrungen? Indiskretionen ließen sich nicht vermeiden. Irgendwelche Mitwisser aus der zweiten Reihe wollten ihre Bedeutung dadurch beweisen, dass sie Geheimnisse ausplauderten. Manchmal wurden auch Dinge in die Presse lanciert, um durch die Beeinflussung der öffentlichen Meinung Entscheidungen in eine bestimmte Richtung zu lenken. Hier ging es um hohe Einsätze, letztlich um die Zukunft einer ganzen Region. Da wurde hinter den Kulissen mit allen Tricks und Bösartigkeiten gefochten. Auch mit Mord?

SECHS

Wunderbares Frühsommerwetter hatte Lüder auf der Fahrt durchs Land begleitet. Er lächelte, als ihm bewusst wurde, wie wenig die Menschen südlich der Elbe von Schleswig-Holstein wussten. Das Land zwischen den Meeren: eng begrenzt von Nord- und Ostsee oder ... ein schmaler Grünstreifen mit einer Handvoll Kühen zwischen Hamburg und dem Nordkap. Kaum jemand wusste um die Entfernungen zwischen Nord- und Ostsee. Von Kiel nach Brunsbüttel hätte er dem Nord-Ostsee-Kanal folgen können. Auf einer Strecke von fast einhundert Kilometern hatte Kaiser Wilhelm I. den Kanal in nur acht Jahren graben lassen. Es war der zweite Wilhelm, der ihn einweihte. Heute, überlegte Lüder, war man nicht in der Lage, die Vorplanungen in diesem Zeitraum zu bewerkstelligen. Die meistbefahrene künstliche Wasserstraße der Welt diente fünfunddreißigtausend Schiffen als Abkürzung. Leider war die wirtschaftliche Bedeutung des Bauwerks nicht jedem bewusst.

Lüder war von Brunsbüttel enttäuscht. Trotz der lebhaften Industrieansiedlungen und des regen Schleusenbetriebs fanden sich in der Koogstraße, der Hauptstraße, zahlreiche leere Läden. Er hielt vor einer Buchhandlung und fragte einen Passanten nach einem Café.

»Gibt's drüben bei Edeka«, sagte der Mann und zog weiter.

Es war ein Pluspunkt, dass sich mitten im Stadtzentrum ein großer Supermarkt befand. Häufig wurden diese an den Ortsrand oder ins Gewerbegebiet abgedrängt. Auch Brunsbüttel verfügte über ein solches Areal.

Der City-Supermarkt gehörte einem in der Region beheimateten Familienbetrieb und überraschte mit dem großzügigen Entree. Dazu trug sicher auch das im vorderen Bereich angesiedelte Café bei. Trotz der modernen und sachlich gestalteten Inneneinrichtung strahlte alles eine gewisse Behaglichkeit aus. Dafür sprach auch die gute Frequentierung durch die Einheimischen.

Lüder begrüßte Christoph Johannes und Oberkommissar Große Jäger, die schon eingetroffen waren. Während Christoph bei einem Becher Tee saß, hatte Große Jäger das vor ihm stehende Tablett mit einem üppigen Frühstück beladen.

»Moin, Herr Dr. Lüders«, grüßte er kaum verständlich und biss erneut herzhaft ab.

»Moin, Wilderich«, erwiderte Lüder. Der Oberkommissar wollte sich einfach nicht daran gewöhnen, dass sie schon vor Jahren das Du beschlossen hatten.

»Wo bleibt die Flensburger Tante?«, fragte Große Jäger mit vollem Mund.

»Frau Dobermann kommt aus Hannover«, belehrte ihn Christoph Johannes.

»Da ist sie doch nur angelernt. Einmal Flensburg – immer Flensburg. Kann man sich vorstellen, dass Klaus Jürgensen an einem anderen Ort röchelt, hustet und über unsaubere Leichenfunde schimpft?«

Sie unterhielten sich über allgemeine Themen. Große Jäger wollte wissen, wie es den Kindern ging.

»Alles in Ordnung«, versicherte Lüder. »Thorolf hat sein Abitur gemacht und wird im Herbst mit dem Studium beginnen. Viveka hat im Augenblick andere Sorgen als Mathe, Englisch und Deutsch.«

»Die Hormone?«, riet Große Jäger.

Lüder nickte. »Felix heißt die ›große Liebe ihres Lebens‹. Sie glaubt, es wäre das Richtige, alles liegen zu lassen und mit Felix in einem Zelt am Strand von Bali nur der Liebesgöttin zu huldigen.«

»Ja, die Kinder«, fuhr Christoph Johannes dazwischen. »Meiner studiert auch. Seitdem er die Schule verlassen hat, sehen wir uns wieder öfter. Er schafft es sogar, uns zwei- bis dreimal im Jahr mit seiner Freundin auf Nordstrand zu besuchen.« Er sah auf. »Frau Dobermann«, sagte er, und die beiden anderen drehten sich um. Die hannoversche Polizistin war in Begleitungen eines älteren Mannes.

»Mein Mitarbeiter, Jakob Putensenf«, stellte sie ihn vor und erklärte damit gleichzeitig, wer das Sagen hatte.

Sie gaben sich nacheinander die Hand. Christoph Johannes

übernahm es, am Tresen die gewünschten Getränke für die Neuankömmlinge zu besorgen.

Putensenf musterte Große Jäger kritisch. Dann kniff er die Augen zusammen.

»Sehen in Husum so Polizisten aus?«

Große Jäger nickte bedächtig. »Zumindest die Geheimpolizisten. Alles Tarnung. Nach Feierabend ziehe ich das Kissen unter meinem Hemd hervor«, versonnen strich er sich über den Schmerbauch, »gehe in die Maske und lass mich wieder normal herrichten. Dann werfe ich mich in den Smoking und genieße den Feierabend.«

»Soll ich hier verarscht werden?«, fragte Putensenf.

»Ja«, entgegnete Große Jäger.

Putensenf zog die Nase hoch. Es gelang ihm, es deutlich als verächtliche Geste erkennen zu lassen. »So etwas würde bei uns nie als großer Jäger durchgehen, sondern höchstens als dicke Kugel.«

Große Jäger lachte. »Ich bin liberal. Jeder soll seine Meinung äußern. In Husum würde man dich auch nicht Putensenf nennen. Du taugst höchstens zum Hühnerketchup.«

Putensenfs Gesicht lief feuerrot an. Er rang nach Luft.

»Das hat noch nie jemand gewagt zu sagen«, hechelte er.

Große Jäger lächelte immer noch. »So? Dann wurde es endlich mal Zeit. Also, was ist, Hühnerketchup?«

Christoph Johannes sah irritiert in die Runde, als er zurückkam. Große Jäger lachte, Lüder schmunzelte, Frauke Dobermann bemühte sich, ein Grinsen zu unterdrücken, und Putensenf schnappte nach Luft.

»Die beiden Herren haben sich eben vorgestellt«, erklärte Lüder. »Und bereits erste Sympathiebekundungen ausgetauscht.«

Christoph Johannes erkannte, dass Große Jäger offenbar wieder einen Umweg gemacht hatte, um ein Fettnäpfchen zu finden. Und wenn er mit seinem Gewicht hineintapste, gab es viele Flecken.

»Schön, dass Sie«, dabei sah Lüder Frauke Dobermann an, »und du«, jetzt wechselte sein Blick zu Christoph Johannes, »bewährte Mitarbeiter mitgebracht haben. Wir können allerdings nicht mit einer ganzen Streitmacht bei Hofsänger auftreten.«

»Wenn der nicht nur Hofsänger heißt, sondern auch einer ist, wird ihn ein großer Polizeichor nicht erschrecken«, sagte Große Jäger.

Putensenf wandte sich an Christoph Johannes. »Ist er da«, er vermied es, den Namen zu nennen, »sonst in den Kindergärten als Polizeiclown unterwegs?«

»Putensenf!«, wies ihn Frauke Dobermann zurecht.

Der Kriminalhauptmeister sah seine Vorgesetzte an. »Ich dachte immer, Frauen bei der Kripo seien die größte Katastrophe. Ich nehme alles zurück. Es gibt noch Steigerungen.«

»Wenn ich das gewusst hätte«, sagte Große Jäger, »wäre ich glatt im Tutu gekommen.«

»Schluss jetzt«, fuhr Lüder dazwischen. »Wir drei Erwachsene werden jetzt zu Hofsänger fahren. Sie beide bleiben so lange in Brunsbüttel.«

»Ich soll mit dir ...« Große Jäger zeigte auf Putensenf.

»Duzen Sie mich nicht«, giftete der Kriminalhauptmeister zurück.

»Ich duze dich doch gar nicht«, erwiderte Große Jäger.

»Wenn hier nicht gleich Ruhe ist, stelle ich jeden von euch in eine andere Ecke«, drohte Lüder. »Und wenn ihr euch umbringen wollt, dann wartet damit noch ein bisschen. Wir müssen zuvor noch zwei andere Morde aufklären.« Er stand auf und nickte Frauke Dobermann und Christoph Johannes zu.

Sie fuhren mit Lüders BMW.

»Große Jäger ist immer noch dieselbe Giftspritze wie eh und je«, sagte Frauke Dobermann unterwegs, als sie an der Kanalfähre Brunsbüttel warten mussten.

»Er lässt sich nicht anpiksen«, verteidigte Christoph Johannes seinen Kollegen und warf einen Blick auf die Einfahrt zu den beiden großen Kanalschleusen, während die beiden hinteren durch ein hoch beladenes Containerschiff verdeckt waren.

»Sie sollten ihn allmählich an die Kette legen.«

»So wie Sie Ihren Putensenf gebändigt haben?«, erwiderte Christoph.

»Darum ist der Kanal so wichtig«, unterbrach Lüder das Geplänkel und zeigte auf zwei große Containerschiffe, die an ihnen vorbeizogen. Sie mussten den Kopf in den Nacken legen, um die oberste Containerreihe zu sehen.

»Wie hoch mag das sein?«, fragte Frauke Dobermann.

»Die Brücken im Kanal sind alle zweiundvierzig Meter hoch. Daran müssen sich die Schiffe orientieren«, erklärte Lüder.

Nachdem die Schiffe Richtung Kiel weitergefahren waren, konnte die Fähre den Kanal überqueren, indem sie einen Bogen schlug und sich zwischen den großen Pötten hindurchschlängelte. Auf halbem Weg begegnete ihnen das Schwesterschiff.

Der auf dem östlichen Ufer gelegene Teil der Stadt präsentierte sich wenig einladend. Das galt auch für die scheinbar inmitten der Wiesen eingestreuten Industrie- und Gewerbebetriebe, die für diese strukturschwache Region so immens wichtig waren. Fabrikanlagen wechselten sich mit öden Landstrichen ab. Die baumgesäumte Straße überraschte mit aus dem Nichts auftauchenden dicken Rohrleitungen, die mit einer Brücke über die Fahrbahn geführt wurden und auf der anderen Seite in einem anderen Nichts verschwanden.

Bis St. Margarethen begegnete ihnen kein einziges Fahrzeug. An der einzigen Kreuzung des kleinen Ortes bogen sie rechts ab. Kurvenreich schlängelte sich die enge Straße zwischen den sie wie geduckt begleitenden Häusern. Lüder sah sich um. Hier gab es keine Parkmöglichkeiten. Er wählte eine Seitenstraße und fand eine Abstellmöglichkeit für den BMW vor dem Kirchhof. Das Gotteshaus ähnelte einem überdimensionierten Klinkergebäude, wenn die hohen Rundbogenfenster mit ihrem Klarglas nicht einen Blick in das Innere gestattet hätten. Der hölzerne in Himmelblau gehaltene Kirchturm stand ein wenig abseits.

Sie stiegen aus und kehrten zur Hauptstraße zurück.

»Und nun?«, fragte Christoph Johannes. »Das hier ist laut Schild die Dorfstraße. Hofsänger wohnt in der Deichreihe.«

»Das muss da oben sein«, sagte Lüder.

Ein schräg aufwärtsführender Fußweg führte sie zu einer höher gelegenen Häuserzeile. Dass es sich um einen Deich handelte, war auf den ersten Blick nicht zu erkennen. In einem der liebevoll restaurierten älteren Häuser wohnte Frank Hofsänger.

Nach der Betätigung der Klingel erklang ein melodischer Gong. Kurz darauf ertönte eine Frauenstimme.

»Kleinen Augenblick!«

Als sich die Tür öffnete, sah ihnen eine Frau mit kurzen brünetten Haaren und einem strahlenden Lächeln entgegen. Sie zeigte mit beiden Händen auf ihren Bauch.

»Es geht nicht mehr so schnell«, sagte sie lachend.

»Wann?«, antwortete Lüder mit einer Gegenfrage und wurde in seinem Eindruck bestätigt, dass von werdenden Müttern ein ganz besonderes Strahlen ausging.

»Nächsten Monat. Mitte Juli.« Sie zeigte auf das selbst gefertigte Keramikschild neben dem Eingang. Neben einem Leuchtturm und einem Vogel, den man mit viel Phantasie als Möwe deuten konnte, stand: »Hier wohnen Frank + Meike + Paul + Jannes Hofsänger«. »Dann muss ein neues hin. Hatten wir nicht gedacht, als ich dieses angefertigt habe.«

»Dann kommt ein Mädchenname hinzu?«, fragte Lüder.

Sie lächelte. Zwei Grübchen erschienen auf den rosa Wangen.

»Leider nicht.« Dann sah sie Lüder fragend an.

»Erschrecken Sie bitte nicht. Wir sind von der Polizei. Reine Routine.«

Sie hob die Hand. Es war Routine. »Sie wollen zu meinem Mann? Das kennen wir schon.«

»Bitte?«, fragte Frauke Dobermann.

»So oft, wie ihn irgendjemand anzeigt. Sie glauben nicht, wie viele Verrückte es gibt. Kleinen Augenblick.« Sie drehte sich um und rief: »Frank? Für dich.«

Aus dem Hintergrund tauchte ein sportlich wirkender Mann auf. Die kurzen blonden Haare waren echt. Davon zeugten die dicht behaarten Unterarme.

»Die sind von der Polizei«, erklärte seine Frau.

Auch Hofsänger erschrak nicht. »Hallo«, begrüßte er die drei Beamten. »Sie kenne ich noch nicht. Ohne Uniform?«

»Wir kommen von der Kripo«, sagte Lüder. »Es geht um ein paar Fragen.«

»Ah, kann ich mir denken. Der EU-Fritze. Habe davon in der Zeitung gelesen. War auch im Fernsehen.«

»Können wir das Gespräch drinnen fortsetzen?«, fragte Lüder.
»Klar doch«, erwiderte Hofsänger. »Kommen Sie.« Er führte sie um das Haus herum auf die Terrasse und bot ihnen Platz am Gartentisch an.

Das Grundstück reichte bis zum Deich. Der Rasen war gemäht, wies aber zahlreiche Löcher auf. Zwischendurch fanden sich größere Flächen mit Klee. Die Seitenränder waren mit Obstbüschen und Ziergehölzen bepflanzt, unter denen das Unkraut wucherte. Im Rasen waren Spielgeräte eingelassen. Laufrad, Sandspielzeug, ein Ball und ein Trampeltrecker waren über die Fläche verteilt.

»Was kann ich für Sie tun?«, fragte Hofsänger.

»Sie waren mit Maurizio Archetti verabredet. Warum haben Sie den Termin nicht wahrgenommen?«, fragte Christoph Johannes.

»Wir haben miteinander korrespondiert«, erklärte Hofsänger. »Genau genommen mit seinem Büro. Ihn selbst kannte ich nicht.«

»Wer hat den Termin abgesagt?«

»Niemand.«

»Wäre es nicht logisch gewesen, wenn Sie nach Husum gefahren wären?«

Hofsänger schüttelte den Kopf.

»Ich habe am Vortag noch eine Mail an Archetti geschickt und nachgefragt, ob es bei der Verabredung bleibt.«

»Um wie viel Uhr?«

»Am späten Nachmittag.«

Zu dieser Zeit musste der EU-Beamte schon in Husum gewesen sein, überlegte Lüder. Warum hatte Archetti nicht geantwortet?

»Ich habe mich gewundert, dass ich nichts gehört habe. Auf bloßen Verdacht hin bin ich nicht gefahren.«

»Der Termin muss für Sie doch wichtig gewesen sein«, mischte sich Lüder ein.

»Sicher. Ich bin Vorsitzender der Initiative ›Die Elbe soll leben‹. Dahinter steckt der Gedanke, dass nicht nur die Elbe, sondern auch die Menschen leben sollen, die an ihr wohnen.« Er zeigte auf das Kinderspielzeug. »Und zwar auch künftige Generationen.

Dafür steht unsere Initiative. Leider kämpfen wir auf verlorenem Posten. Also haben wir uns an die EU gewandt. Sie können sich vorstellen, wie wir uns gefreut haben, als man auf unser Anliegen einging. Nach einigem Hin und Her hieß es, es werde jemand aus Brüssel kommen und sich vor Ort informieren.«
»Husum ist aber nicht vor Ort«, warf Christoph Johannes ein. »Es sollte ein informelles Treffen werden. Ich hätte mir auch gewünscht, dass der EU-Fritze in einer öffentlichen Versammlung Stellung bezogen hätte. Aber das wollten die Typen nicht.«
Sie wurden durch Frau Hofsänger unterbrochen.
»Möchten Sie Apfelsaft?«, fragte sie. »Naturtrüb. Aus dem eigenen Garten.«
Sie wartete die Antwort nicht ab, sondern stellte Gläser auf den Tisch und füllte sie aus einem Krug.
»Immerhin gab es eine Institution, die uns erhören wollte«, fuhr Hofsänger fort.
»Unter diesen Umständen verstehe ich erst recht nicht, dass Sie nicht nachgefragt haben«, sagte Lüder. »Sie erklären, dass es eine einmalige Chance war, mit einem so hoch angesiedelten EU-Repräsentanten zu sprechen. Andererseits behaupten Sie, desinteressiert gewesen zu sein, als der Termin platzte. Sie haben sich nicht einmal bemüht, Kontakt aufzunehmen.«
Hofsänger hob gleichgültig die Schultern. »Hätte ich daran etwas ändern können?«
Frauke Dobermann sah demonstrativ auf die Armbanduhr. »Sie sind um diese Tageszeit zu Hause. Was machen Sie beruflich?«
»Ich bin Ingenieur.«
»Selbstständig?«
»Nein!« Er streckte den Daumen über die Schulter und zeigte Richtung Südosten. »Ich arbeite im AKW Brokdorf. Ein paar Kilometer elbaufwärts.«
Frauke Dobermann war überrascht. »Ist das nicht ein Widerspruch? Sie verdienen Ihr Geld mit Atomkraft und engagieren sich für den Umweltschutz?«
Hofsänger sah sie an. »Ich weiß, wovon ich rede. Ich stehe ziemlich allein, wenn ich sage, Atomstrom ist eine saubere Technologie. Man wollte uns ein Kohlekraftwerk in den Vorgarten

stellen. Wie groß war die öffentliche Diskussion außerhalb unserer Region, als es um die Luftverschmutzung ging? Hier ist schon genug belastet. Nebenan sind die Chemieparks in Brunsbüttel —«
»Die das wirtschaftliche Überleben der Stadt sichern«, warf Lüder ein.
Hofsänger ging nicht darauf ein. »Sieht idyllisch aus bei uns?«, fragte er mit ironischem Unterton. »Grünes weites Land. Vor der Haustür der Fluss.« Er zeigte Richtung Deich. »Sie müssen nur die paar Meter dort hinaufgehen. Dann sehen Sie auf eine der schönsten Landschaften, die Sie sich vorstellen können. Direkt vor unserer Haustür, im Vorland von St. Margarethen, liegt ein bedeutendes Brutgebiet des Wachtelkönigs und des Blaukehlchens. Außerdem ist es ein wichtiges Rastgebiet für Nonnengänse.«
»Wachtelkönig?« Lüder lachte leise auf. »Ist das nicht jener Vogel, den niemand gesehen hat, an dessen Anwesenheit aber fast die für Hamburg so wichtige Ansiedlung von Airbus gescheitert wäre?«
»Zynismus ist hier nicht angebracht«, erwiderte Hofsänger. »Die Bedeutung dieses Gebiets hat sogar die EU erkannt. Es handelt sich um ein FFH-Gebiet, ein durch die Flora-Fauna-Habitat-Richtlinie besonders geschütztes Gebiet.«
»Wollten Sie darüber mit Archetti sprechen?«, unterbrach Lüder Hofsängers Vortrag.
»Ich hatte viele Themen auf meinem Zettel«, antwortete Hofsänger vage. »Hier geht es um die Erhaltung natürlicher Lebensräume, um den Schutz wild lebender Tiere und Pflanzen. Elbaufwärts haben wir das nächste FFH-Gebiet, die Kollmarer Marsch. Da finden Sie ausgedehnte Röhrichte, Priele, Flutmulden, Weidengebüsche und Stillgewässer.«
»Das ist alles gut und schön«, warf Frauke Dobermann ein, »aber wenn das Gebiet schon geschützt ist ... Was sollte das Gespräch mit Archetti bringen?«
»Sie müssen es als Ganzes betrachten. Das Weltnaturerbe Wattenmeer ... Ich muss dazu nichts erläutern. Jeder kennt es. Die Unterelbe ist zusammen mit den tidebeeinflussten Unterläufen der Nebenflüsse das größte und besterhaltene Ästuar Deutsch-

lands. Das gilt für das gesamte schleswig-holsteinische Elbufer einschließlich der angrenzenden Überflutungsbereiche.«
»Kommt da nicht auch der Gewitterfurzer vor?«, fragte Lüder.
»Ziehen Sie es nicht ins Lächerliche«, sagte Hofsänger gereizt. »Ich kenne diesen Namen des Fisches. Eigentlich heißt er Schlammpeitzger.«
»Wie viele Mitglieder umfasst Ihre Organisation?«, fragte Lüder.
»Zu wenig, wenn man bedenkt, um was es hier geht. Genug, um schlagkräftig zu sein. Sie sehen selbst: Wir finden sogar in Brüssel Gehör.«
»Ich muss es immer wieder betonen. Mich wundert, dass Sie sich nicht hinter diese Verabredung geklemmt haben.« Lüder wiegte nachdenklich den Kopf. Dann erinnerte er sich an Frauke Dobermanns Bericht, dass sich Carretta auf der gegenüberliegenden Elbseite intensiv für die Schifffahrt interessiert zu haben schien. »Gegen den Schiffsverkehr haben Sie keine Einwände.«
»Hören Sie auf.« Es schien, als würde Hofsänger wie das HB-Männchen in die Höhe springen wollen. »Das ist das größte Verbrechen, das man uns antun kann. Am Oberlauf der Elbe, an Donau und Oder, am Rhein, an den Nebenflüssen. Überall trifft es die Anwohner, wenn die Flutwelle kommt. Wohin soll das Wasser? Die natürlichen Überschwemmungsgebiete gibt es nicht mehr. Haben Sie noch die Bilder vom Elbhochwasser im Kopf? Ganze Landschaften sind abgesoffen. Das ist alles vergessen. Und jetzt will man die Fahrrinne der Elbe vertiefen, damit der Wahnsinn noch weitergeht. Immer größer.« Hofsänger fuchtelte mit den Armen in der Luft herum. »Warum? Muss das sein?«
»Die Schiffe werden immer größer. Wenn man nicht am Ball bleibt, suchen sich die Verkehrsströme andere Knotenpunkte«, sagte Lüder.
»Na und? Muss jede in Bangladesch genähte Jeans, die für Russland bestimmt ist, in Hamburg umgeladen werden?«
»Wenn nicht in Hamburg, dann in Rotterdam. Erklären Sie das den Menschen, die ihre Arbeitsplätze verlieren«, gab Lüder zu bedenken.
»Das stimmt doch gar nicht«, widersprach Hofsänger. »Das

läuft alles automatisch. Schauen Sie sich im Hafen um. Da sehen Sie niemanden mehr. Dafür läuft noch mehr Wasser in die Elbe. Werfen Sie einen Blick auf die Karte. Die Einmündung ist wie ein Trichter. Denkt jemand an die verheerende Katastrophe, wenn wir eine gewaltige Sturmflut bekommen? Die Wassermassen hält kein Deich auf. Dann ist das Geschrei groß. Zum Zweiten muss die Fahrrinne ausgebaggert werden. Haben Sie einmal nachgerechnet, wie viel Schlick da zusammenkommt? Der ist hoch belastet. Das verbringen die kurz vor die Küste Dithmarschens und kippen es dort über Bord. Fragen Sie mal die Fischer in Friedrichskoog. Der kleine Hafen soll aufgegeben werden, weil er verlandet. Mit jeder Flut wird das Baggergut dort hineingeschwemmt. Und ... warum spricht eigentlich niemand über den Dreck, den die großen Schiffe durch den Schornstein blasen? Ist Ihnen bewusst, welche Abgasmengen das sind? Dagegen ist eine Wohnung an der Autobahn fast ein Luftkurort.«

»Sie haben ein ehrgeiziges Programm«, sagte Lüder.

»Wenn sich keiner dieser Dinge annimmt, werden wir bald in einer unmenschlichen Welt leben. Es geht um uns. Um unsere Kinder.«

Wie auf Kommando kamen zwei kleine blonde Jungen in den Garten gerannt und stürzten sich auf Hofsänger. »Papi! Papi!«, schrien sie um die Wette.

Hofsänger stand auf, klemmte sich unter jeden Arm eines der Kinder und drehte sich im Kreis.

Eine Fortsetzung des Gesprächs war unmöglich. Meike Hofsänger übernahm es, die Beamten zur Gartenpforte zu begleiten.

»Ich stimme dir zu«, sagte Christoph Johannes zu Lüder gewandt. »Es ist unverständlich, weshalb der Mann nicht auf die Begegnung mit Archetti drang. Das wäre eine einmalige Gelegenheit gewesen. Stattdessen versucht er, gleichgültig zu wirken.«

»Was ist, wenn er bereits wusste, dass Archetti tot war und die Verabredung nicht mehr wahrnehmen konnte?«, sagte Frauke Dobermann.

»Auf diese Frage hätten wir keine vernünftige Antwort erhalten«, erwiderte Lüder.

Als sie in das Café zurückkehrten, hockte Große Jäger missmutig hinter einem Kaffeebecher und biss kunstvoll um die Füllung eines Kopenhageners herum.

»Wo ist der Kollege?«, fragte Christoph Johannes.

»Kollege?« Große Jäger zog verächtlich die Nase hoch, besah sich seine klebrigen Finger mit den Trauerrändern unter den Nägeln und leckte sie genussvoll der Reihe nach ab.

»Was ist los?«, fragte Christoph Johannes.

»Dieser Hühnerketchup —«

»Sprechen Sie nicht so despektierlich von meinem Mitarbeiter«, schnauzte ihn Frauke Dobermann an.

»Der ist doch kein richtiger Polizist.«

»Habt ihr euch gezofft?«, wollte Christoph Johannes wissen.

»Der ist doch kein richtiger Polizist«, wiederholte der Oberkommissar. »Nach dem vierten Becher Kaffee macht er schlapp und rennt ständig zum Pinkeln nach draußen. Wie will der observieren?« Große Jäger verdrehte die Augen und fuhr mit piepsiger Stimme fort: »Oh, Verzeihung, Herr Ganove. Stoppen Sie mal kurz. Ich muss eine biologische Pause einlegen. Er ist gerade bei ›Bruno‹.«

Der Oberkommissar zeigte auf ein Plakat, das für »Bruno – wir geben unser Bestes« warb. Darauf war ein knackiges Brötchen abgebildet.

»Gleich daneben wohnen die kleinen Königstiger«, umschrieb er die Kundentoilette.

Christoph Johannes und Lüder lachten.

»Das ist nicht lustig«, fuhr Frauke Dobermann dazwischen und sah Putensenf an, der – mit dem Handy wedelnd – zurückkehrte und auf Große Jäger zeigte.

»Ich glaube nicht, dass er da Große Jäger heißt. Sein richtiger Name ist ›Große Pause‹. Während ich recherchiert habe, hat er sich den Kopf mit Kaffee zugedröhnt.«

»Ich habe einen Schluck Kaffee getrunken, während *ich* die Ermittlungen vorangetrieben habe. Mich interessierte, mit wem Hofsänger Kontakte pflegt. Zum Chor gehört ein Adler —«

»… genau genommen Alex Adler«, unterbrach ihn Putensenf. »Der wohnt gleich da drüben.« Er zeigte mit ausgestreckter Hand Richtung Fleischtheke.

Große Jäger lachte auf. »Großstadtignorant. In die Richtung geht es zum Nordpol. Adler wohnt in entgegengesetzter Richtung. Im Süden, auf der anderen Seite der Elbe. In Freiburg.«

Jetzt lachte Putensenf. »Mensch, das ist Süddeutschland.«

»Freiburg an der Elbe. Das liegt in eurem Bereich.« Große Jäger sah Lüder an. »Der kennt nicht einmal sein eigenes Land.«

»Stimmt nicht. Adler lebt auf einem Hof in Balje. Das ist nicht in Freiburg, sondern in der Nähe.«

»Das kommt davon, wenn die in Niedersachsen alles in einen Topf werfen. Beides gehört zur Samtgemeinde Nordkehdingen —«

»Schluss jetzt«, unterbrach Lüder das Geplänkel und zeigte auf Große Jäger. »Du zuerst.«

»Ich habe mit Hilke Hauck gesprochen —«

»Eine Husumer Kollegin«, unterbrach Christoph Johannes zur Erklärung.

»Hilke hat herausgefunden, dass es in Hofsängers Verein einen interessanten Mitstreiter gibt. Alex Adler. Der ist schon öfter durch militante Aktionen aufgefallen. Den Behörden ist er bekannt geworden, nachdem eine Demo aus dem Ruder gelaufen war und er sich gegen die Polizei handfest zur Wehr gesetzt hatte.«

»Körperverletzung?«, fragte Lüder.

Große Jäger schüttelte den Kopf. »Nein. Das Verfahren wegen Widerstands gegen Vollstreckungsbeamte wurde gegen eine Geldauflage eingestellt.«

»Also ist Adler nur von untergeordnetem Interesse«, sagte Lüder.

»Nein!«, mischte sich Putensenf ein. »*Ich* habe auch recherchiert. Ich habe Nathan Madsack eingeschaltet«, erklärte er in Richtung Frauke Dobermann. »Adler hat auf dem Hof eingeheiratet. Er stammt ursprünglich aus Otterndorf, ist aber von Haus aus kein Landwirt. Interessant ist, dass er vorher Zeitsoldat war. Und zwar zuletzt in Calw im Schwarzwald.«

»Wenn er da«, Große Jägers Finger wies auf Putensenf, »nicht ins Wort gefallen wäre, hätte ich das auch erzählt. Beim Stichwort Calw —«

»… werden wir alle hellhörig«, nahm Lüder den Faden auf. »Dort ist das KSK stationiert. Diese besondere Truppe der Bundeswehr unterliegt, wie der Name Kommando Spezialkräfte schon sagt, einer besonderen Geheimhaltung. Grundsätzlich werden keine Informationen über erfolgte Einsätze, Operationen oder gar Verluste bekannt gegeben. Tatsache ist, dass die Mitglieder einer besonders harten Ausbildung unterzogen und auch hinsichtlich der Ausrüstung speziell ausgestattet werden.«

»Unser Todesschütze muss im Umgang mit einem Präzisionsgewehr ausgebildet worden sein. Vielleicht sogar Praxis damit gewonnen haben«, sagte Christoph Johannes.

»Wenn er wirklich in geheimen Kommandooperationen mitgewirkt hat, könnten auch natürliche Skrupel, auf einen Menschen zu zielen, verblasst sein«, schloss sich Frauke Dobermann an.

»Dann statten wir dem Herrn einen Überraschungsbesuch ab«, beschloss Lüder.

Der Anleger der Elbfähre lag ein wenig außerhalb Glückstadts, der selbst ernannten Urheimat des Matjes, das vom Dänenkönig Christian IV. einst gegründet wurde, um dem weiter flussaufwärts liegenden Hamburg Konkurrenz zu bieten.

Eine unendlich lang erscheinende Schlange ließ sie Arges befürchten. Viele Autofahrer, darunter eine große Zahl Lkws, wählten die Fähre, um den Engpass Hamburger Elbtunnel zu umgehen. Es ging schneller als erwartet. Nach einer knappen halben Stunde Wartezeit konnten sie auf eine der vier Fähren fahren und beim Queren der Elbe eine kurze Seereise genießen.

Lüder lächelte über einen Trucker, der anstelle seines Vornamens ein Schild »Geschäftsleitung« hinter die Frontscheibe geklemmt hatte.

»Stimmt doch«, rief der Fahrer von seinem erhöhten Standort herunter. »Zumindest hier auf dem Wagen.«

Am Ende der kurzen Stichstraße vom Fähranleger Wischhafen folgten sie dem Obstmarschenweg durch die Landschaft Kehdingen, die durch Marsch- und Moorländereien geprägt war. Hier bestimmte die Landwirtschaft das Geschehen.

Ein paar Kilometer weiter lag rechts der Straße der beschauliche Flecken Freiburg, in dessen Mauern die Zeit stehen geblieben zu sein schien. Wer die Abgeschiedenheit mochte, fand hier ein schönes Plätzchen.

»Faulenhofe – der Name ist Programm«, knurrte Große Jäger, als sie wenig später in den gleichnamigen Ortsteil Baljes einbogen. Neubauten säumten die schmale Straße, an deren Ende in einer Sackgasse mehrere große Höfe in unmittelbarer Nachbarschaft zueinander lagen.

Einer musste Adler gehören.

Auf dem Hofplatz schoss ein Schäferhund auf die Autos zu, bellte und zeigte seine Reißzähne. Vorsichtig öffnete Große Jäger die Tür, setzte behutsam die Füße auf das Kopfsteinpflaster und wartete ab. Der Hund baute sich vor ihm auf und bellte.

»Na, Wauwi«, sagte Große Jäger in beruhigendem Ton. »Du bekundest nur, dass dieses dein Revier ist. Ich will es dir nicht streitig machen.«

Ein Mann tauchte in der Haustür auf. »Jussi«, rief er laut. Noch einmal bellte der Hund, bevor er zu dem Mann jagte.

»Herr Adler?«, rief Große Jäger. »Wir sind von der Polizei und haben ein paar Fragen.«

»Gleich mit zwei Autos?« Der Mann war misstrauisch.

»Das ist kein Überfall. Es geht um Ihr Engagement bei ›Die Elbe soll leben‹. Wir ermitteln zum Mordanschlag auf den EU-Beamten, der sich mit Ihrem Vorsitzenden Hofsänger treffen wollte.«

Adler war näher gekommen.

»Ja und? Was habe ich damit zu tun? Der Termin galt nur für ein Vieraugengespräch. Ich war nicht eingeladen.«

»Sie sind sehr engagiert.«

Adler rief »Jussi«, packte den Hund am Halsband, führte ihn ins Haus und schloss die Tür. Das Bellen war nur noch gedämpft zu hören. Dann kam er näher und musterte die fünf Polizisten, die inzwischen alle ihre Fahrzeuge verlassen hatten.

»Ein ungewöhnlicher Name für einen Hund«, sagte Große Jäger.

Adler lachte. »Das war eine Idee meiner Frau. Die ist begeisterte Krimileserin und meinte, bei unserem Familiennamen Adler würde ein ›Jussi‹ gut passen. Da wir in der nächsten Zeit keinen Nachwuchs erwarten, musste der Hund dran glauben. Er ist ja auch so etwas wie ein Familienmitglied.« Dann wurde er ernst. »Sie wollen mir jetzt keinen vom Pferd erzählen?«, fragte er misstrauisch. »Sie rücken hier in Kompaniestärke an, um etwas zu fragen, das ich nicht beantworten kann? Können Sie sich überhaupt ausweisen?«

Große Jäger zeigte auf Putensenf. »Das ist mein Kollege vom LKA aus Hannover.«

»Und warum kommt das andere Auto aus Nordfriesland?« Er zeigte auf das Nummernschild von Christophs Volvo. Lüders BMW hatten sie an der Elbfähre in Glückstadt geparkt.

»Wir haben eine gemeinsame Kommission gebildet. Schließlich ist der Mord in Husum erfolgt.«

Wir sollten nichts vom zweiten Mord erzählen, überlegte Lüder und schaltete sich ein.

»Der Themenkomplex betrifft alle Anlieger der Elbe. Für Sie persönlich ist der Strom auch keine Grenze. Sie haben sich der Aktion angeschlossen, obwohl Hofsänger drüben wohnt.«

»Der Wahnsinn ist grenzenlos«, brummte Adler. »Wir haben Interessen, die sich nicht durch die Elbe auseinanderdividieren lassen. Durch Eindeichungsmaßnahmen liegen wir hier teilweise unter dem Meeresspiegel. Es wäre Selbstmord, wenn der Deich bricht. Die Landschaft Kehdingen mit ihren Marsch- und Moorländereien ist agrarstrukturell geprägt. Das alles hier ist das Elbe-Urstromtal. Die Zugvögel benötigen die Außendeichsländereien. Deshalb sind die auch unter Naturschutz gestellt. Ich selbst bin kein gelernter Landwirt, sondern habe hier eingeheiratet. Seitdem versuche ich, Ökonomie und Ökologie in Einklang zu bringen.«

»Sie haben einen Ökohof?«, fragte Christoph Johannes.

»Nein. Ich lege aber Wert darauf, dem Tierwohl gerecht zu werden. Es ist eine schlichte kaufmännische Überlegung: Wenn wir Qualität produzieren, haben wir bessere Erlöse. Ich will mich nicht beklagen. Uns geht es gut. Das bedeutet zwar harte Arbeit, aber sie macht Spaß. Wir können es uns sogar leisten, ein wenig Pferdezucht zu betreiben. Das ist zunächst ein Hobby gewesen, inzwischen wirft aber auch das Rendite ab. Wir züchten hier Hannoveraner.«

Große Jäger warf Putensenf einen Blick zu. »Ist dieser Wallach auch hier gezüchtet worden?«, murmelte er so leise, dass nur Lüder es verstehen konnte.

»Warum haben Sie nicht gemeinsam mit Hofsänger das Gespräch mit Archetti gesucht?«

»Das wollte ich. Wir haben darüber gestritten, aber Frank, ich meine Hofsänger, war der Meinung, es würde mehr bringen, wenn er allein mit dem EU-Mann sprechen würde. Vielleicht liegt es daran, dass Frank glaubte, Archetti vertrete die Flora-Fauna-Habitat-Richtlinie und wolle sich vor Ort über die schützenswerten Bereiche informieren.«

»Sie waren anderer Ansicht?«, fragte Lüder.

»Das ist alles nur vorgeschoben. Für mich war klar, dass Archetti mit dem Ziel unterwegs war, den ganzen Naturschutz auf dem Altar des Kommerzes zu opfern. Auf Teufel komm raus ... Die Elbe wird vertieft. Die lassen so große Schiffe nach Hamburg dampfen, dass die mit dem Kiel über den Grund schrammen.«

»Und das wollen Sie verhindern?«

»Mit aller Macht.«

»Hofsänger hat das gleiche Ziel«, erklärte Lüder.

»Wir sind unterschiedlicher Auffassung über den Weg dorthin. Nur über Rechtsmittel kommen Sie nicht weit. Man muss aufrütteln.«

»Wen?«

Adler zögerte mit der Antwort. Wieder trat der misstrauische Ausdruck in seine Augen. »All jene, die es bis heute nicht verstanden haben«, sagte er schließlich ausweichend.

»Haben Sie eine bestimmte Methode im Hinterkopf?«

»Das ist situationsabhängig.«

»Wo waren Sie am Dienstag und am Mittwoch?«, fragte Frauke Dobermann unvermittelt.

Adler sah sie irritiert an. »Ich verstehe nicht«, sagte er.

»Das ist doch ganz einfach. Ich möchte wissen, wo Sie sich an diesen beiden Tagen aufgehalten haben.«

»Aber ... warum denn?«

»Beantworten Sie einfach meine Fragen.«

Adler war anzusehen, dass er nicht erwartet hatte, ausgerechnet von der einzigen Frau so angegangen zu werden.
»Ja, am Dienstag ...« Er legte die Stirn in Falten. »Da war ich draußen.«
»Wo ist draußen?« Frauke Dobermanns Fragen kamen schnell und hart.
»Auf unseren Ländereien. Den ganzen Tag über.«
»Kann das jemand bezeugen?«
Adler war aus dem Konzept gebracht worden. Zu überraschend war der Fragenüberfall gewesen.
»Ich weiß nicht. Ich war mit niemandem verabredet gewesen. Ob mich jemand gesehen hat? Keine Ahnung.«
»Wo liegen Ihre Felder?«
»Richtung Oste. Und zwischen hier und dem Deich.«
Frauke Dobermann sah Lüder an. Am Dienstag war Carretta ermordet worden. Am Ostesperrwerk. Von hier war es nicht weit bis zu dieser Stelle.
»Würden Sie meinem Kollegen Putensenf hinterher bitte genau beschreiben, wo Sie sich aufgehalten haben? Am besten anhand einer Karte«, sagte Frauke Dobermann. Es klang bestimmt.
Adler nickte stumm.
»Und am Mittwoch?«
»Bis zum Nachmittag war ich auf dem Hof und habe im Büro gearbeitet. Dann war ich auf der Jagd.«
»Allein?«
»Ich brauche das zur Entspannung.«
»Wann sind Sie wieder zu Hause gewesen? Wie haben Sie den Rest des Tages verbracht?«
»Ich ... Ich war mit Hofsänger verabredet.«
Merkwürdig, überlegte Lüder. Davon hatte Hofsänger nichts erzählt.
»Haben Sie Waffen?«
»Ich sagte, ich bin Jäger.«
Frauke Dobermann machte einen Schritt vorwärts. »Zeigen«, sagte sie barsch.
»Die sind verschlossen«, erklärte Adler. »Kommen Sie mit.« Er ging voraus. Wie eine Entenfamilie folgten die Beamten. Dieser

Trupp stob aber auseinander, als Adler die Tür geöffnet hatte, der Schäferhund mit einem Satz ins Freie sprang und sich drohend den Polizisten entgegenstellte. Für einen kurzen Moment schien Adler die Situation wie einen Triumph auszukosten, bis er »Jussi, bei Fuß« rief, das Tier packte und davonzog. Er verschwand im Haus und kehrte kurz darauf ohne Hund zurück.

Frauke Dobermann nickte Putensenf zu. »Kontrollieren Sie das.«

»Ich komme mit«, drängte sich Große Jäger vor.

Putensenf wollte etwas entgegnen, aber Lüder mischte sich ein.

»Beide«, sagte er. »Wir wollen hier keine Diskussionsrunden.«

»Adler hat kein Alibi für die Zeit, in der Carretta ermordet wurde. Und er befand sich in der Nähe«, sagte Frauke Dobermann. »Zudem ist er ausgebildeter Scharfschütze.«

»Das macht für mich keinen Sinn«, erwiderte Christoph Johannes. »Es ist zutreffend, was Sie sagen. Aber warum sollte er Carretta ermorden? Überhaupt: Wie hängen die beiden Taten miteinander zusammen?«

»Solange wir es nicht besser wissen, müssen wir uns auf die Fakten beschränken, die wir kennen.«

»Warum hat uns Hofsänger nichts von dem Treffen mit Adler erzählt?«, mischte sich Lüder ein. »Außerdem wäre es doch naheliegend, dass die ›Die Elbe soll leben‹-Leute einen so bedeutsamen Termin wie den mit einem EU-Abgesandten zu zweit wahrnehmen.«

»Das sehe ich auch so«, bestätigte Christoph Johannes. »Aber die beiden scheinen hinsichtlich der Vorgehensweise nicht einig zu sein. Adler plädiert für eine härtere Gangart. Impliziert die Mord?«

»Um das beurteilen zu können, müssten wir wissen, mit welchem Ziel Archetti hier war. Hat er sich eventuell in Rotterdam – von dort war er angereist – über die dortige Situation am Containermarkt informiert? Wenn er mit einer Wunschliste der Holländer hierhergekommen ist, könnte es seine Intention gewesen sein, sich unter dem Vorwand des Naturschutzes gegen die Elbvertiefung auszusprechen. Bei der Allmacht, die Brüssel für sich in Anspruch nimmt – übrigens ohne jede demokratische

Legitimation, denn dort ist niemand gewählt –, würde es Hamburg und den Interessenverbänden der Wirtschaft schwerfallen, die ehrgeizigen Ausbaupläne für Elbe und Nord-Ostsee-Kanal durchzusetzen.«

Christoph Johannes stimmte Lüder durch beifälliges Nicken zu.

Sie wurden durch Adler und Putensenf, die wieder aus dem Haus traten, unterbrochen.

»Alles in Ordnung«, bestätigte Putensenf. »Die Waffen werden in einem vorschriftsmäßig gesicherten Stahlschrank verwahrt. Der wiederum steht in einem Raum, zu dem eine massive Holztür führt. Auch die war abgeschlossen. Für jede Waffe liegt eine Waffenbesitzkarte vor.«

»Erklären Sie mir bitte noch einmal«, ergänzte Große Jäger in Richtung Adler, »für welchen Zweck Sie den Revolver benötigen.« Zu den wartenden Beamten gewandt erklärte er: »Im Waffenschrank haben wir auch einen funktionsfähigen Revolver Mateba Model 6 gefunden.«

Die fünf Polizisten musterten Adler.

»Dafür habe ich eine Erlaubnis«, sagte er ausweichend.

»Stimmt«, bestätigte Putensenf.

»Das bezweifeln wir nicht«, sagte Christoph Johannes. »Zu welchem Zweck nutzen Sie den Revolver?«

»Zu sportlichem.«

»Eine ungewöhnliche Waffe für einen Sportschützen. Sie sind in einem Verein?«

»Nein. Privat.«

»Wollen Sie damit sagen, dass Sie in freier Natur – nur so zum Vergnügen – mit dem Revolver schießen?«, fragte Christoph Johannes.

»Nein. So habe ich das nicht gemeint. Ich möchte dazu nichts mehr ausführen.«

»Das sollen Sie aber.«

Adler presste als deutliches Zeichen, dass er sich nicht mehr äußern wolle, die Lippen zusammen.

»Sie sind erfahren im Umgang mit Waffen«, sagte Lüder.

Der Mann reagierte nicht.

»Wir wissen, dass Sie beim KSK waren. Dort haben Sie unter anderem den Umgang mit Präzisionswaffen gelernt. Sie sind ein hervorragender Schütze.«

»Dazu gebe ich keine Auskunft.«

»Wir wissen es. Mit welchen Waffen haben Sie dort geschossen?«

»Wenn Sie glauben, zu wissen, dass ich einer solchen Einheit angehört habe, ist Ihnen auch bekannt, dass dieses strengster Geheimhaltung unterliegt.«

»Wie kommen Sie dazu, sich jetzt als sehr – ähm – einsatzbereiter Naturschützer zu engagieren?«

Auf Adlers Gesicht zeigte sich der Anflug eines Lächelns. »Gibt es nicht die Geschichte vom Saulus, der zum Paulus wurde?«

»Und was hat unser Saulus für Missetaten begangen?«

Adler legte den Zeigefinger auf die Lippen. Er hatte seine vorübergehende Unsicherheit überwunden. »Ich habe eine wunderbare Familie und ein Leben, um das mich viele beneiden.« Er sah die Beamten der Reihe nach an. »Mir ist immer noch nicht klar, was Sie von mir wollen. Da rücken Sie in Kompaniestärke an –«

»Wir haben keine Einzelkämpferausbildung wie Sie«, warf Große Jäger ein.

»... und stellen merkwürdige Fragen. Glauben Sie vielleicht, ich hätte den EU-Menschen erschossen? Wollen Sie meinen Revolver für einen ballistischen Vergleich mitnehmen?«

»Händigen Sie uns das Präzisionsgewehr aus, mit dem Sie geschossen haben«, sagte Große Jäger.

»Welches meiner Jagdgewehre hätten Sie gern?«

»Das Remington M40.«

Adler stieß einen leichten Pfiff aus. »Ich habe gehört, dass es eine tolle Waffe sein soll. Das benutzen unsere amerikanischen Freunde. Bei der Bundeswehr ist es nicht im Einsatz. Gesehen habe ich so ein Ding noch nie.«

»Wenn Ihnen einfällt, dass Sie doch ein M40 gesehen haben, dann benachrichtigen Sie uns«, sagte Lüder zum Abschied.

Während Putensenf Adler noch einmal ins Haus folgte, um sich auf der Karte die Lage der Ländereien zeigen zu lassen, kehrten die anderen zu ihren Fahrzeugen zurück.

»Der Mann hat sich in mancher Hinsicht merkwürdig geäußert«, stellte Frauke Dobermann fest. »Aber daraus können wir nichts ableiten, das uns weiterführt.«

»Natürlich würde er es nicht zugeben, wenn er ein M40 besäße. Ist es normal, dass jemand mit einem Revolver schießt und behauptet, es sei Sport?«, sagte Christoph Johannes. »Sie sollten die örtliche Polizei informieren, damit man ihm einmal auf die Finger sieht. Wo schießt er? Liegt eventuell eine Gefährdung Dritter vor?«

»Ich habe keine Druckmittel, um an die Akte zu gelangen, aus der ersichtlich ist, warum man Carretta aus der Haft freigelassen hat. Eine Möglichkeit, die wir in Erwägung gezogen haben, ist, dass er sich als Kronzeuge angedient hat. Vielleicht hat er auf eine größere Lieferung Rauschgift gewartet. Das würde auch erklären, dass er den Behörden nicht einfach den Namen des Schiffes genannt hat. So hätte er sich die Freiheit erkauft.« Frauke Dobermann ging nicht auf Christoph Johannes' Vorschlag ein.

»Diese These ist haltlos, spätestens seitdem wir wissen, dass Carretta und Archetti mit derselben Waffe erschossen wurden.«

»Irrtum«, widersprach Christoph Johannes Große Jäger. »Nur weil Archetti EU-Beamter ist, bedeutet es keinen Freispruch. Auch solche Leute können im Drogengeschäft mitmischen. Beiden ist gemeinsam, dass sie Italiener sind. Ob die beiden sich gekannt haben?«

»Das ist schwierig herauszubekommen«, sagte Frauke Dobermann. »Wir haben keinen Zugriff auf Akten der italienischen Polizei.«

»Und Brüssel mauert ebenfalls«, erklärte Lüder. »Hinter den Kulissen wird ein Süppchen gekocht. Man nennt uns weder den Ort der Küche noch die Köche.«

»Das Rezept würde uns schon reichen.« Lüder schmunzelte, als Große Jäger sich bei diesen Worten mit der Zunge über die Lippen fuhr.

Sie wurden durch Putensenf abgelenkt, der zu ihnen stieß.

»Ich habe es mir auf der Karte zeigen lassen. Ich bin zwar kein Landwirtschaftsexperte, aber es wundert mich, dass Adler –

angeblich – Flächen bewirtschaftet, die fast acht Kilometer von seinem Hof entfernt sind, fast an der Oste.«

»Das werden Sie herausfinden«, sagte Frauke Dobermann und zeigte auf ihren Mitarbeiter. »Auf dem Grundbuchamt.«

»Eben nicht«, widersprach Putensenf. »Es ist heute üblich, sich Flächen dazuzupachten.« Er wies auf das Haus. »Wir müssten noch einmal hinein und uns die Pachtverträge zeigen lassen. Adler ist wenig kooperativ. Freiwillig, hat er mir erklärt, gibt er keine Auskunft mehr.«

»Es gibt einfachere Berufe.« Christoph Johannes stöhnte leise.

»Die machen aber keinen Spaß«, erklärte Lüder zum Abschied.

Sie trennten sich von den hannoverschen Polizisten und fuhren zurück nach Glückstadt. Dort stieg Lüder in seinen BMW, um nach Kiel zurückzukehren.

Von seinem Büro aus nahm er Kontakt zu Geert Mennchen auf.

»Kennen Sie Alex Adler? Ich möchte von Ihnen die Wahrheit hören. Ausflüchte helfen uns nicht weiter.«

»Folgen Sie einer heißen Spur?«

»Bei einem zweifachen Mord ist die Spur immer heiß.«

»Ja«, bestätigte Mennchen. »Adler ist uns bekannt. Ich komme in Teufels Küche, wenn Sie von dieser Information Gebrauch machen. In der Bevölkerung ist das Thema Überwachung ein Reizwort. Parteien klagen vor dem Verfassungsgericht, wenn sie beobachtet werden. Es liegt nichts gegen ihn vor. Wir führen auch keine Akte über ihn. Aber der Mann hat eine interessante Vergangenheit.«

»Sie meinen seine Dienstzeit beim Kommando Spezialkräfte.«

»Auch wir wissen nicht, bei welchen Einsätzen er tätig war. Das ist geheim. Nur wenigen ist bekannt, wie die Leute dort ausgebildet werden und über welche Fähigkeiten sie verfügen. Das sind Einzelkämpfer. Die sind nicht nur an der Waffe gut. Deshalb haben wir einen Blick auf Adler geworfen, als er sich bei im Übrigen gewaltlosen Demonstrationen hervorgetan hat.«

»Was wissen Sie über die ›Die Elbe soll leben‹?«

»Das sind Naturschützer. Meine persönliche Ansicht dazu

ist nicht maßgebend. Aus der Sicht des Verfassungsschutzes gibt es keine Auffälligkeiten. Wir sind da nicht am Ball. Rein routinemäßig kenne ich auch nur zwei Namen, die beiden Hauptfiguren.«
»Hofsänger und Adler«, sagte Lüder.
»Genau. Das ist alles.«
»Wir suchen eine Akte aus Niedersachsen. Es geht um einen Schwerkriminellen, den man dort aus dem Strafvollzug entlassen und dem man eine neue Identität verpasst hat.«
»Kronzeugenregelung. Das ist nicht unsere Welt«, sagte Mennchen.
»Das könnte man vermuten, trifft aber nicht zu. Der Mann hat sich direkt nach der Freilassung für Seeschiffe interessiert.«
»Ein Deutscher?«
»Nein. Italiener. Das macht mich stutzig. Das zweite Opfer ist auch Italiener.«
»Vielleicht hängt da doch die Mafia drin«, sagte Mennchen.
»Dann wären der Staatsanwalt in Hannover und die dortigen Kollegen informiert. Sie hätten Anhaltspunkte für ihre Ermittlungen. Es würde keinen Grund geben, alles zu einer Verschlusssache zu erklären.«
»Das klingt merkwürdig«, bestätigte Mennchen. »So etwas geschieht nur, wenn die Sicherheitsinteressen der Bundesrepublik gefährdet sind.«
»Dafür sehe ich aber keine Anhaltspunkte.«
»Nicht bei Italienern.«
»Sehen Sie eine Möglichkeit, über Ihre Kontakte an Hintergrundinformationen heranzukommen?«, fragte Lüder.
Ein Knurrlaut kam über die Leitung.
»Ausgeschlossen. Es wird bei irgendwelchen Pannen immer wieder gefordert, alle müssten an einem Strang ziehen. Im Zusammenhang mit der Aufarbeitung der NSU-Verbrechen stehen diese Forderungen im Raum. Aber hinter den Kulissen herrscht Kleinstaaterei. Das ahnen die Menschen im Land nicht. Hier werkelt jeder vor sich hin und hütet eifersüchtig seine Erkenntnisse. Sie erinnern sich an die Diskussion, ob wir in jedem Bundesland einen eigenen Verfassungsschutz brauchen?«

Lüder hatte es selbst erlebt, als er vergeblich die Zusammenarbeit mit den bayerischen Behörden gesucht hatte. Manchmal kam er sich wie ein Town-Marshal vor, der an den Grenzen seines Bezirks stoppen und den Übeltäter ziehen lassen musste.

»Gibt es – streng vertraulich – bei Ihnen irgendwelche, wenn auch sehr vage Vermutungen, dass seitens der EU in Brüssel etwas geplant sein könnte, das deutschen Interessen hier in der Region entgegensteht?«

Lautes Lachen dröhnte aus dem Hörer.

»Sie sind gut. Wir sind nicht in Amerika, wo sich alle gegenseitig bespitzeln. Was meinen Sie, was hier los wäre, wenn der Kieler Verfassungsschutz die EU-Kommission beobachtet?«

»Da laufen nicht nur Gute herum«, sagte Lüder.

»Zu dieser Aussage schweige ich. Ich habe da eine private Meinung, aber ...« Mennchen ließ den Satz unvollendet. »Sehen Sie sich an, wen die Bundesrepublik nach Brüssel geschickt hat. Das sind alles zu Hause gescheiterte Existenzen. Das ist aber meine ganz persönliche Ansicht.«

»Frank Hofsänger, der Vorsitzende der Initiative ›Die Elbe soll leben‹, arbeitet als Ingenieur im Atomkraftwerk Brokdorf. Gibt es da Sicherheitsüberprüfungen?«

»Schon«, räumte Mennchen ein. »Unterschiedliche Stufen. An die Küchenhilfe werden andere Anforderungen gestellt als an den verantwortlichen Ingenieur auf dem Leitstand. Aber auch in dieser Hinsicht ist Hofsänger sauber. Es gibt keine Anzeichen dafür, dass er seine Arbeit und sein Umweltengagement nicht sauber trennt.«

»Ein richtiger Musterknabe.«

»Genau. Und bei solchen werde ich immer hellhörig. Lassen Sie uns in Verbindung bleiben«, schlug Mennchen vor.

Während des Telefonats hatte Lüder gesehen, dass ihn die Husumer zu erreichen versuchten. Er rief zurück.

»Wir haben uns an Hofsängers Spuren geheftet«, berichtete Christoph Johannes. »Der hat an dem Tag, an dem er mit Archetti verabredet war, in Wismar getankt. Die dortigen Kollegen haben uns ein Bild der Überwachungskamera geschickt. Das hat zwar

eine lausige Qualität, aber zweifelsfrei ist es Hofsänger. Das war abends um achtzehn Uhr.«
»Und Adler hat behauptet, er sei an diesem Abend mit Hofsänger zusammen gewesen. Das ist gelogen. Warum? Will Adler sich ein Alibi verschaffen? Und das auf so plumpe Art und Weise?«
»Auch Hofsänger wird uns etwas erklären müssen. Wie konnte er ganz entspannt nach Wismar fahren? Eigentlich war er mit Archetti in Husum verabredet. Er hat selbst gesagt, er sei überrascht gewesen, dass er einen Gesprächstermin mit einem so hohen EU-Beamten bekommen hat. An seiner Stelle hätte ich nichts unversucht gelassen, dieses Treffen wahrzunehmen. Wusste Hofsänger zu der Zeit schon, dass Archetti tot war? Dann wäre es dumm, uns die Spur nach Wismar zu weisen.«

»Hofsänger ist nicht dumm, aber auf die Idee, dass wir seinen Aufenthalt in Wismar entdecken, ist er vermutlich nicht gekommen«, sagte Lüder.

»Die beiden Herren nehmen immer noch eine herausragende Position auf unserer Liste ein«, sagte Christoph Johannes.

Lüder beschloss, nach Hause zu fahren. Er musste das Auto auf der Straße abstellen, da die Zufahrt zur Garage versperrt war. Jedes Familienmitglied hatte dort ein Fahrrad hingeworfen. Und das war wörtlich zu nehmen.

»Hallo, Herr Lüders«, wurde er von Frau Mönckhagen, der Nachbarin, überfallen. »Ich habe Sie lange nicht gesehen.«

»Ich bin sehr beschäftigt.«

»Sie sind doch Beamter. Also, mein Mann –«, begann die alte Dame.

Ojè, dachte Lüder. Wenn Frau Mönckhagen von ihrem seit Langem verstorbenen Gatten erzählte, konnte es ein langer Abend werden.

»Im Stehen ist es ungemütlich«, unterbrach Lüder sie. »Kommen Sie doch nachher zu uns auf die Terrasse. Dann grillen wir.«

»Ach nee. Ich weiß nicht. In meinem Alter ... Ich esse abends nichts mehr. Das bekommt mir nicht.«

»Eine Kleinigkeit. Und ein Gläschen Wein.«

Frau Mönckhagen zeigte sich unentschlossen.
»Ich dulde keinen Widerspruch«, erklärte Lüder. »Jetzt muss ich aber hinein, sonst gibt meine Familie noch eine Vermisstenanzeige auf.«
Er verschwand ins Haus, ohne die Antwort abzuwarten.
»Du bist gut«, sagte Margit, nachdem sie ihn umarmt und von seiner Einladung gehört hatte. »Wir haben gar kein Grillfleisch im Haus.«
»Dann besorgen wir etwas. Heute lassen wir es uns gut gehen.«
Lüder steckte zwei Finger in den Mund und pfiff.
»Das war überflüssig«, tadelte ihn Margit. Immerhin erschien Jonas, der Sohn, auf der Treppe.
»Was'n los?«, wollte er wissen.
»Komm. Grillsachen einkaufen.«
»Muss ich mit?« Es klang defensiv.
»Nö. Dann bringe ich dir eine Bratwurst mit.«
»Öde.« Jonas überlegte sichtbar. Er verzog dabei stets das Gesicht zu einer Grimasse. »Okay«, verkündete er schließlich seinen Entschluss. »Hätt nicht gedacht, dass du kommst. Bist nicht hinter den Terrors her?«
»Hinter welchen Terroristen?«, fragte Lüder.
»Die gedroht.«
»Kannst du nicht in ganzen Sätzen sprechen?«
»Nö. Zu viel Action. War in TiVi. Die in Bademantel woll'n 'ne Bombe legen. Wumm«, untermalte er die Szene.
»Wer sagt das?«
»Hörst nicht zu? War in Nachrichten.«
»Auf deinem Chaotensender?«
»Sag nicht, ich soll Senioren-TiVi blinzeln. Erstes und Zweites. Ist öde.«
»Es gibt eine Terrorwarnung?«
»Sag ich doch.« Er hielt zwei Finger in die Höhe. »Zum Zweiten. Soll krachen. In Deutschland. Sind sauer, weil wir irgendwas machen. Oder auch nicht machen.«
»Das ist nicht sehr aussagekräftig.«
»War so'n Typ von hier.«
»Ein Deutscher?«

»Nur lauwarm.«
»Rede nicht in einzelnen Bytes.«
»Ein Wumm-Heini mit 'nem Bart aus Marne. Will uns in die Luft jagen. Bumm.« Jonas' Hände flogen zur Illustration durch die Luft. »Manno. War auch nur ganz kurz. Hab nur mit 'nem halben Ohr hingeblinzelt.«
»Mit dem Ohr blinzeln? Das Kunststück musst du mir zeigen.«
»Komm«, wechselte Jonas das Thema und streckte die Hand aus. »Schlüssel. Ich kann ja fahren.«
»Kannst es auch sein lassen«, sagte Lüder. »Los jetzt.«

SIEBEN

Alles musste seine Ordnung haben. Zunächst suchte Lüder das Geschäftszimmer auf und begrüßte Edith Beyer.
»Baldrian?«, fragte er und zeigte auf die geschlossene Bürotür, hinter der Kriminaldirektor Dr. Starke saß.
»Zu schwach«, entgegnete Edith Beyer. »Da hat gestern jemand gehustet. Das haben die Medien aufgegriffen. Nun möchte die Amtsleitung einen Lagebericht.«
»Sie meinen, wegen dieser ominösen Meldung im Fernsehen?«, riet Lüder.
»Die da oben wollen wissen, wie ernst man diese Warnung nehmen muss.«
Lüder zog mit seinem Kaffeebecher weiter zu Gärtner und fragte beiläufig, was der Kriminaloberrat davon hielt.
»Der Abteilungsleiter nervt mich«, entgegnete der ruhig und bedächtig auftretende Gärtner und winkte Lüder heran.
»Er möchte alle halbe Stunde eine Lageeinschätzung, als ob da jemand mit einer Atombombe durch die Gegend läuft. Dabei steckt meines Erachtens nicht mehr dahinter als bei anderen Drohungen, die regelmäßig gegen die Bundesrepublik ausgestoßen werden. Wir kommen sogar noch gut weg. Andere Länder werden viel massiver bedroht, zum Beispiel die Vereinigten Staaten oder Israel. Ich habe mir den kurzen Beitrag schon zigmal angesehen, kann aber nichts Konkretes entdecken. Was meinen Sie dazu?«
Gärtner tätigte ein paar Eingaben auf der Tastatur und startete den Beitrag, von dem Jonas berichtet hatte.
Im Hintergrund war die schwarze Flagge des Dschihad angebracht.
»Die arabischen Schriftzeichen bedeuten: ›Es gibt keinen Gott außer Allah, und Mohammed ist der Gesandte Allahs‹«, übersetzte Gärtner.
Im Vordergrund war ein Mann in arabischer Kleidung zu sehen. Er trug eine Kufija, das durch Jassir Arafat bekannt ge-

wordene Palästinensertuch. Das untere Ende war vor Mund und Nase gebunden, sodass nur ein schmaler Spalt für die Augen frei geblieben war. In der Armbeuge hielt der Mann ein Sturmgewehr. Gärtner tippte mit der Spitze eines Kugelschreibers auf die Waffe. »Ein Gruß unserer österreichischen Nachbarn. Das ist ein Steyr AUG A3 mit Klappgriff, ein hochmodernes Gewehr. Da bekommt der Slogan ›Wir werden euch mit euren eigenen Waffen schlagen‹ gleich eine ganz andere Bedeutung.«
Lüder war erstaunt, dass der Sprecher in der Videobotschaft akzentfreies Deutsch sprach. Man hörte sogar ein norddeutsches Idiom heraus.

»Die Macht der Ungläubigen wird enden. Zittert. Ihr werdet keine ruhige Minute mehr haben. Die Angst wird euch auffressen wie ein Wurm den Kadaver. Nirgendwo werdet ihr mehr sicher sein. Nicht in euren Häusern, nicht auf euren Straßen. Habt acht, wenn ihr in Sportstätten seid. Fürchtet euch, wenn ihr im Theater der Verdammnis folgt. Fragt euch, ob die Brücke, die ihr überschreiten wollt, euch trägt oder unter euch mit Donnern zusammenbricht. Kein Weg wird euch weiterführen. Eure Infrastruktur wird zerbrechen. Straßen, Flughäfen, Seewege. Ihr seid gefangen in eurer eigenen Welt. Kampf den Ungläubigen. Das Kalifat wird kommen.«

»Das sind Drohungen, die wir in dieser oder ähnlicher Weise schon oft gehört haben«, sagte Lüder. »Das würde ich nicht zu ernst nehmen.«

»Ich bin auch nicht übermäßig besorgt, obwohl man auch bei häufiger auftretenden Botschaften dieser Art nicht abstumpfen sollte. Vorsicht ist stets geboten.«

»Welche Gruppierung steht hinter dieser Videobotschaft?«, fragte Lüder.

»Wir haben den Sprecher identifiziert. Es ist ein Konvertit und stammt aus Marne. Dort leben seine Eltern immer noch. Früher hieß er Jan Klingbiel. Jetzt nennt er sich Abd-al-Qadir. Das bedeutet ›Diener des Mächtigen‹. Er war unauffällig, hat eine ganz normale Entwicklung genommen. Nach dem Abitur in Marne hat er in Kiel Politikwissenschaften neben einem Studium der Geografie bis zum Master absolviert. Er hat sich bis dahin nicht auffällig politisch profiliert. Völlig überraschend war er für zwei Jahre abgetaucht. Niemand wusste, wo er geblieben war, bis er als Abd-al-Qadir wieder in Erscheinung trat. Das alles ist höchst geheimnisvoll. Der Verfassungsschutz vermutet, dass er sich im Jemen aufgehalten hat. Möglicherweise war er auch im pakistanisch-afghanischen Grenzgebiet.«

»Mit dieser Vita hat die Videobotschaft ein anderes Gewicht«, sagte Lüder und hörte sich die Nachricht noch mehrfach hintereinander an.

»Klingbiel droht unter anderem damit, dass man unsere Infrastruktur angreifen und zerstören will. Wie empfindlich uns das macht, hat die Sperrung der Rader Hochbrücke gezeigt. Der Verkehr war wochenlang gestört. Das gilt auch für die Sperrung des Nord-Ostsee-Kanals aus technischen Gründen, als die Schleusenanlage ausfiel. Marne ist nur einen Steinwurf von Brunsbüttel entfernt. Klingbiel weiß folglich um die Sensibilität der Einrichtung. Was wäre, wenn man die Rader, die Levensauer oder die Rendsburger Eisenbahnbrücke angreifen würde? Der gesamte Nord-Süd-Verkehr einschließlich des dänischen Jütland wäre betroffen. Sie würden Schleswig-Holstein zweiteilen und den Norden nahezu abhängen. Allein die Drohung wirkt schon. Wenn sich nur ein Bruchteil der Touristen davon abhalten lassen würde, in die Urlaubszentren zu fahren, wäre das ein nicht zu kompensierender Schlag. Unser nördlicher Landesteil ist davon abhängig. Mensch, Kollege Gärtner. In dieser Drohung steckt mehr, als wir vielleicht vermuten. Dass Klingbiel Insiderwissen hat, macht ihn so gefährlich.«

Kriminaloberrat Gärtner nickte zustimmend, ohne ein Wort zu sagen.

»Ich muss ohnehin nach Brunsbüttel«, sagte Lüder. »Ich werde bei dieser Gelegenheit auch nach Marne fahren und mich dort einmal umhören.«

Lüder kehrte in sein Büro zurück und nahm Kontakt zur Husumer Kripo auf.

»Wir wollen noch die Widersprüche in Hofsängers Angaben prüfen«, sagte er. »Zuvor muss ich aber noch einen Termin in

Marne absolvieren.« Er verabredete sich mit Große Jäger für in neunzig Minuten in der Marner Innenstadt.

Lüder parkte auf dem großen Platz direkt an der Bundesstraße und ging die wenigen Schritte in die wie fast immer ausgestorben wirkende kleine City. Eine überdimensionierte Bronzeplastik, die eine Elster darstellte, war mit einer Art Narrenkappe in Form eines Hasenkopfes verziert. Direkt gegenüber befand sich das Café. Große Jäger saß an einem kleinen Tisch vor dem Fenster. Er winkte Lüder zu, stand auf, zahlte am Tresen und begrüßte ihn vor der Tür.

»Was gibt es, Herr Doktor? Christoph sagte, Sie hätten noch einen anderen Termin.«

Lüder berichtete kurz von dem Drohvideo und den Überlegungen, die er mit seinem Kollegen Gärtner ausgetauscht hatte.

»Dann lassen Sie uns die Eltern aufsuchen«, sagte Große Jäger und stapfte zu Lüders BMW voraus.

Es waren nur wenige Minuten bis zur Claus-Harms-Straße. Granitpflaster und schattenspendende Bäume gaben der ruhigen Wohnstraße eine beschauliche Atmosphäre. Die überwiegend älteren Rotklinkerhäuser machten einen ebenso gepflegten Eindruck wie die Gärten. Auffällig war, dass an fast jeder Haustür ein Türkranz baumelte. Das Haus der Familie Klingbiel unterschied sich in nichts von dem seiner Nachbarn.

Ein hagerer Mann mit eingefallenen Wangen öffnete ihnen. Zu seiner braunen Stoffhose, die er mit Hosenträgern hielt, trug er eine Strickjacke mit Jagdmotiven.

Lüder stellte sich und Große Jäger vor. Klingbiel hob abwehrend die Hand, als Lüder seinen Dienstausweis zeigen wollte.

»Hört das nie auf«, sagte er und ging mit schlurfenden Schritten in ein Wohnzimmer voraus, dessen Einrichtung im Stil der siebziger Jahre gehalten war. Sofa und Sessel waren mit blaugrünem Stoff überzogen, der an manchen Stellen schon Verschleiß aufwies. Eine dunkle Stollenwand erdrückte fast den nicht allzu großen Raum. Auf dem Tisch lag die Marner Zeitung aufgeschlagen, darauf hatte Klingbiel seine Brille abgelegt.

»Wir möchten gern mit Ihnen und Ihrer Frau über Ihren Sohn

sprechen«, sagte Lüder, nachdem die beiden Beamten auf dem Sofa Platz genommen hatten.

»Meine Frau«, echote Klingbiel geistesabwesend. »Das geht nicht. Die liegt in Heide im Krankenhaus. Wieder einmal. Sie hat Krebs.«

Für einen Moment herrschte betretenes Schweigen.

»Meine Kinder kümmern sich um mich«, erklärte Klingbiel schließlich. »Die Tochter wohnt ein paar Straßen weiter und der Sohn in Meldorf.«

»Ihr Sohn, äh …?«, fragte Lüder gedehnt.

»Ja. Niklas.«

»Wir würden gern mit Ihnen über Ihren anderen Sohn —«

»Ich habe keinen anderen.« Es kam prompt und direkt.

»Jan …«, sagte Lüder vorsichtig.

»Ich kenne keinen Jan«, behauptete Klingbiel. »Nicht in der Familie. Nur unter den Kindern, die ich unterrichtet habe. Da gab es ein paar.« Er sah Lüder mit traurigen Augen an. »Ich habe an der hiesigen Grundschule unterrichtet.«

»Ich verstehe Sie«, sagte Lüder. »Dennoch können wir Ihnen die Situation nicht ersparen. Im Internet ist ein neues Drohvideo aufgetaucht.«

»Jan gibt es nicht mehr«, sagte Klingbiel barsch. Dabei spielte er mit seinen dünnen Fingern. Es knirschte, als er die Kiefer fest zusammendrückte.

»Wir möchten gern verstehen, was Jan auf diesen Weg geführt hat«, sagte Lüder leise. »Vielleicht erklärt es uns manch anderes.«

»Sagen Sie es mir, wenn Sie es herausgefunden haben«, erwiderte Klingbiel. »Meine Frau und ich … Wir haben uns den Kopf zermartert. Immer wieder. Was ist da passiert?, haben wir uns gefragt. Plötzlich. Aus heiterem Himmel. Jan war ein Kind wie jedes andere. Wie seine Geschwister. Er hat die Schule besucht und war sogar ein guter Schüler. Ich hatte gedacht, aus dem Jungen wird etwas. In Kiel hat er Geografie und Politik studiert. Studienrat sollte er werden. Das haben wir geglaubt, bis er plötzlich verschwunden war. Von einem Tag auf den anderen. Ohne jede Nachricht. Wissen Sie, was das für die Eltern bedeutet? Das Kind – von der Bildfläche verschwunden. Jede Nacht haben wir wach gelegen, gegrübelt, gehofft, gebangt, uns gefürchtet. Immer wenn es an der Tür klingelte, das Telefon ging, der Briefträger etwas in den Kasten warf. Stets war die Angst dabei. Bis irgendjemand vom Verfassungsschutz kam und uns die Nachricht brachte, dass Jan ...«

»... sich den Islamisten angeschlossen hat«, ergänzte Lüder. Klingbiel nickte kaum wahrnehmbar.

»Und es gab keine Anzeichen dafür? Ihr Sohn hat nie etwas angedeutet? Seine Lebensweise geändert? Von Verständnis für den Islam gesprochen? Sich anders verhalten?«

»Nichts. Absolut nichts.« Klingbiel warf Lüder einen langen Blick aus seinen wässrig blauen Augen zu. »An seinem letzten Abend hat er sich mit alten Freunden getroffen. Die haben einen Zug durch die Gemeinde gemacht. Wir hatten Probleme, Jan am nächsten Tag wach zu bekommen. Er hatte so einen dicken Kopf, dass er sogar auf das Frühstück verzichtet hat. Seine Schwester hat ihn zum Bahnhof nach St. Michel gefahren. Von dort wollte er nach Kiel, um sein Zimmer in der Wohngemeinschaft aufzulösen. Das war das Letzte, was wir von ihm gesehen haben. Bis ... ja, bis diese Videos auftauchten. Nein«, er schüttelte heftig den Kopf, »das ist nicht unser Sohn. Da muss irgendetwas passiert sein.« Klingbiel stand auf. »Gehen Sie jetzt«, sagte er unvermittelt. »Und kommen Sie nie, nie wieder.« Hastig warf er die Tür hinter den Beamten ins Schloss.

»Ist das nicht merkwürdig«, überlegte Große Jäger laut, als sie zum Auto zurückkehrten. »Sich zum Islam zu bekennen ist im Allgemeinen ein schleichender Prozess. Irgendwann gibt es einen Anstoß, ein Ereignis im Leben, eine Begegnung. Aber dass jemand eine rauschende Abschiedsparty feiert, es noch einmal richtig krachen lässt und am nächsten Tag ein fanatischer Islamist ist, erscheint mir suspekt.«

Lüder stimmte dem Oberkommissar zu.

Sie wählten den Umweg über die Hochbrücke, um Wartezeiten an der Fähre Brunsbüttel zu vermeiden. Unterhalb des Bauwerks lag der Landeshafen Ostermoor. In die Landschaft eingebettet waren die Chemieunternehmen, für deren Ansied-

lung das ehemalige Dorf gleichen Namens aufgelöst worden war. Im Hintergrund sah man das mit einem Siedewasserreaktor betriebene Atomkraftwerk Brunsbüttel direkt am breiten Band des Elbstroms liegen.
Auch heute zeigte sich das kleine St. Margarethen von seiner friedlichen Seite. Es wirkte jedes Mal so, als sei der Ort ausgestorben. Das traf auch auf das Haus der Familie Hofsänger zu. Es dauerte eine Weile, bis Meike Hofsänger die Tür öffnete. Sie erkannte Lüder wieder.
»Mein Mann ist nicht da. Er arbeitet.«
»In Brokdorf?«
Sie bestätigte es.

Das nächste AKW lag nur wenige Kilometer elbaufwärts entfernt hinter dem Dorf, dessen Name als Symbol für den Widerstand gegen Atomkraftwerke Geschichte schrieb. Insbesondere die gewalttätigen Auseinandersetzungen waren unrühmlich in Erinnerung geblieben. Eine schmale Straße führte zum kameraüberwachten Haupteingang des Geländes. Eine mittelalterliche Festungsanlage hätte nicht besser gesichert sein können. Vor dem stabilen Zaun, dessen Krone eine Stacheldrahtrolle zierte, verlief rundum ein Wassergraben. Sie parkten auf den Besucherstellplätzen.

»Wir möchten mit Frank Hofsänger sprechen«, erklärte Lüder durch die Sprechanlage der Panzerglasscheibe am Eingang. Brokdorf war trotz Stilllegung immer noch ein Hochsicherheitsbereich.

Frank Hofsänger erschien nach einer Viertelstunde und führte sie in den kleinen Wartesaal der Anmeldung.

»Ich habe nicht viel Zeit. Außerdem finde ich es unpassend, dass Sie mich an meinem Arbeitsplatz aufsuchen«, sagte er. Es klang unzufrieden.

»Sie hätten sich unseren Besuch ersparen können, wenn Sie ehrlich gewesen wären. Warum haben Sie uns verschwiegen, dass Sie in Wismar waren, statt die Verabredung mit Archetti in Husum wahrzunehmen?«

Hofsänger schluckte. Mehrfach klappte er den Unterkiefer hoch und runter.

»Woher wiss…? Woher wollen Sie das wissen?«, korrigierte er sich.

Große Jäger lächelte süffisant. »Wir sind die Polizei.«

»Ja, aber —«

Der Oberkommissar schnitt Hofsänger mit einer Handbewegung das Wort ab. »Sie sagten, Sie hätten nicht viel Zeit.« Demonstrativ sah Große Jäger auf seine Armbanduhr. »Wir nehmen sie uns. Bis Sie die Wahrheit sagen.«

Hofsänger biss trotzig wie ein Kleinkind die Lippen zusammen.

»Ihr Mitstreiter Alex Adler hat behauptet, Sie hätten sich am Dienstagabend mit ihm getroffen. Verraten Sie mir Ihr Geheimnis, wie Sie gleichzeitig mit Adler sprechen, sich in Wismar aufhalten und einen wichtigen Termin in Husum ins Auge fassen können?« Aus Große Jägers Worten troff der Hohn.

»Also … Mit Adler … da war nichts. Mit dem habe ich nicht gesprochen.«

»Da steht Aussage gegen Aussage. Er behauptet es.«

»Adler lügt.«

Große Jäger legte Zeige- und Mittelfinger an seine unrasierte Wange. Er hielt den Kopf ein wenig schief, als würde er nachdenken.

»Helfen Sie mir«, forderte er Hofsänger auf. »Sie haben immer noch nicht erklärt, warum Sie nach Wismar gefahren sind. Ganz entspannt. Daraus können wir nur schließen, dass Sie wussten, dass Archetti den Termin gar nicht mehr wahrnehmen konnte, weil er zu diesem Zeitpunkt schon tot war.«

Hofsängers Augenlider flatterten. Sein unsteter Blick wanderte zwischen den beiden Beamten hin und her.

»Das habe ich nicht gewusst«, sagte er keuchend. »Wirklich nicht.«

Große Jäger war aufgestanden und wanderte in dem kleinen Raum auf und ab.

»So läuft das nicht, Herr Hofsänger. Ich kann vielleicht kein Kernkraftwerk steuern, aber eine Basisintelligenz ist vorhanden.« Er tippte sich mit dem Finger an die Stirn und beugte sich zu Hofsänger hinunter. »Das haben wir Ihnen schon ein paarmal gesagt: Sie sind emsig bei Ihren Umweltschutzaktivitäten. Es gibt auch andere Interessenvertreter, die eine ähnliche Zielsetzung haben. Keiner von denen bekommt die Chance, einem hohen EU-Beamten seine Position zu erläutern. Sie müssten doch heiß auf dieses Gespräch gewesen sein. Und bauzperdauz – fahren Sie einfach nach Wismar, ohne dass jemand den Termin abgesagt hat. Da Sie kein Hellseher sind, müssen Sie über Informationen verfügt haben, die nur aus dem Umfeld des Täters stammen können. Warum haben Sie sich außerdem dagegen gesträubt, Adler zu dem Gespräch in Husum mitzunehmen? Wäre es doch die natürlichste Sache der Welt gewesen, dort zu zweit aufzukreuzen? Oder haben Sie schon vorher gewusst, dass Archetti es nicht mehr erleben wird? Ein heimtückischer und geplanter Mord?«

Große Jäger stützte sich auf Hofsängers Schultern ab. »Ich glaube, Sie haben ein Riesenproblem.«

»Ich kann da nichts zu sagen«, stammelte Hofsänger.

»Doch. Sie wollen nicht. Das ist Beihilfe zum Mord.«

Große Jäger klopfte Hofsänger auf die Schulter. »Hören Sie es nicht aus unseren Worten heraus? Wir glauben nicht, dass Sie persönlich Archetti erschossen haben. Aber Sie wissen mehr, als Sie zugeben wollen.«

»Meine Familie ...« Hofsänger war kaum noch zu verstehen. Mit dem Handrücken wischte er sich die Schweißperlen von der Stirn.

»An die sollten Sie denken. Es ist ein schönes Plätzchen, an dem Sie das Schloss für Ihre Familie errichtet haben. Mensch, Hofsänger. Wollen Sie wirklich, dass Sie alles aufgeben müssen? Das Haus wird nicht zu halten sein, wenn Sie wegen Beihilfe in der Haftanstalt hocken.«

»Es geht nicht«, wisperte Hofsänger kaum wahrnehmbar. »Es geht wirklich nicht.«

Die beiden Beamten wechselten einen schnellen Blick.

»Wir werden Sie nicht aus den Augen lassen und ständig im Blick haben. Es dauert nicht lang, und wir werden uns mit dem Pförtner Ihres Arbeitgebers duzen, weil wir so oft hier sein werden. Das alles liegt allein in Ihrer Hand.«

Hofsänger war anzusehen, dass er am Ende war. Aber er schwieg.

»Was ist sein Geheimnis?«, fragte Große Jäger auf der Rückfahrt nach Marne, wo er seinen Smart abgestellt hatte. »Ich glaube nicht, dass Hofsänger geschossen hat. Aber er weiß etwas. Und er hat fürchterliche Angst. Wird er bedroht?«
»Wir haben nichts gegen Hofsänger in der Hand, dass wir ihn mehr unter Druck setzen könnten«, antwortete Lüder. »Adler ist als Scharfschütze ausgebildet. Immerhin hat der falsche Angaben gemacht, als er behauptete, Hofsänger getroffen zu haben. Das ist gelogen. Adler glaubte, im Zweifelsfall glaubwürdiger zu klingen. Offenbar weiß er etwas über Hofsänger und ist sich sicher, dass der schweigt.«
»Aber was ist das?«, fragte Große Jäger.
»Das müssen wir herausfinden. Das Ganze ist nur dadurch aufgeflogen, dass Hofsänger in Wismar war. Sag mal«, Lüder stieß Große Jäger in die Seite, »woher wisst ihr das eigentlich?«
»Och – das wollen Sie gar nicht wissen.«
»Doch. Und die Abhörvorrichtung habe ich auch ausgeschaltet.«
»Das war der *kurze Dienstweg*.«
»Selbst wenn du jemanden in Wismar kennst, ist es Telepathie, wenn der ausgerechnet den Hinweis auf Hofsänger gibt.«
Große Jäger spitzte die Lippen. »Das war nicht übernatürlich. Ich kenne jemanden bei der Bank, die die Kreditkarten abrechnet. Ehrlich! War ein Glückstreffer.«
»Wir schweigen dazu. Und auch über den Namen des Schützen, der diesen Glückstreffer erzielt hat.«

Lüder setzte Große Jäger in Marne bei dessen Smart ab und fuhr zurück nach Kiel. Unterwegs rief er Geert Mennchen an.
»Abd-al-Qadir«, sagte Lüder.
Mennchen konnte die Überraschung selbst am Telefon nicht verbergen.
»Klar, dass Sie den auch im Visier haben«, sagte er. »Die Polizei hat Jan Klingbiel seinerzeit als normalen Vermisstenfall behandelt, konnte aber nichts feststellen. Man hat alles Mögliche befürchtet. Klarheit gab es erst, als die ersten Videobotschaften auftauchten. Wie ein Kaninchen aus dem Hut tauchte Klingbiel plötzlich als

Agitator auf. Alle waren überrascht. Wir hatten nie zuvor etwas von ihm gehört.«

»Wissen Sie noch mehr über ihn?«

»Wir kennen nur die Videos, abgesehen von seinem völlig unspektakulären Vorleben.«

»Hat er sich aktiv an Straftaten beteiligt? Ist er in einem Ausbildungscamp gewesen? Oder vermuten Sie, dass er für Terrorakte ausgebildet wurde, die er in seiner alten Heimat verüben soll?«

»Wir wissen nichts«, gestand Mennchen. »Nur die Videobotschaften. Das sind Hasspredigten, in denen Klingbiel gleichzeitig zu Straftaten aufruft. Nicht nur gegen unsere verfassungsmäßige Ordnung, sondern auch zu Attentaten gegen Leib und Leben. Wie kommen Sie jetzt auf Klingbiel?«

»Der Name ist peripher in einem Gespräch gefallen.«

»Sie meinen, wegen des Videos?«

Lüder bestätigte es.

»Bellende Hunde beißen nicht«, sagte Mennchen. Eine ähnliche Einschätzung hatte auch Kriminaloberrat Gärtner abgegeben.

Im Büro rief Lüder den Vorgang »Jan Klingbiel« auf seinem Rechner auf. Er fand keine weiteren Informationen. Alles, was dort erfasst war, wusste er bereits. Lediglich die Namen seiner beiden Mitbewohner in der Wohngemeinschaft waren neu. Kevin Deutzmann war nach dem Studium wieder in seine Heimat nach Magdeburg zurückgekehrt. Lukas Siebeneich lebte noch unter der früheren Adresse.

Die Heischstraße war mit schlicht wirkenden Mehrfamilienhäusern aus den Anfängen des letzten Jahrhunderts bebaut. In dieser Gegend hatten nie reiche Leute gelebt. Vom nahen vielspurigen Theodor-Heuss-Ring drang unablässig der Verkehrslärm herüber. Es war sicher eine der meistbefahrenen Straßen der Landeshauptstadt.

»Siebeneich and Friends«, stand auf dem Klingelschild. Die Haustür war angelehnt. Lüder erklomm die Holztreppe und ignorierte die Gerüche. In der zweiten Etage ertönte laute Musik hinter der zerschrammten Wohnungstür. Ein Namensschild fehlte, die Klingel war außer Betrieb.

Lüder klopfte gegen die Tür und wartete vergeblich. Erst nachdem er die Intensität gesteigert hatte, tauchte hinter dem Riffelglas schemenhaft eine Gestalt auf.
»Verpiss dich, Oma. Nimm einfach die Batterie aus dem Hörgerät«, schlug die Stimme vor.
Lüder schlug kräftig mit der flachen Hand gegen die Tür.
»Hier ist nicht die Oma, sondern der Opa«, sagte er.
Hinter der Tür rumorte es, dann wurde geöffnet. Ein Mann mit langen fettigen Haaren in einem fleckigen olivgrünen Militärunterhemd öffnete und sah Lüder fragend an.
»Polizei.«
»Wegen dem bisschen Musik?«
»Wegen dem Jan Klingbiel«, antwortete Lüder und grinste über die Formulierung.
»Der ist weg.«
»Wollen wir hier auf der Türschwelle ein Sabbel-in veranstalten? Und machen Sie die Musik leiser.«
»Will nicht. Beides nicht.«
»Okay. Dann rufe ich jetzt die uniformierten Kollegen. Wir holen Sie mit viel Tamtam ab und sprechen auf dem Polizeirevier.«
»Mann, mach nicht so 'ne Welle.« Immerhin öffnete Siebeneich die Tür ganz und deutete durch eine Kopfbewegung an, dass Lüder folgen sollte.

Im Flur waren Kartons gestapelt, dazwischen standen Batterien leerer Flaschen. In einer Ecke hatten sich mehrere Mülltüten angesammelt. Es roch erbärmlich. Der Aufenthaltsraum – Lüder mochte es nicht Wohnzimmer nennen – war mit einem fleckigen Teppich ausgelegt. Hier waberte ein süßliches Aroma in der Luft.

Siebeneich flegelte sich auf einen Sessel, aus dem an einer aufgeplatzten Stelle das Innenleben hervorquoll. Immerhin stellte er die Musik ab.

Lüder zog es vor, stehen zu bleiben. Er hielt die Nase schnuppernd in die Luft.
»Das riecht nicht nach ayurvedischem Tee.«
»Ist eine andere Art von Lebenselixier.«

»Die Verzehrregeln stehen aber in keinem Koch-, sondern im Strafgesetzbuch.«
Siebeneich machte eine wegwerfende Handbewegung.
»Haben Sie das Studium geschmissen? Sind Sie ohne Job? Oder ist das hier«, Lüder ließ den Arm kreisen, »das Praxissemester in Soziologie?«
»Leck mich. Nicht persönlich, sondern das System.«
»Also ... Ohne Abschluss. Kein Job. Hartzer«, stellte Lüder fest.
Siebeneich bestätigte es durch das Zeigen des Mittelfingers.
»War das schon eine Miefbude, als Deutzmann und Klingbiel noch hier hausten?«
»Deutzmann ist zurück zu den Ossis. Der macht jetzt drüben einen auf Establishment.«
»Sind Sie Historiker? Das sind seit Jahrzehnten die neuen Bundesländer.«
»Fuck you.«
»Und Klingbiel?«
Siebeneich hob kurz die Schultern an.
»Der möchte diese Lasterhöhle nicht. Schließlich hat er sich für ein neues Leben entschieden. Er ist gläubiger Moslem geworden.«
Die Antwort bestand aus einem zynischen Auflachen. »Jan? Hab das auch gehört. Da lachen die Hämorrhoiden. Der muss total bekifft gewesen sein. Nix, Schwager. Das hätten wir mitgekriegt. Jan war so unreligiös, der hätte gegenüber dem Barden Unheilig Regressansprüche geltend machen können, weil er noch unheiliger war. Jan war in Beziehung zu irgendeinem Gott so was wie der Neptun der Gesellschaft.«
Neptun war der am weitesten von der Sonne entfernte Planet unseres Sonnensystems. Lüder glaubte, das Bild verstanden zu haben.
»Kann es sein, dass er zum Islam bekehrt wurde, ohne dass es seine Freunde oder seine Umgebung gemerkt haben?«
Siebeneich bohrte mit dem kleinen Finger in den Zähnen, besah sich das Ergebnis, und als er schließlich fündig wurde, schnippte er den Speiserest auf den Teppich.
»Gibt ja Leute, die machen so was undercover. So einer war

Jan nicht. Lebensfroh, hat gesoffen wie ein Loch, keine Schnecke stehen gelassen ...«
»... und gekifft?«, fragte Lüder.
»In Maßen. Mit ›ß‹, nicht mit ›ss‹«, erklärte Siebeneich.
»Wie war das Studium?«
Jetzt wanderte der Finger ins Ohr. Dabei hielt Siebeneich den Kopf schief.
»War ein cleveres Kerlchen, der Jan. Hat alles im Vorbeigehen mitgenommen.« Siebeneich tippte sich an die Stirn. »Ich mein, sein Entree zum Brägen war größer als bei den Normallutschern.«
»Sie meinen damit, er habe eine bessere Auffassungsgabe als andere. Er hat einen guten Abschluss hingelegt?«
»Das hätte für zwei gereicht. Wäre Marx mit seiner Theorie von der Vergesellschaftung nicht gescheitert, wäre ich jetzt auch Master«, antwortete Siebeneich konfus.
»Diese Bude ist keine gute Startbahn für den Abflug in ein erfolgreiches bürgerliches Arbeitsleben«, sagte Lüder.
»Scheiß der Hund drauf. Du tönst genauso wie Jan. Der war auch angepasst. Wir haben alle gedacht, der kriegt 'nen Sonderschuss und wird sofort Studienrat, so wie der drauf war.«
»Sie haben sich an der Uni kennengelernt?«
»Wir haben das Seminar in der Politikwissenschaft aufgemischt.« Der Anflug eines Lächelns zeigte sich auf Siebeneichs Gesicht. »Und plötzlich, kaum hatte er den Master im Sack, haut der Stinkstiefel ab. Einfach so. Ohne was zu sagen. Keine Ahnung, wohin. Dem müssen sie was in den Tee gekippt haben. Oder er wurde shanghaid. Anders kann das nicht sein. Irgend so ein Kammerjäger hat ihn geklont. Der, von dem man erzählt, er sei Jan, ist es bestimmt nicht. Nein. Mir kann man nichts erzählen. Jan Klingbiel würde so etwas nie machen. Ist doch alles Scheiße. Alles.«
»Dann sehen Sie zu, dass Sie aus dem Mist herauskommen, ich würde damit anfangen, hier aufzuräumen und sauber zu machen«, schlug Lüder vor.
»Eh – vielleicht ist Jan in den Staaten 'nem arabischen Guru begegnet.«
»Klingbiel war in den USA?«

»In den letzten beiden Semestern. Keinen Dunst, wer ihn gesponsert hat. Im letzten Semester war er sogar zwei Mal drüben.«
»Hat er gesagt, was er da wollte?«
Siebeneich rülpste, ohne sich dafür zu entschuldigen. »Ich hab ihn genesaid.«
»Was haben Sie?«
»Ausgefragt. Ge-N-S-A-id. Wie ›Nachbarn-Spionieren-Arschlöcher‹. Also, für Gruftis wie Sie: Ich habe versucht, ihn auszufragen. Er war bei Peter Stuyvesant, dem Zigarettenerfinder. Der Typ hat doch angeblich New York gegründet. Hat Jan zumindest vorgebellt. Keine Ahnung, was er da gemacht hat. Mit einer Ami-Mieze Bodenturnen gemacht? Kann ich mir nicht vorstellen. Und zum Koksen fährt man nach Rotterdam, aber nicht zu den vereinigten Puritanern. Amis. Ich lach mir 'nen Ast. Der Papst sollte seinen Wohnsitz nach Amerika verlegen, so heilig, wie die sich geben. So. Nun ist mein Band alle.« Siebeneich bewegte den Zeigefinger. »Lass die Junkies in Peace. Die tun keinem was.«

Mit dieser Botschaft entließ er Lüder.

Es war merkwürdig, dass der Vater und der ehemalige Mitbewohner sich Klingbiels plötzliche Hinwendung zum extremen Islam nicht erklären konnten. Was mochte Klingbiel bewogen haben, sich quasi über Nacht aus seinem bisherigen Leben zu lösen und ein religiöser Extremist zu werden?

Lüder musste sich auf die früheren Ermittlungen stützen. Auch die Akte »Abd-al-Qadir«, wie sich Klingbiel nun nannte, bot keine weiteren Anhaltspunkte. Der neue Name bedeutete »Diener des Mächtigen«. Damit war Allah gemeint, hatte Mennchen erklärt. Irrte der Verfassungsschutz an dieser Stelle? Hatte sich Klingbiel von einem anderen, irdischen Mächtigen kaufen lassen? Kaum, dachte Lüder. Das wäre im Islam eine Verhöhnung Allahs. Und die Videobotschaften erweckten nicht den Eindruck, dass Klingbiel konträr zu den Gotteskriegern stand.

Lüder versuchte, einen Ansprechpartner bei einer in Kiel ansässigen Reederei zu finden. Das Unternehmen war ihm vom Namen bekannt. Er musste sich durch mehrere Stationen durchfragen, bis er bei einem Mitglied der Geschäftsführung Gehör fand.

»Es ist schon reichlich spät«, sagte der Mann mit der sonoren Stimme. »Wann möchten Sie das Gespräch führen?«

»Möglichst kurzfristig«, bat Lüder.

»Sind Sie flexibel genug, jetzt sofort zu kommen?«

Zehn Minuten später parkte Lüder auf dem Besucherstellplatz an der Kiellinie, wie das ehemalige Hindenburgufer direkt an der Förde heute hieß. Die Reederei residierte in einem schneeweiß getünchten Jugendstilbau. Von der Straße aus war der moderne Glasanbau an der Rückfront kaum zu erkennen.

»Beuthin«, stellte sich der Mann mit dem straff nach hinten gekämmten Haar vor. Nicht nur die Stimme, auch das äußere Erscheinungsbild ähnelte dem Burgschauspieler Heinz Reincke, von dem viele nicht wussten, dass er Kieler war.

Das Büro strahlte Erhabenheit aus. Die hohe Stuckdecke und die schwere Mahagonieinrichtung passten zum Ambiente einer Traditionsreederei.

»Landeskriminalamt?«, fragte Beuthin zur Eröffnung. »Haben wir Schnaps geschmuggelt? Den Linie Aquavit schippern unsere norwegischen Kollegen einmal rund um die Welt.«

»Ich möchte von Ihnen nur ein paar Informationen als Experte im Seeverkehr«, erklärte Lüder.

Beuthin lehnte sich zurück. »Darf ich Ihnen etwas anbieten?«, fragte er und warf ein Blick auf eine Messinguhr, die einem alten nautischen Anzeigeinstrument nachempfunden war. »Um diese Zeit gibt es keinen Kaffee mehr. Einen Sherry? Einen Port? Oder bevorzugen Sie harte Sachen?«

Lüder lehnte dankend ab. »Wie sensibel ist die Seeschifffahrt?«

Beuthin lächelte Lüder amüsiert an.

»Ist das eine ernst gemeinte Frage?«

»Wir müssen uns nicht über die Globalisierung unterhalten«, sagte Lüder, »auch nicht das Für und Wider abwägen. Was ist, wenn es zu Störungen im weltumspannenden Seeverkehr käme?«

»Dann würde alles zusammenbrechen. Der Austausch fast aller Konsumgüter würde zum Erliegen kommen. Lassen wir grundsätzliche Erwägungen nach Arbeitsbedingungen und

Lohndumping, Ausbeutung und wie auch immer Sie es nennen wollen, außen vor, dann würden viele Regale in unseren Geschäften leer bleiben. Was meinen Sie, wo unsere Kleidung produziert wird? Hemden, T-Shirts, Jeans ... Das kommt alles aus Asien. Ganz abgesehen von der Elektronik. Wir in der Alten Welt sind auf diesem Gebiet nur noch Konsumenten. Umgekehrt beliefern wir die Welt mit unseren Hightechprodukten. Unsere Autos, unsere Maschinen und, von vielen kaum wahrgenommen, hier produzierte Lebensmittel. Unsere Wirtschaft würde zusammenbrechen. Wir wären gar nicht mehr in der Lage, uns selbst zu versorgen. Der Welthandel in seiner heutigen Dimension ist ohne ein erdumspannendes Logistiksystem nicht mehr denkbar. Um dem gerecht zu werden, gibt es ein gewaltiges Wettrüsten der seefahrenden Nationen. Es gilt, immer größere Schiffe zu bauen, die noch mehr Container laden können. Es klingt nicht pathetisch, wenn wir bei den Schiffen der neuesten Generation von den Giganten der Weltmeere sprechen.«

»Man sagt, Amerika habe den Anschluss verpasst, weil es dort keine Häfen für die großen Schiffe gebe.«

»Richtig.«

»Bedeutet das auch, dass in absehbarer Zeit geografisch benachteiligte Häfen wie Hamburg abgekoppelt werden?«

»Ja und nein.« Beuthin beugte sich vor und legte die Fingerspitzen zu einem Dach zusammen. »Aus natürlichen Gründen ist irgendwann Schluss. Sie kommen mit den Riesenschiffen, die irgendwann kommen werden, nicht mehr die Elbe hinauf.«

»Oder durch den Nord-Ostsee-Kanal«, warf Lüder ein.

»Auch das nicht. So tief können Sie die Elbe nicht ausbaggern oder den Kanal verbreitern.«

»Das bedeutet, der Seeverkehr wird sich auf andere Häfen verlagern, zum Beispiel nach Rotterdam?«

Beuthin wiegte den Kopf. »So kann man es nicht sagen. Natürlich müssen Sie etwas unternehmen. Auf unseren wenigen Seewasserstraßen können Sie nur mit geeigneten Schiffen etwas bewegen. Im wahrsten Sinne des Wortes. Ich möchte sehen, ob die Umweltschützer bereit sind, die Handelsgüter wie im Mittelalter zu treideln. Deutschland ist das Land der Innovation.

Man rühmt uns für unsere Technologie, unsere Planung und unsere Fähigkeit, das auch umsetzen zu können. Was nützt ein Riesenschiff, wenn Sie unendlich lang benötigen, es zu be- oder zu entladen? Darin liegt unsere Stärke. Aufgrund unserer geografischen Struktur müssen wir irgendwann bei ›größer‹ passen. Aber bei ›schneller‹ und ›effizienter‹ spielen wir in der ersten Liga. Darum beneidet man uns weltweit. Unsere Häfen sind führend bei Innovation und Realisierung von enormen Rechnerleistungen und Kommunikationsnetzen. Diesen Vorsprung müssen wir uns bewahren. Wir dürfen auch nicht auf Zeit spielen.«

»Jede Einschränkung aus Umweltgründen wäre demnach fatal?«

»Fatal?« Aus Beuthins Mund klang es wie ein Entsetzensschrei. »Das wäre Selbstmord. Ich habe viel Verständnis für die Bemühungen dieser Menschen, aber wir können nicht zurück in die Steinzeit. Man darf nicht vergessen, dass größere Ladungskapazitäten auch weniger Umweltbelastung bedeuten. Ein mittelgroßer Containerfrachter transportiert eine Menge, die – umgerechnet – einem neunzig Kilometer langen Güterzug entsprechen würde. Stellen Sie sich vor, man würde die Schiffe in Wilhelmshaven entladen und es kämen täglich nur vier davon an. Das würde bei dreihundertsechzig Kilometern, also vier mal neunzig Kilometern, und einer durchschnittlichen Zuglänge von einem halben Kilometer bedeuten, es würden täglich siebenhundertzwanzig Güterzüge durch Ihren Vorgarten rasen. Alle zwei Minuten käme ein Zug vorbei. Und das bei nur unrealistisch angenommenen vier Schiffen am Tag. Es ist eine Dreisatzaufgabe, sich auszurechnen, dass das gar nicht geht. Und bei meinem Beispiel habe ich von einem Güterzug gesprochen. Stellen Sie sich vor, die zwanzigtausend Container eines einzigen Schiffes würden auf Lkws verladen werden. Das wären zehntausend Fahrzeuge, die zusätzlich über unsere Straßen rollen würden. Pro Schiff! Ich glaube, anhand dieser wenigen Zahlen wird verständlich, welche Bedeutung die Seeschifffahrt für den Welthandel hat. Gerade wir Deutschen werden oft Vizeweltmeister des Handels genannt. Davon hängt unser aller Wohlstand ab. Es gibt also eine unabdingbare Kausalität zwischen Handel, Seeschifffahrt und unserem relativen Reichtum. Wenn ein Rädchen in diesem hochsensiblen Getriebe hakt, steht das ganze Uhrwerk still.«

Beuthin war in seinem Element. Trotz verschiedener Versuche Lüders, den Reeder zu bremsen, erzählte er von der Entwicklung der Schiffe, wo er die Technologie in den nächsten zehn Jahren sehe und wie sich die Wettbewerbssituation der Länder untereinander darstelle.

»Leider wird der Bildungskanon in unseren Schulen immer weiter beschnitten«, beklagte er sich. »Man glaubt, Geschichtsunterricht ist überflüssig. Wie sollen wir die Zukunft verstehen, wenn wir die Vergangenheit nicht kennen? Wer hat das noch gleich gesagt? Helmut Kohl? Na ja. Der ist mittlerweile auch Geschichte. England war einmal die unbestrittene Weltmacht. Das Imperium reichte rund um den Globus. Worauf beruhte diese Position? England war die Seemacht Nummer eins.«

Lüder gab Beuthin recht; sein Gegenüber machte keinen Hehl aus seiner Leidenschaft für die Seefahrt.

»Sie haben mir sehr geholfen.«

Beuthin legte sich fast auf die Schreibtischplatte, als er sich zu Lüder hinüberbeugte. »Verraten Sie mir, warum Sie das interessiert.«

»Die Globalisierung macht auch vor den Polizeibehörden nicht halt«, erklärte Lüder. »Wir müssen uns auch mit der neuen Welt auseinandersetzen.«

»So viel Beweglichkeit würde ich auch gern bei anderen öffentlichen Institutionen sehen«, schloss Beuthin die Unterhaltung, nachdem er vergeblich versucht hatte, Lüder zu einem »wirklich außergewöhnlichen Sherry« zu überreden.

Es war ein ereignisreicher Tag gewesen, dachte Lüder, als er die Heimfahrt antrat.

ACHT

Für Lüder war es ein Ritual, das er ungern missen würde. Das kurze morgendliche Gespräch mit Edith Beyer, der Becher Kaffee und der Blick in die Morgenpresse – so begann sein Arbeitstag. Heute wurde er unterbrochen. Dr. Starke erwartete ihn.
»Besuch – komische Typen«, sagte Frau Beyer. »Kamen hier ohne Anmeldung hereingeschneit. Wer ist das?«
»Keine Ahnung«, antwortete Lüder.
Er betrat das Büro des Kriminaldirektors ohne Anklopfen. Dr. Starke sah überrascht auf, verzichtete aber auf eine missbilligende Äußerung.
»Herr Ferrin von der Bundesanwaltschaft.« Der Abteilungsleiter nickte in Richtung eines schlanken Mannes mit schmalem Gesicht und Stirnglatze. Auf den ersten Blick wirkte er älter, als er vermutlich war. Lüder erkannte es an den Händen, die offenbar einem gerade Vierzigjährigen gehörten.
Zur Begrüßung tauschten sie einen Blick aus.
»Herr Kriegskotten ist vom BKA.«
Lüder verzichtete auf einen Händedruck. Die beiden waren ihm unsympathisch, obwohl sie noch keinen Ton von sich gegeben hatten. Es war die Körpersprache, die eine gewisse Arroganz ausstrahlte. Salopp formuliert hätte Lüder es als »geleckt« bezeichnet.
Kriegskotten hatte dunkle, straff nach hinten gekämmte Haare, die vor Gel glänzten. Er trug einen dunkelbraunen Anzug, der an einigen Stellen ebenfalls glänzte.
Lüder schob einen der Besucherstühle demonstrativ ein Stück zur Seite, um Abstand zwischen sich und den drei anderen zu gewinnen. Da Dr. Starke ihn nicht vorstellte, mussten sie über ihn gesprochen haben. Diese Erkenntnis versetzte Lüder in eine abwehrende Haltung.
Mit einer fast huldvoll wirkenden Geste erteilte der Abteilungsleiter Kriegskotten das Wort.
Der BKA-Mann hatte eine unangenehm schnarrende Stimme.

»Sie haben gestern die Eltern von Jan Klingbiel aufgesucht.«

»Mann, Sie sind ja richtig gut«, sagte Lüder und lehnte sich entspannt zurück. Sein zynisch klingender Tonfall signalisierte: Hier saßen sich Leute gegenüber, die keine Sympathie füreinander empfanden. Lüders Ablehnung beruhte auf Gegenseitigkeit. Lüder hatte es an der Reaktion Kriegskottens gespürt.

»Was hat es für eine Bewandtnis damit?«

Lüder drehte sich zu seinem Vorgesetzten hin.

»Um was geht es hier? Soll ich ein Kurzseminar über effektive Polizeiarbeit abhalten? Oder mich für meine Arbeit rechtfertigen?«

»Die Herren möchten wissen, weshalb Sie bei den Eltern waren.«

»Zum einen, um den Nachweis zu erbringen, dass die da schlecht informiert sind.« Er zeigte auf die beiden Besucher. »Die Eltern bestehen nur aus dem Vater. Die Mutter ist aus dem Verkehr gezogen.«

In Kriegskottens Gesicht zuckte kurz der Muskel unter dem Augenlid.

»Was hat die Mutter?«, fragte Ferrin.

Lüder grinste. »Datenschutz. Wir halten uns an die Gesetze.«

»Herr Dr. Lüders!« Es war ein milder Ordnungsruf seines Chefs.

»Sie sollten erst einmal erzählen, weshalb Sie sich für meine Ermittlungen interessieren.«

»Bundesrecht geht vor Landesrecht«, sagte Ferrin.

Lüder lachte laut auf. »Wollen Sie mich veräppeln? Mein Name ist Dr. jur. Lüders. Mit diesem Wissen sollten Sie das weitere Gespräch führen.«

»Wir ermitteln in einer ganz bestimmten Sache«, sagte Ferrin eine Spur versöhnlicher.

»In welcher?«

»Darüber kann ich nicht sprechen. Es geht um fundamentale Sicherheitsinteressen.«

Lüder lächelte entspannt. »Dafür habe ich volles Verständnis.«

Die drei anderen sahen Lüder erwartungsvoll an.

»Und?«, brach Kriegskotten schließlich das Schweigen.

»Was, und?«
»Sie wollten von Ihrem Grund berichten, weshalb Sie bei Klingbiels Eltern ... Vater«, berichtigte er sich, »waren.«
»Ich habe nur mein Verständnis für Ihre Verschwiegenheit ausgedrückt und erwarte Ihres für meine.«
»Sie trampeln wie ein Elefant im Porzellanladen herum und haben kein Gespür dafür, was Sie anrichten. Sie schrecken alles auf. Halten Sie sich aus Dingen heraus, die Sie nicht überblicken«, donnerte Kriegskotten los.
»Sie hätten ein Schild im Vorgarten des Vaters anbringen sollen. Vielleicht dekorativ an einem Maulwurfshügel. ›Hier ermittelt unterirdisch das BKA.‹« Lüder malte die Buchstaben andeutungsweise in die Luft. »Niemand hat uns informiert, dass Sie auf derselben Spur unterwegs sind. Geht es bei Ihnen auch um Mord? Oder kümmert Sie so etwas Triviales nicht? Gibt es einen geheimen Zusatz zum Strafgesetzbuch, dass Tötungsdelikte nicht verfolgt werden, wenn andere Interessen im Spiel sind? Und welche sind das?«
»Es geht um das Große und Ganze«, sagte Ferrin salbungsvoll.
»Das habe ich schon oft gehört«, erwiderte Lüder. »Nicht nur von Ihrer Besoldungsgruppe, sondern aus der Chefetage. In Berlin, in Bayern.«
»Es handelt sich um einen höchst komplexen Fall. Immerhin ist es so wichtig, dass wir sofort nach Kiel gekommen sind, um Ihnen ans Herz zu legen, sich nicht mehr einzuschalten.«
»Es gibt viele andere gute Gründe, in unsere schöne Stadt zu kommen. Mit Sicherheit gehört nicht dazu, Mordermittlungen zu behindern.«
»Was für *Mord*ermittlungen?«, fragte Ferrin.
»Offenbar fehlen Ihnen noch große Teile in Ihrem Puzzle. Wer hat Ihnen eigentlich zugewispert, dass ich gestern in Meldorf war?«
»Meldorf?« Kriegskotten war hellhörig geworden.
»Immerhin wissen Sie, dass Klingbiel senior in Marne wohnt. Sie schulden mir noch eine Antwort.«
»Wir können Ihnen keine vertraulichen Informationen offenlegen«, sagte Ferrin nach dem Austausch eines Blicks mit dem BKA-Mann.

»Soll ich die Kontakte zu den Medien nutzen und mich erkundigen, ob die etwas über geplante Attentate in der Bundesrepublik gehört haben?«

Beide, Ferrin und Kriegskotten, konnten ihre Überraschung nicht verbergen. Das war ungeschickt, überlegte Lüder. Eigentlich müssten diese Leute nicht nur geschult sein, sondern auch über Erfahrung darüber verfügen, wie man in den Gesichtern des Gegenübers las. Es war aber ein Unterschied, ob man Fragender war oder etwas zu verbergen versuchte.

Dr. Starke hatte den Mund leicht geöffnet. Das war ein Indiz für seine Ahnungslosigkeit.

»Es ist auch unser Ziel, präventiv Attentaten zuvorzukommen. Hier in Kiel verfügen wir über hinreichend Sachverstand, um eine Bedrohungslage einschätzen zu können. Klappert jemand nur mit einem Blecheimer oder mit einer Kalaschnikow? Manchmal wird allerdings auch mit einem amerikanischen Präzisionsgewehr M40 geklappert.«

»Wir bitten Sie«, sagte Ferrin, und es klang weniger aggressiv als bisher, »unsere Ermittlungen nicht zu stören.«

»Wenn Sie mir nicht sagen, in welchen trüben Gewässern Sie fischen, kann ich meine Angel nicht einziehen. Nennen Sie mir den Richter, der unterschreibt, dass wir die Mordermittlungen einstellen.«

»Klingbiel gilt nicht als verdächtig, ein Tötungsdelikt begangen zu haben«, erklärte Kriegskotten.

»Dann sollten Sie mich in Ruhe ermitteln lassen. Wenn ich zu dem Ergebnis komme, dass er unschuldig ist, können Sie es für sich verwerten.«

Ferrin sprach den Kriminaldirektor an. »Ziehen Sie Ihren Mitarbeiter ab«, sagte er schroff.

Dr. Starke öffnete den Mund, aber Lüder war schneller. »Das wird er nicht machen. Mein Chef ist auch Jurist. Er weiß, was das bedeutet. Ach ja«, Lüder sah Ferrin lange in die Augen, bis der die Lider herunterklappte, »mit welchen Winkelzügen haben Sie es geschafft, einen verurteilten Mörder aus der Haftanstalt zu holen und ihm eine neue Identität zu geben?« Lüder war einer plötzlichen Eingebung gefolgt.

Der Blick, den die beiden Besucher wechselten, war der nächste Fehler.

»Es ist wie auf dem Basar«, sagte Lüder. »Wir sind uns nicht handelseinig geworden. Also: Kein Deal.« Er zeigte auf das Fenster. »Wenn Sie schon einmal in Kiel sind ... Gehen Sie ein wenig an die Förde. Es lohnt sich.«

Dann verließ er ohne ein weiteres Wort den Raum.

In welches Wespennest hatten sie da gestochen?, fragte er sich. Es gab viele neue Fragen. Woher hatte das BKA so schnell gewusst, dass er bei Klingbiels Vater war? Oder hatte Siebeneich geplaudert? Dem hatte Lüder nichts vom Besuch in Marne erzählt. Und Lüder hatte nicht den Eindruck, dass der bekiffte Siebeneich sich das selbst zusammengereimt hatte. Außerdem hatten die beiden Besucher den ehemaligen Mitbewohner nicht erwähnt. Wollten sie damit von ihrem Informanten ablenken, oder war es Unwissenheit?

Schemenhaft zeichneten sich für Lüder Zusammenhänge ab. Offenbar nahm man bei der Bundesanwaltschaft und beim BKA die jüngsten Drohungen ernster, als man zugeben wollte. Vielleicht befürchtete man einen Anschlag, ohne Einzelheiten zu kennen. Sollten sich die Vermutungen als falsch erweisen, würde man dem BKA unterstellen, heiße Luft verbreitet zu haben. Niemand würde wiederholte falsche Warnungen ernst nehmen. Jan Klingbiels rätselhaftes Verschwinden, ohne jedes Vorzeichen, war ebenso dubios wie Carrettas Haftentlassung. Aus den Reaktionen der beiden hatte Lüder erkannt, dass hinter der Aktion die Bundesanwaltschaft steckte, möglicherweise auf Betreiben des BKA. Was konnte Carretta gewusst haben, das ihn das Leben gekostet hatte? Woher wusste die Gegenseite von Carrettas neuer Identität? Irgendwo musste ein Maulwurf stecken, denn die Sache war so geheim, dass selbst Frauke Dobermann und der sie deckende Staatsanwalt keinen Zugriff auf die Informationen erhielten.

Jan Klingbiel hatte in seiner Videobotschaft gedroht, die Infrastruktur der Bundesrepublik empfindlich zu treffen. Wenn es wirklich einen Zusammenhang gab, erklärte es Carrettas Interesse für die Seeschifffahrt. Und welche Bedeutung die für die gesamte Volkswirtschaft besaß, hatte ihm der Reeder Beuthin am Vortag eindrucksvoll aufgezeigt. War ein Attentat auf einen Hafen geplant? Oder auf den Nord-Ostsee-Kanal?

Er rief Frauke Dobermann in Hannover an und erzählte ihr von seinen Vermutungen.

NEUN

Frauke Dobermann starrte noch minutenlang das Telefon an. »In was für einer Bananenrepublik leben wir hier eigentlich?«, sagte sie zu sich selbst. Ganz bestimmt war die Mehrheit der Menschen im Land vom gleichen Ideal geprägt wie die Beamtenschaft, Richter und Justizpersonal und sich ehrenamtlich engagierende Freizeitpolitiker in den Kommunen. Gab es – wenn auch noch so vertrauliche – Gründe, unsere Rechtsordnung zu ignorieren? Wenn Dr. Lüders recht hatte, müssten die Ermittlungsbehörden zusammenarbeiten und sich auch Bundesanwaltschaft und Bundeskriminalamt kooperativ verhalten. Für die Mitglieder ihres Teams konnte sie sich verbürgen. Mochte jeder Einzelne auch seine Gewohnheiten oder gar Macken haben, an der Loyalität gab es keinen Zweifel. Dr. Lüders arbeitete sicher unkonventionell, aber er stand stets für das geltende Recht ein.

Frauke Dobermann fragte sich manchmal, welches Motiv den Kieler leiten mochte. Mit seinen Fähigkeiten würde er sicher in der sogenannten freien Wirtschaft lukrativere Beschäftigungen finden. Die beiden Husumer – sie lächelte bei dem Gedanken an sie – waren ein besonderer Fall. Während ihrer Flensburger Zeit hatte Frauke Dobermann sich manches Mal über die beiden geärgert, wie sie die Kompetenzen überschritten, sich in Dinge einmischten, die sie zum einen nichts angingen und von denen sie zum anderen nichts verstanden. Ganz bestimmt war die Polizei der ehemaligen Direktion Husum besonders tüchtig.

Man stand dort vor einer besonderen Herausforderung. Ein überaus großes Gebiet, sehr dünn besiedelt, das mit wenigen Kräften abgedeckt werden sollte. Und dazu die nur hier anzutreffende Konstellation: Fünfzehn Inseln und Halligen gehörten auch noch zum Einsatzbereich. Husum hatte keine »Mordkommission«, wie das K1 im Volksmund genannt wurde. Trotzdem hatten sich Christoph Johannes und Große Jäger immer wieder in Todesfallermittlungen eingemischt. Überhaupt! Große Jäger. Merkwürdig, dachte sie. Niemand würde diesem schmuddeligen

Gesellen freiwillig die Hand geben wollen, aber jeder mochte ihn.

Frauke hatte sich nicht vorstellen können, dass sie irgendwann einmal mit den Husumern zusammen ermitteln würde. Polizeiarbeit war Ländersache. Und Niedersachsen war eine andere Welt.

Frauke rief in der Justizvollzugsanstalt Meppen an.

»Um was geht es?«

»Ich habe Fragen zu Stéphane Ruffier.«

Es herrschte betretenes Schweigen in der Leitung.

»Was sagten Sie? Wer sind Sie?«

»Erste Kriminalhauptkommissarin Dobermann vom LKA Niedersachsen. Ich leite die Ermittlungen im Mordfall Stéphane Ruffier.«

»Ja ... äh ... Dazu kann ich nichts sagen.«

Der Leiter der JVA sei nicht zu sprechen, erklärte man ihr. Auch sein Stellvertreter sei nicht erreichbar. »Sonst ist niemand im Hause, der Ihre Fragen beantworten kann«, sagte der Mitarbeiter bedauernd.

»Wann sind die Herrschaften ansprechbar?«, wollte sie wissen.

Frauke hörte, wie die Leitung stumm geschaltet wurde. Es dauerte ein paar Minuten, bis sich die Stimme wieder meldete.

»Das kann ich Ihnen nicht sagen.«

»Verdammt. Ich *will* sofort mit einem kompetenten Ansprechpartner reden«, rief Frauke Dobermann ins Telefon.

»Was erlauben Sie sich«, antwortete ihr Gesprächspartner empört.

»Ich? Sie blocken alles ab. Irgendein Entscheidungsträger muss doch anwesend sein. Sonst geben Sie mir den Chefkoch, falls der im Augenblick das Kommando führt.«

»Es ist alles gesagt worden«, erklärte der JVA-Mitarbeiter und sagte unfreundlich: »Auf Wiederhören.«

Es gab keine Zweifel daran, dass man nicht mit ihr sprechen wollte.

Kurz entschlossen setzte sie sich ins Auto und fuhr ins Emsland. Die A2 war wie üblich stark frequentiert. Der Weg führte sie über die vielen Autofahrern bekannten neuralgischen Punkte. In Bad Nenndorf und bei Exter gab es Staus, nach dem Abzweig bei Bad Oeynhausen quälte sie sich um die Kurstadt herum. Hier wartete man seit gefühlten Jahrzehnten auf den Lückenschluss zur A 30, die wiederum mit einer endlosen Kolonne von holländischen Lkws überraschte. Erst nachdem sie auf die A 31 Richtung Emden abgebogen war, kam sie zügig voran.

Die JVA Meppen lag in der Nähe der Autobahn weit von der emsländischen Kreisstadt entfernt. Gegenüber dem Gefängnis führte die Straße »Am Friedhof« ins Nichts.

Das galt nicht für Stéphane Ruffier alias Dottore Alberto Carretta, dachte Frauke Dobermann grimmig. Für den war der Friedhof die ungeplant vorzeitig erreichte Endstation seines Lebensweges gewesen, der ihn unter anderem durch viele Facetten der Schwerkriminalität geführt hatte. Das rechtfertigte aber nicht den Mord an ihm.

Sie stellte ihren Audi A3 auf dem Parkplatz vor der hohen Mauer ab und betätigte die Gegensprechanlage.

Nachdem sie ihren Namen genannt und die Bitte geäußert hatte, den Einrichtungsleiter sprechen zu wollen, wurde sie gefragt, ob sie einen Termin habe.

»Ja«, log Frauke Dobermann.

Der hinter dem Sicherheitsglas nur schemenhaft erkennbare Beamte fragte nach und meldete sich darauf.

»Da weiß niemand etwas von einer Verabredung.«

»Dann finden Sie heraus, wer das verschlampt hat. Glauben Sie, ich komme von Hannover hierher, um vor der Tür zu stehen? Aber sputen Sie sich.«

Erneut telefonierte der Mann, zwischendurch fragte er bei Frauke Dobermann nach: »Mit wem haben Sie gesprochen?«

»Haben Sie so viele Leute in der Leitung? Offensichtlich ist das bei Ihnen eine lange Leitung.«

Es war eine längere Rückfrage erforderlich, bis der Beamte sagte: »Wir können Sie nicht hereinlassen.«

»Gut. Dann komme ich morgen wieder. Mit einem Richter, einem Staatsanwalt und einem Repräsentanten des Justizministeriums. Glauben Sie, ich unternehme einen Betriebsausflug?«

Statt einer Antwort ertönte der Summer, und Frauke konnte in den Vorraum eintreten. Sie wurde aufgefordert, Dienstausweis, Dienstwaffe und Handy abzugeben und das Portemonnaie zu hinterlegen. Das galt auch für den Schlüsselbund.

Dann öffnete sich die zweite Tür der Schleuse, und sie wurde von einem uniformierten Justizvollzugsbeamten erwartet, der sie schweigend in den Verwaltungstrakt führte.

Ein Mittfünfziger erwartete sie. Er stand von seinem Schreibtisch auf, kam ihr entgegen, reichte ihr die Hand und sagte: »Hauptmann.« Dann bot er ihr einen hölzernen Stuhl an seinem Schreibtisch an.

»Wir konnten nicht feststellen, mit wem Sie verabredet waren.«

»Mit dem Leiter.«

»Der ist nicht im Hause.«

»Dann möchte ich mit seinem Vertreter sprechen.«

»Das ist nicht möglich.«

Frauke Dobermann klopfte mit den Knöcheln auf die Tischplatte. »Sind Sie hier von allen guten Geistern verlassen? Ich will sofort Einsicht in die Akte Alberto Carretta haben.«

»Auch das ist nicht möglich.«

Immerhin leugnete Hauptmann nicht, ihn zu kennen.

»Doch. Sie holen jetzt die Unterlagen, und ich lese sie durch.«

»Das kann ich nicht entscheiden.«

»Heißen Sie Hauptmann und sind doch nur Gefreiter?«, fragte Frauke Dobermann in einem groben Tonfall.

»Ich bitte Sie –«, beklagte sich Hauptmann, aber sie schnitt ihm das Wort ab.

»Sie sollen nicht bitten, sondern tun. Ich will wissen, warum Carretta nach Meppen verlegt wurde. Wer hat das veranlasst? Der Mann ist wegen mehrfachen Mordes, Bildung einer kriminellen Vereinigung und anderer Straftaten zu lebenslanger Haft verurteilt worden. Zudem wurde vom Gericht die besondere Schwere der Schuld festgestellt. Der wäre nie wieder in Freiheit gelangt. Solche Kaliber haben Sie nicht in Meppen. Ihre sogenannten Langzeitgefangenen haben maximal zehn Jahre. Allein das ist merkwürdig. Zweitens möchte ich wissen, wer Carrettas Haftentlassung veranlasst hat.«

Hauptmann machte ein bekümmertes Gesicht. »Das ist ein schwieriges Thema.«

»Sicher«, sagte Frauke Dobermann. »Deshalb bin ich hier. Sonst hätte ich unseren Postboten geschickt.«

»Ich habe auch keinen Zugang zu diesen Informationen«, gestand Hauptmann kleinlaut.

»Dann holen Sie Ihren Vorgesetzten. Aber sofort.«

»Der Leiter ist nicht im Hause. Und jemand anders kann Ihnen keine Auskunft erteilen.«

»Gut«, sagte Frauke Dobermann, fragte pro forma: »Darf ich?«, und griff zum Telefon, ohne die Antwort abzuwarten. Sie wählte, lauschte und forderte dann: »Geben Sie mir Staatsanwalt Holthusen.«

Kurz darauf meldete sich der Staatsanwalt.

»Dobermann. Ich bin hier in der JVA Meppen und stoße auf unglaubliche Zustände. Man verweigert die Mitarbeit, setzt sich einer polizeilichen Vernehmung entgegen, Beweismittel sind nicht zugänglich, und die Vermutung, dass man Straftaten deckt, ist nicht von der Hand zu weisen. Wir müssen hier vor Ort ermitteln. Und zwar mit ganz großem Kaliber.«

»Frau Dobermann«, sagte Holthusen für Hauptmann unhörbar, »ich habe Ihnen schon erklärt, dass mir die Hände gebunden sind. Wir kommen in diesem Fall nicht weiter. Alle Möglichkeiten sind ausgeschöpft.«

»Danke, Herr Staatsanwalt. Das wollte ich hören. Also! Morgen steigt die Aktion. Ich freue mich darauf.«

»Was für eine Aktion?«, hörte sie Holthusen noch fragen, bevor sie auflegte. Dann suchte sie den Blickkontakt zu Hauptmann und zeigte auf das Telefon. »Sie haben es mitbekommen. Morgen bin ich erneut hier. Aber in großer Besetzung. Der Staatsanwalt besorgt die richterlichen Beschlüsse. Es wird unangenehm für alle, die hier mauern.«

»Niemand mauert hier«, erklärte Hauptmann beeindruckt.

»Warten Sie.« Er sprang auf und verließ den Raum. Nach wenigen Minuten kehrte er zurück.

»Wir haben uns entschlossen —«, sagte er noch von der Tür aus.

»Wer ist ›wir‹?«, unterbrach ihn Frauke grob.
»Ich habe mit dem Verantwortlichen gesprochen.«
»Dem Leiter, der sich meinen Besuch verbeten hat?«
Hauptmann ging nicht darauf ein. »Die Akte Carretta ist nicht zugänglich. Sie liegt nicht mehr vor.«
»Wollen Sie mich für dumm verkaufen?«
»Nein. Sie ist abgeholt worden. Ich kann Ihnen wirklich nicht sagen, weshalb der Strafgefangene zu uns verlegt wurde. Es hat uns in Erstaunen versetzt. Eine Erklärung haben wir nicht erhalten. Abgesehen davon hatte ich persönlich nie Einblick in die Unterlagen.«

Das war eine interessante Information, dachte Frauke Dobermann.

»Sie wollen sagen, dass die Akte Carretta von Beginn an durch den Leiter der JVA geführt wurde?«

»Nicht von mir«, wich Hauptmann aus.

»Wer hat seine Freilassung angeordnet? Gab es einen richterlichen Beschluss?«

Hauptmann biss sich auf die Lippen.

»Los. Raus mit der Sprache. Oder haben Sie ihn laufen lassen?«

»Natürlich nicht«, widersprach der Beamte sofort. »Aber ... Es war kein richterlicher Beschluss.«

»Sondern?«

In Hauptmanns Gesicht arbeitete es. »Können Sie mich aus dem ganzen Fall heraushalten?«, fragte er. Man sah ihm an, dass er sich unbehaglich fühlte.

»Ich verteile keine Persilscheine.«

»So meine ich das auch nicht. Ich bin am Entscheidungsprozess nicht beteiligt gewesen. Aber Carretta wurde aufgrund einer Ministerweisung freigelassen.«

»Bitte?«, fragte Frauke überrascht. »Wo gibt es so etwas? Darüber hat einzig ein Richter zu entscheiden.«

»Es steht mir nicht zu, das zu beurteilen. Wir sind Beamte. Ich bin ohnehin nur jemand aus dem zweiten Glied«, versuchte Hauptmann, seine Beteiligung kleinzureden. »Unser Dienstherr ist der Minister. Wenn er etwas anordnet, haben wir Folge zu leisten.«

»Sie können sich doch nicht einfach über Recht und Gesetz hinwegsetzen.«
Hauptmann hielt Daumen und Zeigefinger einen winzigen Spalt auseinander. »Ich bin so ein kleines Licht.«
»Weil das Ganze so dubios ist, haben sich Ihre Vorgesetzten verleugnen lassen«, stellte Frauke fest.
Hauptmann zuckte nur mit den Schultern.
»Da werden einige Herren etwas zu erklären haben.«
»Noch etwas«, sagte Hauptmann und senkte die Stimme. »Das ist inoffiziell. Aber der Strafgefangene wurde abgeholt.«
»Von wem?«
»Von zwei Männern in einem BMW mit verdunkelten Scheiben.«
»Das könnte eine Szene aus einem Spionagefilm sein«, dachte Frauke laut. »Haben Sie Aufzeichnungen von der Überwachungskamera?«
»Die mussten wir löschen. Aber ich habe mir das Kennzeichen gemerkt.« Er kramte einen handgeschriebenen Zettel hervor.
Frauke Dobermann streckte die Hand aus. Doch Hauptmann schüttelte den Kopf und war nur bereit, die Buchstaben-Zahlen-Kombination vorzulesen.
»AB«, sagte Frauke. »Das ist Aschaffenburg. Wie sinnig.« Nachdenklich machte sie sich auf den Heimweg nach Hannover.

Kriminaloberrat Ehlers hörte sich Frauke Dobermanns Bericht an. Sie hatte bei ihren Erzählungen ihre Vorgehensweise unerwähnt gelassen.
»Die vorab mündlich vorgetragene Beschwerde aus Meppen besagt etwas anderes«, erklärte Ehlers im Anschluss.
»So?« Frauke Dobermann zog eine Augenbraue in die Höhe. »Inhaltlich?«
Ehlers rückte seine Brille zurecht. »Es geht um Ihr Auftreten. Sie sollen Mitarbeiter unter Druck gesetzt und sich unziemlich benommen haben.«
»In welcher Weise?«
»Ich kenne nur das Schlagwort. Wie würden Sie es darstellen?«
»Wir haben eine sachliche Diskussion geführt, in deren Ver-

lauf der Gesprächspartner in Meppen eingesehen hat, dass die Verweigerungshaltung unrechtmäßig ist.«

»Und was ist mit angeblichen Drohungen, die Sie vorgebracht haben sollen?«

»Ich? Drohungen?«

»So sagt man.«

»Dann lassen Sie mich hören, was man gegen mich vorbringt.«

Ehlers musste passen. »Mehr weiß ich nicht. Wenn etwas an den Vorwürfen dran ist, müsste ich prüfen, ob ich Sie formell ermahne.«

»Ich lasse es darauf ankommen. In meiner Gegenrede würde ich Bezug nehmen auf das Unterdrücken von Beweismaterial durch Behörden. Wir würden ein ziemlich großes Rad drehen.«

Der Kriminaloberrat lehnte sich zurück und legte die gefalteten Hände vor sich auf die Schreibtischplatte.

»Ich möchte Ihnen keine Verhaltensmaßregeln erteilen, aber vielleicht versuchen Sie es auch einmal mit dem Florett und nicht immer nur mit dem schweren Säbel.«

»Es muss schon erlaubt sein, mit Pulverdampf zu antworten, wenn es gilt, ein massives Bollwerk zu überwinden.« Sie zeigte auf das Telefon. »Haben Sie mit Holthusen gesprochen?«

Ehlers stöhnte leise auf. »Frau Dobermann! Ich schätze Ihr Engagement und Ihre außerordentlichen Fähigkeiten, aber ... können Sie nicht von *Herrn* Holthusen oder zumindest von *Staatsanwalt* Holthusen sprechen?«

»Nein«, sagte sie und lächelte verschmitzt.

Der Kriminaloberrat winkte ab. »Alles, was aus Flensburg kommt, liegt schwer im Magen. Punkte in der Verkehrssünderdatei, Rum und Sie.«

»Die ersten beiden Dinge können Sie vermeiden.«

Jetzt lächelte auch Ehlers.

Sie kehrte in ihr Büro zurück und startete eine Halterabfrage zu dem Kennzeichen, das sich Hauptmann in Meppen notiert hatte. Sie war nicht überrascht, als sie erfuhr, dass es sich um ein gesperrtes Kennzeichen handelte. Anschließend nahm sie Kontakt zu Dr. Lüders auf und berichtete von den neuen Entwicklungen.

ZEHN

Es war ein längeres Telefonat gewesen, bis Frauke Dobermann auf Lüders hartnäckiges Nachfragen ihre Vorgehensweise schilderte, mit der sie die aufschlussreichen Informationen gewinnen konnte.

»Mit Ihnen möchte ich es auch nicht zu tun bekommen«, kommentierte er den Bericht der hannoverschen Hauptkommissarin. »Die Ministerweisung kam aus dem Justizministerium. Das ist der JVA vorgesetzt. Die Verantwortlichen in Meppen befanden sich in einem Dilemma. Sie sind weisungsgebunden. Ich kann mir nicht vorstellen, dass man Carretta aufgrund eines Anrufs freigelassen hat. Es gibt folglich eine vom Minister oder seinem Staatssekretär unterschriebene Verfügung. Das könnte ein Aufhänger sein.«

»Wie wollen Sie darankommen?«, fragte Frauke Dobermann skeptisch.

»Vermutlich ist das nicht möglich. Freiwillig wird man sie uns nicht aushändigen. Wenn wir den Gedanken aber weiterspinnen, kommen wir zu dem Schluss, dass der Justizminister kaum einen Grund sehen dürfte, Carretta zu entlassen.«

»Sie meinen, der Innenminister steckt dahinter«, überlegte Frauke Dobermann.

»So würde ich es einschätzen. Und der ist für die innere Sicherheit zuständig. Irgendetwas brodelt hinter den Kulissen. Sonst hätten sich nicht die Bundesanwaltschaft und das BKA eingeschaltet. Man ist hinter verschlossenen Türen sehr nervös, möchte aber das vermeintliche Geheimnis streng hüten. Den Polizeibehörden der Länder traut man nicht zu, Vertraulichkeit zu wahren. Man unternimmt alles, um uns fernzuhalten. Darin sehe ich aber auch eine Chance. Ganz zurückziehen kann man uns nicht. Dafür haben im Wesentlichen Sie gesorgt, als Sie Druck gemacht haben, indem Sie Strafvereitelung im Amt unterstellten. Was auch immer ›von oben‹ angeordnet wird, bei den ausführenden Personen besteht auch die Angst, im schlimmsten Fall nicht gedeckt zu werden.«

»Sie meinen die ›Bond-Methode‹: Sollten Sie gefasst oder getötet werden, müssen wir leugnen, Sie zu kennen.«

»Jede vorgesetzte Stufe arbeitet wie Pilatus, lässt sich eine Schüssel reichen und wäscht die Hände in Unschuld. Ich habe eine Idee.«

»Welche?«, fragte Frauke Dobermann.

»Da möchte ich Sie nicht mit hineinziehen.« Man muss Druck machen, überlegte Lüder. Wenn man droht, alles an die Öffentlichkeit zu bringen, nicht die möglicherweise latente Gefahr für die Bundesrepublik, sondern die Vorgehensweise der Beteiligten an der bestehenden Rechtsordnung vorbei, könnte man Unruhe schüren. Das war ein Drahtseilakt, denn es gab auch den Geheimnisverrat. Und der hätte für jemanden wie Lüder schwerwiegende Folgen. Abgesehen davon war es nicht in seinem Interesse, dem Land und seinen Menschen Schaden zuzufügen.

»Ich werde mich der Sache annehmen«, versprach er der Hauptkommissarin.

Sie war nicht zufrieden und beklagte, jetzt auch bei Lüder in eine Sackgasse geraten zu sein.

Der versicherte, dass das nicht zutreffe.

»Ich werde zunächst versuchen, etwas über das gesperrte Kennzeichen herauszufinden«, versprach Lüder.

Seine Bemühungen, das Kennzeichen des Autos, mit dem Carretta in Meppen abgeholt worden war, herauszufinden, scheiterten ebenfalls. Dennoch hatte man einen Fehler begangen. Das auffällige Fahrzeug und das gesperrte Nummernschild ... Das war ein Zeichen von Arroganz, dass man andere Behörden und ihre Mitarbeiter unterschätzte.

Lüder suchte eine Münchener Telefonnummer heraus.

»Luther«, meldete sich eine mürrisch klingende Stimme.

»Moin, Martin«, sagte Lüder vergnügt. »Hier ist Ihr Lieblingskollege aus Kiel.«

Als Antwort folgte ein kräftiger Fluch auf Bayerisch, den Lüder nicht verstand. Der Hauptkommissar des Bayerischen Landeskriminalamts hatte mit Lüder im Fall des geplanten Anschlags auf die Münchener Sicherheitskonferenz notgedrungen zusammengearbeitet.

»Wir haben ein Fahrzeug identifiziert, das für eine Straftat verwendet wurde.«

»Dazu benötigen Sie nicht das LKA«, sagte Luther. »Wenden Sie sich an die örtliche Polizei.«

»Da bin ich gerade dabei.«

»Woll'n S' mi verorsch'n?«

»Ja.« Lüder wusste, dass Franz-Josef Luther die direkte Ansprache nicht als Beleidigung empfand. Wer derb austeilte, musste die Rechnung mit gleicher Münze entgegennehmen.

»Wollt ihr Fischköppe wieder einen Bus in München in die Luft jagen? Oder was bedrückt die Krabbenpuler? Eure Sachen stinken wie Fischmehl.«

»Wir sind ehrliche Leute und wollen den Schluchtenscheißern das Auto mit dem Kennzeichen ›AB‹ zurückgeben.« Lüder nannte das genaue Kennzeichen.

»Was ist damit?«

»Die Karre ist gegen eine Mauer gefahren. Ich fahre auch ein blau-weißes Modell und weiß, dass die im Allgemeinen sehr stabil sind.«

»›Weiß-blau‹ heißt das. Lernt der Saupreiß das nie?« Es folgte ein weiterer bayerischer Fluch.

»Meiden Sie die Region nördlich der Donau«, empfahl Lüder. »Sie werden dort umgehend wegen Sprachterrorismus inhaftiert.«

»Und das Auto ist in einen Unfall verwickelt? Gab es Verletzte?«

»Es war eine solide Mauer«, bestätigte Lüder.

»Ich melde mich wieder«, versprach Luther.

»Ich habe noch etwas gut bei Ihnen«, sagte Lüder.

»Nix da. Passen Sie gut auf, dass Sie die Grenzen Bayerns meiden. Kriminalrat Dopplmair ist ganz erpicht darauf, Ihnen was ans Leder zu flicken.«

»Keine Sorge. Ich trage nichts Krachledernes.«

Es dauerte eine halbe Stunde, bis Luther zurückrief.

»Was ist mit dem Auto? Ich würd schon gern genauer wissen, um welche Art Unfall es sich handelt.«

»Das hatte ich bereits erklärt. Es war eine Mauer.«

»Dann nennen Sie mir den Ort und die Dienststelle, die den Unfall aufgenommen hat. Wir werden alles Weitere veranlassen.«
»Die zuständige Polizeidienststelle ist das Landeskriminalamt Schleswig-Holstein, genau genommen der Polizeiliche Staatsschutz.«
»Jetzt verstehe ich nichts mehr«, bekannte Luther.
»Es ist von Nachteil, wenn man hohe Berge vor der Haustür hat. Im Flachland herrscht eben die Weitsicht.«
»Was ist nun mit der Mauer?«
»Die ist beschädigt«, erklärte Lüder. »Es war die Mauer aus Dummheit und dem Irrglauben, Landpolizisten für dumm verkaufen zu können. Viele Grüße an den Zwilling, ich meine, den Dopplmair.«
Das »Oorschloch, damisches«, das Luther ihm hinterherschickte, empfand Lüder nicht als Beleidigung. Dafür hatte er Gewissheit, dass das BKA oder das Bundesamt für Verfassungsschutz Carretta in Empfang genommen hatte. Warum konnte Luther auf die Daten zugreifen und andere Landespolizeibehörden nicht? Trotzdem war Lüder überzeugt, dass die Freistaatler aus dem Süden dieses Mal nicht involviert waren. Das war eine reine Bundesangelegenheit.

Lüder beschloss, Feierabend zu machen. Margit würde sich freuen, wenn er einmal nicht zu spät nach Hause kommen würde. Ob die Kinder diese Begeisterung teilen würden, wagte er nicht zu beschwören.
Am Tor zum Polizeizentrum Eichhof bildete sich ein kleiner Stau, als mehrere Mitarbeiter auf den Mühlenweg einbiegen wollten. Lüder folgte der schmalen Straße, um an der nächsten Auffahrt auf die »Stadtautobahn«, wie er die gut ausgebaute vierspurige Bundesstraße nannte, aufzufahren. Im Spiegel sah er, wie sich ein dunkelblauer Audi hinter ihm einreihte. Im Unterbewusstsein hatte Lüder registriert, dass der Wagen am Mühlenweg nahe dem Eingang zum Polizeizentrum geparkt hatte. Der Fahrer musste den Audi gewendet haben. In einer Stadt wie Kiel konnte es passieren, dass Fahrzeuge eine Weile neben- oder hintereinander herfuhren.

Lüder fädelte sich in den Feierabendverkehr ein und nutzte eine kleine Lücke, um auf die linke Spur zu beschleunigen. Der Fahrer des Sprinters hinter ihm blendete die Lichthupe mehrfach auf. Auch Lüders erhobene Hand als Geste der Entschuldigung schien ihn nicht zu besänftigen. Zumindest hatte er den Audi abgehängt. Er überquerte die Autobahn und musste kurz darauf eine Lücke auf der rechten Fahrspur finden, um an der nächsten Kreuzung abzubiegen. Drei Fahrzeuge hinter ihm fuhr der Audi. Lüder folgte anderen Autos, die den Großparkplatz vor dem Einkaufszentrum CITTI-PARK ansteuerten. Er fand eine frei werdende Lücke und beeilte sich, schnell ins Center zu gelangen. Aus den Augenwinkeln sah er, wie der Audi Ausschau nach einer Parkmöglichkeit hielt. Lüder tat, als hätte er die Verfolgung nicht bemerkt.

Es herrschte rege Betriebsamkeit. Das galt nicht nur für den Eingangsbereich, sondern auch für das Innere. Es war unmöglich, einen Schatten auszumachen, auch wenn Lüder unentschlossen an den Schaufenstern verweilte, die Buchhandlung aufsuchte und im Angebot der Regionalkrimis blätterte. »Tod in Wacken« von Heike Denzau hieß das Buch, in dem er minutenlang las. Er sah immer wieder hoch, konnte aber keine Auffälligkeiten entdecken. Schließlich trat er den Rückweg an, stieg in seinen BMW und ließ mit Bedacht anderen Autofahrern die Vorfahrt. Er hatte sich nicht getäuscht. Der blaue Audi hatte sich wieder an sein Hinterrad geheftet.

Bis zum Hedenholz, der Straße, in der er wohnte, war es nur eine kurze Entfernung. Jetzt war der Verfolger vorsichtiger. Der Audi vermied es, ebenfalls in die ruhige Wohnstraße einzubiegen. Daraus schloss Lüder, dass man seine Wohnadresse kannte und nicht auffallen wollte. Es war fast lächerlich. Der Audi hatte sich nicht geschickt genug angestellt. Vermutlich lag es daran, dass er ortsfremd war und einen zu geringen Abstand gewählt hatte, um den Anschluss nicht zu verlieren.

Lüder stellte den BMW sichtbar vor der Haustür ab und begrüßte seine Familie, zumindest den anwesenden Teil.

Er ließ sich Zeit, aß in Ruhe Abendbrot und vermied es, auf die Straße zu sehen.

Margit blickte ihn erstaunt an, als er anschließend zur Terrassentür ging.
»Wo willst du hin?«
Lüder lächelte. »Zigaretten holen.«
Sie sah ihn irritiert an.
Er nahm sie in den Arm und sagte: »Sind das noch die klassischen letzten Worte der Männer, die für immer verschwinden? Wie gut, dass ich Nichtraucher bin.«
»Wir haben Sommer. Warum nimmst du deine Jacke mit?«
»Ciao, Bella.«
Er verließ das Grundstück auf der rückwärtigen Seite, überquerte die Wiese mit dem See und stand kurz darauf auf dem kleinen Weg, der durch das Grün und an den Kleingärten vorbei ideale Möglichkeiten zum Spazierengehen bot. Durch den Bogen gelangte er in den Rücken des Beobachters, der gelangweilt neben dem Audi stand und die Straße hinabblickte. Er trug Jeans und hatte sich einen Pullover lose über die Schulter geworfen. Der Mann rauchte.

Lüder schlich von hinten an ihn heran. Das Warten wirkte einschläfernd, deshalb bemerkte ihn der Beobachter erst, als Lüder den rechten Arm des Mannes packte und nach hinten bog. Es war eine natürliche Reaktion, dass der Mann versuchte, dem Schmerz auszuweichen, und sich nach vorn beugte. Diese Bewegung nutzte Lüder aus, um den Arm auf den Rücken zu drehen.

»Jeder Widerstand wäre schmerzhaft«, warnte Lüder, schob seinen Fuß zwischen die Beine des Mannes und drückte sie auseinander. Dann zog er ihn ein Stück vom Auto weg.

»Die linke Hand aufs Autodach«, befahl er. Um seiner Forderung Nachdruck zu verleihen, bog er noch einmal den auf dem Rücken angewinkelten Arm durch.

Der Mann stöhnte auf und gehorchte. Jetzt legte Lüder auch den rechten Arm auf das Autodach. Durch die Schräglage konnte der Mann nicht schnell reagieren. Lüder bewahrte sich auf diese Weise vor einem überraschenden Gegenangriff.

»Warum verfolgen Sie mich?«, fragte er.
»Ich? Sie? Das ist ein Irrtum.«

»Die ganze Welt ist ein Irrtum«, sagte Lüder salopp. »Also?«
»Ich weiß nicht, wovon Sie sprechen.«
»Unsere Begegnung hier ist also reiner Zufall.«
»Hören Sie. Was soll das Ganze? Ich stehe hier und rauche, und plötzlich überfallen Sie mich.«
Lüder fingerte ein paar Einmalhandfesseln hervor und legte sie dem Mann an. Dann stellte er ihn wieder in Schräglage und klopfte ihn ab.
»Was haben wir denn da?«, fragte Lüder und ließ es überrascht klingen. »Eine Pistole. Darf man damit herumlaufen?«
»Lassen Sie das sein. Ich bin Polizist.«
»Siehe da.« Lüder nahm die Waffe an sich und steckte sie hinten in den Hosenbund. Dann öffnete er die Autotür, bugsierte den Mann auf den Fahrersitz und fixierte ihn mit einem zweiten Paar Handfesseln am Lenkrad. »Wo ist der Autoschlüssel?«
Der Mann zeigte durch Kopfnicken auf seine rechte Hosentasche. Lüder nahm die Schlüssel an sich.
»Papiere?«, fragte er.
»Ich bin Polizist. Genauso wie Sie. Hören Sie auf mit dem Theater.«
»Ich bin nur ein Statist. Drehbuch und Regie liegen in anderen Händen. Mir scheint, Sie haben auch nur eine Nebenrolle.«
Lüder ließ sich auf dem Beifahrersitz nieder und durchsuchte das Handschuhfach. Es war leer.
»Wer hat Sie beauftragt, mich zu observieren?«
»Niemand.«
»Und wie heißt Herr Niemand mit Vornamen?«
»Lassen Sie es gut sein, und wir vergessen das Ganze, ja?«
Lüder klopfte den Mann ab, der sich durch Wegdrehen davor schützen wollte, aber die gefesselten Hände hinderten ihn daran.
»Wo sind die Papiere?«
»Jetzt reicht es.« Der Mann wurde zornig.
»Aber, aber. Wir sind doch schon auf der Zielgeraden.« Auf dem Rücksitz fand Lüder einen leichten Sommerblouson. In der Innentasche steckte das Portemonnaie mit den Papieren.
Frank Herold war Oberkommissar des Bundeskriminalamts mit Dienstsitz in Wiesbaden.

»Ich dachte immer, nur den Ländern geht es schlecht«, sagte Lüder spottend. »Nun spart auch schon der Bund und schickt zur Observierung nur noch einen Beamten. Wann kommt die Ablösung?«

Herold hielt, soweit es möglich war, Lüder die Handgelenke entgegen. »Machen Sie mich los. Aber fix.«

Lüder schüttelte den Kopf und grinste.

»Das wird teuer«, drohte Herold.

»Hmh«, brummte Lüder. »Ich rufe jetzt die Schutzpolizei und behaupte, Sie seien ein Stalker.«

»Das ist doch absurd.«

»Die ganze Situation ist absurd. Was wollen Sie den Kollegen antworten? Nein! Ich bin kein Stalker, ich observiere nur einen Kriminalbeamten der Landespolizei. Warum? Das kann ich nicht sagen. Ich bin dumm. Ich weiß es nicht. Die Kollegen nehmen Ihre Personalien auf, und hinterher darf Kriegskotten sich eine gute Begründung für die ganze Aktion ausdenken. Wer glaubt den Blödsinn mit dem Zufall?«

Bei der Nennung des Namens »Kriegskotten« hatte Herold mit dem Augenlid gezuckt. Lüder hatte recht mit seiner Vermutung. Seit seinem Besuch bei Jan Klingbiels Vater war man bei der Bundesanwaltschaft und beim BKA verunsichert, insbesondere weil der Versuch, die Kieler auszuschalten, fehlgeschlagen war. Bestimmt war zu Kriegskotten und Bundesanwalt Ferrin auch schon die Information durchgedrungen, dass Frauke Dobermann bei ihren Ermittlungen vorangekommen war.

»Also? Spielen wir ›Stalker‹?«, fragte Lüder.

»Lassen Sie den Humbug. Kriegskotten wird sauer sein.«

»Freiheitsberaubung. Nötigung«, zählte Lüder auf. »Was haben wir noch? Ach ja. Ich werde Ihre Waffe mitnehmen.«

Es war die schlimmste Drohung gegenüber einem Polizeibeamten, ihn zu entwaffnen.

»Tun Sie das nicht«, bat Herold.

»Ich habe nichts gegen Sie persönlich und bedaure auch, dass Sie das Päckchen tragen müssen, das für Ihre Chefetage gedacht ist.«

Lüder warf den Autoschlüssel, das Portemonnaie mit den

Papieren und das Handy auf den Rücksitz des Audis, wünschte Herold noch einen schönen Abend und kehrte ins Haus zurück.

Zwei Stunden später plagte ihn das schlechte Gewissen. Er ging noch einmal zum Audi, der immer noch an derselben Stelle stand. Das Fahrzeug war leer, die Tür verschlossen. Lüder lächelte, als er durch die Scheibe blickte. Das Lenkrad lag auf dem Beifahrersitz. Herold musste so lange daran gezerrt haben, bis er es hatte herausbrechen können. Das war ein ordentliches Stück Arbeit gewesen.

Schade, dachte Lüder, dass ich bei der Besprechung nicht dabei sein kann, wenn dieser Vorfall erörtert wird.

Am nächsten Morgen suchte er als Erstes den Abteilungsleiter auf und berichtete, dass er am Vorabend eine »Auseinandersetzung« mit dem BKA hatte. Dr. Starke wollte Einzelheiten wissen, Lüder verschwieg jedoch, dass er Herold mit Handfesseln in dessen Auto fixiert hatte. Dann legte Lüder Herolds Pistole auf den Schreibtisch.

Der Kriminaldirektor sah entgeistert auf die Waffe.

»Sie haben *was* gemacht?« Er schluckte. »Das geht doch nicht!« Lüder zeigte auf die Pistole. »Doch. Sonst würde die nicht hier liegen.«

»Sind Sie von allen guten Geistern verlassen? Was soll jetzt geschehen?«

Lüder lehnte sich entspannt zurück.

»Warten wir es ab. Jetzt ist das BKA am Zuge. Wir müssen etwas unternehmen, sonst tanzen die uns auf der Nase herum. Fühlen Sie sich als leitender Beamter einer unbedeutenden Provinzbehörde?«

Er hatte Dr. Starke an dessen Achillesferse gepackt.

»Natürlich nicht.«

Lüder zögerte mit der Antwort, um die in der Luft liegende Spannung zu erhöhen.

»Eigentlich ist nichts geschehen. Oder wollen wir uns einen Maulkorb verpassen lassen wie in der Geschichte von Heinrich Spoerl?« Lüder zeigte auf sein Gegenüber. »Ich denke, Herr Dr. Starke, in dieser Geschichte spielen Sie die Rolle des Landesherrn und entscheiden, ob wir uns einen Maulkorb verpassen lassen.«

So tief hatte Lüder den Honigquast noch nie eingetaucht, bei seinem Vorgesetzten schon gar nicht. Obwohl sich das Verhältnis in der letzten Zeit ein wenig in Richtung Normalität verschoben hatte, traute er dem Kriminaldirektor immer noch nicht. Der Scheiß-Starke, wie Große Jäger ihn nannte, würde stets seinen persönlichen Vorteil suchen. Heute half Lüders Schmeichelei.

»Wir bewegen und auf schmalem Grat«, sagte der Kriminaldirektor. Er nahm einen Kugelschreiber zur Hand und drehte ihn. »Wenn es nicht Sie wären, würde ich die Aktion abblasen. Ich fürchte, mittlerweile steht Ihr Name bei vielen anderen deutschen Polizeibehörden auf der schwarzen Liste. Und nicht nur da. In Berlin dürfte man Ihnen auch nicht wohlgesinnt sein, nachdem Sie auch dort für reichlich Wirbel gesorgt haben.«

»Dabei ist es ganz einfach«, entgegnete Lüder. »Wenn die Leute sich rechtskonform verhalten und nicht versuchen, uns für dumm zu verkaufen, haben wir keine Berührungspunkte.«

»Machen Sie nicht zu viel Wirbel«, empfahl Dr. Starke.

Von seinem Büro aus rief Lüder Frau Dr. Braun an. Obwohl sie nur wenige Meter trennten, mochte es die Leiterin der Kriminaltechnik nicht, wenn man sie »überfiel«, wie sie es ausdrückte.

»Alle Mitarbeiter sind im Einsatz«, sagte sie zur Begrüßung. »Darüber hinaus gibt es auch bei uns Beamte und Angestellte, die Mütter und Väter sind.«

»Sie können viel«, unterbrach Lüder die Wissenschaftlerin. »Aber dass Sie in Ihrer Abteilung Kollegen haben, die Mutter *und* Vater sind, ist schon bemerkenswert. Der Regelfall ist, dass jemand Mutter *oder* Vater ist.«

»Ihre Scherze sind der Sache nicht dienlich«, sagte Dr. Braun pikiert. »Ich wollte Ihnen erklären, dass wir Sommer haben. Es dauert nicht mehr lange, bis die Ferien beginnen. Dann möchten die Familienväter ... die Mitarbeiter mit schulpflichtigen Kindern Urlaub haben. Jetzt sind jene unterwegs, deren Nachwuchs noch nicht schulpflichtig ist. Wir stehen hier ständig unter Stress. Da wird der Urlaub dringend benötigt.«

»Daran zweifelt niemand. Leider weist die Kriminalstatistik ausschließlich ledige kinderlose Täter aus. Die nehmen keine Rücksicht auf die Schulferien und sind auch während dieser Zeit aktiv.«

»Ist das ...? Herr Lüders! Sie sollen mich nicht immer auf den Arm nehmen.«

»Frau Dr. Braun, ich versichere Ihnen, dass Sie das einzige weibliche Geschöpf sind, das außer meiner besseren Hälfte diese Wertschöpfung erlebt.«

»Meinen Sie Wertschöpfung? Oder Wertschätzung? Mein Tag hat nur vierundzwanzig Stunden. Was möchten Sie wissen?«

»Es geht um den erschossenen EU-Beamten aus Husum.«

Dr. Braun kicherte leise. »Sie meinen sicher, aus Brüssel beziehungsweise aus Italien.« Die Wissenschaftlerin genoss die Retourkutsche.

»Ich bin wie der HSV«, gestand Lüder. »Sie führen eins zu null.«

»Ich glaube, Sie wissen schon, dass die Tatwaffe identisch ist mit jener, von denen uns die Hannoveraner Kollegen —«

»Die hannoverschen Kollegen«, korrigierte Lüder sie.

»Die beiden Opfer sind mit derselben Waffe erschossen worden. Wollen Sie hören, was die Rechtsmedizin festgestellt hat?«

»Das hat mir Dr. Diether schon berichtet. Er hat auch davon erzählt, dass Archetti kurz zuvor in einem Bordell war. Auch dass er sich gerade erleichtert hatte, als er erschossen wurde. Das kommt nicht oft vor, dass man beim Pink—«

»Herr Lüders!«, unterbrach ihn Dr. Braun. »Hauptkommissar Jürgensen und sein Team sind vor Ort am Husumer Hafen fündig geworden. Sie haben die Stelle gefunden, an der Archetti stand und ... na ja. Die Urinspuren am Pfeiler stammen einwandfrei von ihm. Das gilt auch für den benetzten Hosensaum. In diesem Umkreis fanden sich auch Blutspritzer, als das Geschoss in den Kopf eindrang. Ein Handy wurde uns nicht vorgelegt.«

Merkwürdig, dachte Lüder, dass offenbar niemand Archetti vermisste. Er versuchte erneut, in Brüssel einen Ansprechpartner zu finden. Vergeblich. Der Eurokraten-Moloch war ein undurchdringbares Dickicht. Er überlegte, Oberstaatsanwalt Brechmann anzusprechen, verwarf diesen Gedanken aber wieder. Brechmann hatte sich in der Vergangenheit nie kooperativ gezeigt. Wenn er das Verfahren an sich zog, konnten sie nicht weiterermitteln. Man müsste die Polizei in Belgien und Italien um Amtshilfe bitten oder Interpol einschalten. Beides scheiterte am zögerlichen Brechmann. Schade, dass Dr. Breckwoldt von der Staatsanwaltschaft Flensburg pensioniert war.

Welche Verbindung gab es zwischen Archetti und Carretta außer der gemeinsamen italienischen Herkunft? Und was hatte Archetti in Rotterdam, Europas größtem Hafen, gemacht?

Lüder suchte den Abteilungsleiter auf.

»Es gibt keine Ansatzpunkte bei den Ermittlungen im Mordfall Archetti. Die EU verweigert jede Mitarbeit.«

»Ich habe in dieser Angelegenheit mit Oberstaatsanwalt Brechmann gesprochen«, erklärte Dr. Starke. »Der hat darauf verwiesen, dass die Bundesanwaltschaft das Verfahren an sich gezogen hat. Er sah auch keine Notwendigkeit, sich mit seinem Kollegen Ferrin in Verbindung zu setzen, sondern meint, dass die Karlsruher keinen Rat aus Kiel benötigen.«

»Er meint eher, dass man es als unliebsames Einmischen sehen würde, wenn wir unsere mageren Spuren weiterverfolgen würden.«

»Warum möchte man uns hinausdrängen?«, fragte Dr. Starke.

»Ich glaube nicht, dass irgendjemand windige Dinge plant. Meine Vermutung ist, dass eine diffuse Bedrohungslage besteht, die man nicht zuordnen kann. Es gilt, etwaigen Anschlägen auf die Bundesrepublik, ihre Bürger und Einrichtungen zu begegnen, auf der anderen Seite aber keine Panik zu schüren. Wir können nicht leugnen, dass das BKA in der Vergangenheit erfolgreich Attentate verhindert hat. Allerdings geht man dort einen anderen Weg als wir. Ich frage mich, weshalb man nicht die lokale Zusammenarbeit mit den Landespolizeibehörden pflegt.«

Lüder unterließ es, auf die gute Kooperation mit den Niedersachsen zu verweisen. Frauke Dobermann verdankte ihre Versetzung nach Hannover einer Intrige seines Gegenübers, als Dr. Starke noch Leiter der Flensburger Bezirkskriminalinspektion war.

Lüder unterbreitete dem Abteilungsleiter die Idee, in Rotterdam Erkundigungen einzuholen. »Archetti muss sich dort mit Hafenmanagern getroffen haben.«
»Das ist eine sehr vage Vermutung«, sagte Dr. Starke. »Sie haben keine Kontakte, kennen niemanden, sind Ausländer in den Niederlanden, und – wir haben keine Kostenstelle für solche Reisen.« Er schüttelte energisch den Kopf. »Das kommt nicht in Frage.«
Lüder war nur mäßig enttäuscht, als er in sein Büro zurückkehrte. In gewisser Hinsicht hatte der Kriminaldirektor recht. Sie wussten von Maurizio Archetti nur, dass er für die EU tätig war. Aber in welchem Sachgebiet? Für welchen Kommissar?
Lüder nahm sich noch einmal die Dateien vor, die die IT-Experten auf Archettis Tablet sichergestellt hatten. Die Texte waren in einem babylonischen Sprachgewirr abgefasst. Englisch. Französisch. Italienisch. Nur nicht in Deutsch. Europa, wie es leibte und lebte.
Die in Archettis Muttersprache verfassten Beiträge überblätterte er. Sein Italienisch reichte nur für die Bestellung beim Pizzadienst. Bei den französischen Dokumenten, die die Mehrzahl bildeten, mangelte es Lüders Sprachkompetenz an Feinheiten. Es genügte aber, sich einen groben Überblick zu verschaffen. Es ging um den Artenschutz entlang der Unterelbe. Die Statistiken hingegen erfassten mehrere Seehäfen.
Warum fanden sich aber nur Texte zur Einschränkung des Schiffsverkehrs in Hinblick auf den Hamburger Hafen? Vergleichbare Betrachtungen fehlten für Rotterdam und Antwerpen. Hatte Archetti eventuell Material gesammelt, um über den Weg der Flora-Fauna-Habitat-Richtlinie den anderen Häfen Wettbewerbsvorteile zu verschaffen?
Lüder nahm Kontakt zur Husumer Kripo auf und bat Christoph Johannes, noch einmal ein Gespräch mit Raimund Bielefeldt zu vereinbaren.
Dann vertiefte er sich in alle verfügbaren Informationen zu Jan Klingbiel. Es gab keine weiteren als die bereits bekannten. Er wurde bei seiner Recherche durch Edith Beyer unterbrochen.
»Besuch für Sie. Die beiden Herren sitzen im Besprechungsraum. Dr. Starke meint, Sie sollten mit ihnen reden.«

»Wer ist das?«
»Man hat mir keine Namen genannt«, sagte Edith Beyer.

Im karg möblierten Besprechungsraum, der im Unterschied zu den Einrichtungen in den örtlichen Polizeidienststellen aber zumindest kommunikationstechnisch gut ausgestattet war, erwarteten ihn Bundesanwalt Ferrin und sein Schatten Kriegskotten vom BKA.

Beide deuteten eine Verbeugung an und erhoben sich um wenige Zentimeter von ihren Sitzen. Auf eine Begrüßung per Handschlag verzichteten sie.

»Sie wollen sicher mit Dr. Starke sprechen«, sagte Lüder, stellte sich hinter einen Stuhl und legte die Hände auf die Lehne.

»Ihr Vorgesetzter ist informiert«, sagte Ferrin und zeigte mit der Hand auf den Stuhl. »Nehmen Sie bitte Platz.«

Lüder missfiel, dass Ferrin sich aufführte, als wäre er hier in Kiel zu Hause.

»Sagen Sie mir erst, um was es geht. Dann entscheide ich, ob wir uns weiter unterhalten«, antwortete Lüder unfreundlich.

»Bitte!« Ferrin klang verbindlicher. Als Lüder Platz genommen hatte, fuhr er fort: »Es ist keine Spaßveranstaltung, wenn wir mit Ihnen sprechen. Wir bitten um Verständnis, wenn wir uns in vielen Punkten bedeckt halten müssen. Es ist nicht das Misstrauen Ihnen gegenüber, aber manche Dinge unterliegen strengster Geheimhaltung.«

»Dann weihen Sie mich ein, oder halten Sie mich für einen Schwätzer?«

»Wir können Ihnen bestimmte Dinge nicht offenlegen«, sagte der Bundesanwalt. »Aber Sie könnten uns helfen, wenn Sie uns ein paar Informationen geben.«

Lüder lachte auf. »Sie meinen, ich bin der nützliche Idiot?«

»So ist das nicht gemeint.« Ferrin legte seine Hände auf den Tisch und betrachtete die sorgfältig manikürten Fingernägel. »Wie gesagt, alles unterliegt strengster Geheimhaltung. Nur ein sehr kleiner Kreis Eingeweihter ist informiert. Plötzlich tauchen Sie auf und wecken schlafende Riesen. Das hat zu – sagen wir – kräftigen Irritationen geführt.«

»Bei wem?«, fragte Lüder.
Er versuchte, sein Erstaunen zu verbergen. War er auf eine Spur gestoßen, deren Bedeutung er noch nicht erkannt hatte? Oder befürchtete man, durch die Aufdeckung der rätselhaften Ministerweisung in Niedersachsen Unannehmlichkeiten für hochgestellte Politiker, falls etwas in die Öffentlichkeit gelangen sollte?
»Sie erwarten darauf keine Antwort«, sagte Ferrin.
»Gut. Dann können wir den Dialog an dieser Stelle abbrechen.«
»Sie schulden uns noch Auskünfte.«
Lüder schüttelte den Kopf. »Kaum. Ist es nicht eine ungewöhnliche Vorgehensweise, wenn das Bundeskriminalamt Beamte der Landespolizei beschattet? Verdächtigen wir uns jetzt schon gegenseitig? Wie denken Sie darüber, wenn ich jetzt Ermittlungen gegen Sie einleite? Gründe dafür würden mir schon einfallen.«
»So geht das nicht, Herr Dr. Lüders. Herr des Verfahrens ist die Staatsanwaltschaft. Oberstaatsanwalt Brechmann steht nicht hinter Ihrer fragwürdigen Vorgehensweise.«
Lüder beugte sich über den Tisch Ferrin entgegen. »Wir sind beide Juristen. Wollen wir jetzt Statements über Rechtsbeugung austauschen? Spiegelfechterei begehen, wo das Interesse an Geheimnissen der Verfolgung schwerer Straftaten entgegensteht?«
Lüder breitete seine Arme aus und hielt die Handflächen nach oben. »Stellen Sie sich vor, dies sei eine Waage.« Er nickte zur linken Handfläche. »Dort liegt Ihr Geheimnis.« Dann neigte sich sein Kopf zur rechten Hand. »Hier platzieren wir zwei Morde. Was wiegt schwerer?«
Die beiden Männer gegenüber schwiegen betreten.
»So können Sie es nicht sehen. Manchmal muss man Kompromisse machen, die Außenstehende nicht bewerten können, weil ihnen Puzzleteile fehlen.«
»Ich stimme Ihnen zu«, sagte Lüder und registrierte vergnügt, wie sich die Mienen der beiden Männer entspannten. »Aber«, schob er nach einer Kunstpause hinterher, »daran arbeiten wir, diese fehlenden Teilchen zu finden, um zu einem Gesamtbild zu kommen.«

Ferrins Antlitz nahm einen kummervollen Ausdruck an. »Ich habe großen Respekt vor Ihrer Arbeit, Ihrem Engagement und Ihrer Motivation. Wir sind nicht unvorbereitet nach Kiel gekommen, sondern haben uns vorher über Sie informiert.«
»Gibt es ein Dossier über mich?«
»Nein«, beeilte sich Ferrin zu versichern. »Das ist ein falscher Ausdruck. Dass Ihre bisherige Arbeit aber nicht im Verborgenen geblieben ist, muss ich Ihnen nicht erklären. Sie sind kein Landpolizist, sondern haben sich über die Grenzen Schleswig-Holsteins einen guten Ruf erarbeitet.«
Das Gesülze verfing bei Lüder nicht. Er war oft genug Verantwortlichen in Berlin oder an anderen Stellen unliebsam auf die Füße getreten. Das mochte man nicht. Nun befand er sich wieder in einer solchen Situation. Er lehnte sich zurück und versuchte, einen entspannten Eindruck zu vermitteln.
»Sie sind durch die Drohungen in der Videobotschaft Abdal-Qadirs alias Jan Klingbiel aufgeschreckt worden.«
»Was wissen Sie darüber?«, mischte sich Kriegskotten ein.
»Haben Ihre Leute, die mich verfolgen, das noch nicht herausgefunden?«, fragte Lüder spöttisch. Dann zeigte er mit dem Finger auf den BKA-Mann. »Mit dem Nächsten, den ich erwische, gehe ich nicht so zimperlich um wie mit Herold.«
»Ich weiß nicht, wovon Sie sprechen«, sagte Kriegskotten. Es klang fast arrogant.
»Schön, wenn Sie genügend Fahrzeuge im Fuhrpark haben, die Ihre Mitarbeiter zerlegen. Mir soll es recht sein. Es wäre der Sache aber dienlicher, wenn wir unsere gegenseitigen Kräfte nicht auf solche Nickeligkeiten verschwenden.«
»Genau das ist unser Ansinnen«, mischte sich Ferrin ein. »Wir müssen doch zum Wohle der Bundesrepublik zusammenarbeiten.«
»Dann erklären Sie mir, wer Klingbiels Reisen in die USA bezahlt hat. Was hat er dort gemacht?«
Es war ein Impuls, dass die beiden Männer einen schnellen Blick austauschten. Ferrin hatte seinen Fehler sofort bemerkt, als Lüder spöttisch schmunzelte.
»Woher wissen Sie das?«, fragte der Bundesanwalt.

»Ein Bundesminister ist zurückgetreten, weil er Dienstgeheimnisse verraten haben soll. Ich bin nur Beamter. Von mir werden Sie nichts hören.«

Aus der Reaktion seiner Gesprächspartner war nicht erkennbar, ob sie von Klingbiels Exkursionen wussten. Dem Vater war es verborgen geblieben, vermutete Lüder. Er hätte mit Sicherheit voller Stolz von den Amerikaaufenthalten gesprochen. Lüder wollte seine Informationsquelle nicht offenlegen. Ob das BKA noch nicht auf den Mitbewohner in der Studentenwohngemeinschaft gestoßen war? Auch wenn es unglaublich klang, scheiterten manche Ermittlungen an solchen Kleinigkeiten.

»Conclusio«, sagte Lüder. »Wir sind uns in dem Punkt nähergekommen, dass eine Bedrohungslage für die Bundesrepublik nicht auszuschließen ist. Es ist nicht nur eine der üblichen Drohungen, die sporadisch ausgesprochen werden, sondern etwas mit Substanz. Abd-al-Qadir ist ernst zu nehmen. Er kennt die Region und weiß, wovon er spricht. Und die beiden Italiener Alberto Carretta und Maurizio Archetti mussten auch sterben, weil sie im Umfeld der Bedrohung agiert haben. Wenn Sie an einem konstruktiven Miteinander interessiert sind ...« Lüder breitete die Arme aus. »Ich verweigere mich dem nicht.«

Er wusste, dass er bei Ferrin und Kriegskotten kein Gehör finden würde. Immerhin hatten sie nicht geleugnet, was Lüder als Vermutung ausgesprochen hatte. Lüder nahm aus dem Gespräch mit, dass die Terrorwarnung keine leere Phrase war. Man hatte in Berlin, Karlsruhe und Wiesbaden offenbar große Befürchtungen, dass etwas publik werden könnte. Deshalb hatte man auch das Gespräch mit Lüder ohne Teilnahme des Abteilungsleiters geführt. Das war ungewöhnlich. Man musste Dr. Starke eingeschüchtert haben, um ihn von diesem Treffen fernzuhalten.

ELF

Frauke Dobermann saß am reichlich gedeckten Frühstückstisch. Georg hatte sie wie an jedem Morgen mit erlesenen Delikatessen überrascht.

»Das ist kanadischer Wildlachs«, sagte er und reichte ihr den Teller mit dem dunkelroten Edelfisch. »Ganz mild geräuchert. Der zergeht auf der Zunge. Wie ein Kuss von dir.«

Sie trank einen Schluck Kaffee und kaute an dem halben Marmeladenbrötchen.

»Heute nicht«, antwortete sie. »Sei mir nicht böse, aber irgendwie habe ich den Wunsch nach etwas Einfachem.«

»Das verstehe ich. Manchmal ziehe ich eine Currywurst jedem Drei-Sterne-Menü vor.«

»Es ist lieb von dir, dass du dir jeden Morgen so viel Mühe gibst.«

»Dir reichen komplizierte Problemstellungen im Job.« Georg faltete die Hände wie zu einer Brücke und legte das Kinn darauf ab. »Kann ich dir mit dem Rat eines Unbefangenen behilflich sein?«

Sie schenkte ihm einen langen Blick.

»Es geht um den toten Italiener?«

»Es ist ein Kartell des Schweigens. Man versteckt sich hinter dem Schlagwort ›Staatsgeheimnis‹. Wie soll man unter diesen Bedingungen einen Mord aufklären?«

»Kannst du niemanden befragen? Von offizieller Seite mauert man. Gibt es keine anderen Quellen?«

Frauke Dobermann schüttelte den Kopf. »Sogar dem Staatsanwalt ist der Zugriff auf die Akten versagt.«

»Akten, Akten.« Georg drehte seine rechte Hand im Gelenk. »Du hörst dich wie ein Beamter an.« Er verzog das Gesicht zu einer Grimasse.

Frauke Dobermann lachte. »Ich bin Beamtin«, sagte sie.

»Versuche, jemanden zu finden, der dir nicht irgendwelche Fundstücke aus Papierbergen vorliest, sondern sich auf andere Quellen stützt.«

»Deine Idee ist genial«, sagte sie mit sarkastischem Unterton.
»Du übernimmst die weiteren Ermittlungen, und ich operiere morgen einen Herzinfarkt.«
Georg grinste. »Das möchte ich sehen, wie man einen Herzinfarkt operiert. Mediziner gehen anders vor. Sie setzen vielleicht einen Stent oder legen einen Bypass, aber –«
Frauke unterbrach ihn mit einer herrischen Handbewegung. Sie griff zum Teller mit dem Wildlachs und fuhr vorsichtig mit den Knöcheln über das rote Fleisch.
Dann führte sie die Hand an die Nase, schnupperte daran und sagte: »Lecker. Bewahre es unbedingt als Appetizer für das Abendessen auf. Dazu ein Glas Champagner ... *Heaven* in Hannover.«
Georg lachte. »So gefällst du mir. Für Marmelade und Pfefferminztee bist du viel zu schade.«
»Täusche dich nicht. Ich glaube, an den meisten Tagen ziehe ich die bürgerliche Kost vor. Das Besondere soll es auch bleiben.« Sie hielt ihm die Hand hin. Georg leckte sanft die Knöchel ab und verdrehte übertrieben die Augen.
»Eine erlesene Delikatesse.« Er schmunzelte. »Und der Lachs schmeckt auch nicht schlecht.«
»Du weißt gar nicht, was du eben gesagt hast.« Frauke Dobermann stupste ihm mit der Fingerspitze auf die Nase.
Georg hob die Hände. »Ich ergebe mich.«
»Ich werde mit jemandem sprechen. Es zumindest versuchen«, ergänzte sie leiser, stand auf, gab Georg einen Kuss und entwand sich seinen Händen, die sie eng an ihn ziehen wollten.
»Bis heute Abend«, rief sie ihm zu, packte ihre Sachen und ging hinaus zu ihrem Audi A3.

Auf dem Weg zum Landeskriminalamt in der Schützenstraße kreisten ihre Gedanken fortwährend um die Idee, auf die Georg sie gebracht hatte.
Es kostete Frauke Dobermann drei Stunden, bis sie alle bürokratischen Hürden überwunden hatte.
»Das ist nicht der übliche Weg«, hatte ihr einer der Gesprächspartner erklärt.

»Es ist auch nicht die übliche Methode, Menschen mit einem Präzisionsgewehr zu erschießen«, hatte sie schnippisch erwidert.

Zehn Minuten später parkte sie auf einem der Besucherstellplätze vor der Justizvollzugsanstalt Hannover in der Schulenburger Landstraße.

Es folgte das übliche Prozedere, bis sie alle Sperren überwunden hatte und von einem Beamten in einen Besucherraum gebracht wurde. Kurz darauf führte man Carmelo Lunardini herein.

»Ah, Frau Dobermann«, sagte er zur Begrüßung.

Lunardini war schmal geworden. Seine Wangenknochen stachen aus dem Gesicht hervor. Um die Mundwinkel hatte sich ein harter Zug eingegraben. Silberne Fäden durchzogen das früher schwarze Haar. Er flegelte sich ungefragt auf den Stuhl gegenüber.

»Sie haben von Carretta gehört?«

Er grinste hämisch. »Man hat uns die Standleitung gekappt.«

»Das waren nicht die Justizbehörden, sondern der himmlische Vater.«

»Damit scherzt man nicht«, sagte Lunardini zornig.

»Ich meine es ernst. Dottore Alberto Carretta ist tot.«

Lunardini spitzte die Lippen. »*Merde.*«

»Merkwürdig, dass Sie Französisch sprechen. Als Carretta starb, hatte er sich auch einen französischen Namen zugelegt. Ruffier.«

Frauke Dobermann sah Lunardini an, dass er überrascht war.

»Ich denke, man kümmert sich auch nach der Inhaftierung um die Mitglieder der Familie. Schließlich war Carretta der Pate der *Organisation*, und Sie verdanken es ihm, dass Sie im Gefängnis sitzen.«

Kurz huschten vor Frauke Dobermanns innerem Auge die Bilder vorbei, als sie mit Unterstützung ihres Teams und des Sondereinsatzkommandos die Geiselnahme im Landesfunkhaus Niedersachsen beendet hatte, die unter dem Kommando ihres Gegenübers stand. Die Täter hatten sich gewaltsam Zugang zum Studio verschafft und wollten damit eine Meldung erzwingen, die der NDR ausstrahlen sollte.

»Carretta hat nicht mit einer Silbe an Sie gedacht, als er vorzeitig aus der Haft entlassen wurde. Das ist keine Dankbarkeit.«

»Er war alt und krank.«

»Das war nicht der Grund. Er hatte einflussreiche Freunde.«
Lunardini maß sie mit einem geringschätzigen Blick. »Sie erzählen Märchen. Das gibt es in Deutschland nicht.«
»Aber in Italien.«
»Was verstehen Sie von meiner Heimat? Nichts. Sie wissen nichts von der Lebensart, von der Bedeutung der Familie, von Freundschaft und Brüderlichkeit, von Ehre.«
»Jetzt haben Sie alle Gründe aufgezählt, aus denen man sich für Carretta eingesetzt hat. Fast. Vielleicht war es auch Verrat, dass man ihn unter einem Vorwand aus dem Gefängnis geholt und ihn anschließend ermordet hat.«
»Wer hat es gewagt, den Dottore zu töten?«
»Dieselben Leute, die es auch auf Sie und andere abgesehen haben.«
»*Santa Vergine!*« Lunardini war blass geworden.
»Das ist kein Spiel. Wenn selbst der Pate nicht sicher war, sind Sie ein Nichts. Bei der Aufzählung der vielen angeblich so unverbrüchlichen Besonderheiten der Italiener haben Sie eine vergessen: die Vendetta.«
Lunardini schluckte. »Wer sollte am Dottore Rache geübt haben? Er hat niemanden verraten, keinen Mord begangen, der Blutrache erfordert.«
»Man hat Angst gehabt, er könne plaudern. Wer weiß, Lunardini, vielleicht hat er ja Geheimnisse preisgegeben.«
»Der Dottore war der Pate. Es gab niemanden über ihm. Nur Gleichgestellte anderer Familien. Man schätzte ihn. Seine Klugheit. Seine Ehrlichkeit.«
Frauke Dobermann fragte nicht nach. Lunardini meinte damit, dass Carretta nie einen seiner Mittäter verraten hätte.
»Es gibt durchaus Verstrickungen zwischen dem öffentlichen Leben und der Mafia. In zahlreichen Bereichen reicht der Arm der Ehrenwerten Gesellschaft bis in die Spitzen der Politik und der Kirche.«
»Sie in Deutschland überblicken nicht, wie das zusammenhängt. Der Dottore hat viel Gutes getan, für Menschen gesorgt. Das wird man nicht vergessen.«
»Man hat ihn auch gefürchtet. Erinnern Sie sich, wie er kalt-

blütig eigene Mitglieder seiner Verbrecherbande ermorden ließ? Das nennen Sie gutmütig?«

»Dafür gab es Gründe. Aber seine Wohltaten bleiben unvergessen.«

»Sie meinen, er könnte Politikern den Wahlkampf finanziert oder sie gar mit anderen Methoden auf ihre Posten gehoben haben?«

»Bleiben Sie in Ihrer kleinen Welt«, empfahl Lunardini. »Ihr Geist ist so winzig klein, dass Sie das System Italien nie verstehen werden.«

»Doch. Ich habe keinen Zweifel daran, dass Italien ein Rechtsstaat nach europäischen Vorstellungen ist.«

»Deutsche Polizisten werden nie begreifen, dass man auch Fürsprecher benötigt. Es kann hilfreich sein, einen oder mehrere gute Freunde da oben zu haben.« Die Fingerspitze zeigte dabei zur Zimmerdecke.

»Carretta ist jetzt da oben. Aber als Ihr guter Freund hat er sich nicht erwiesen.«

»Sie verstehen nichts. Gar nichts. Jeder weiß etwas vom anderen. Der Polizist vom Paten. Der Pate vom Politiker. Und der hat Einfluss auf den Polizisten. War es nicht eine Idee von Helmut Schmidt, ich meine die NATO-Doppelstrategie? So lange und intensiv aufrüsten, bis man abrüsten muss? Sehen Sie. Es hat geklappt. So war es nur eine Frage der Zeit, bis sich jemand so vehement für den Dottore einsetzt, dass er aus dem Gefängnis freikommt.«

»Deutschland ist nicht korrupt«, sagte Frauke Dobermann.

»Es ist doch gleich, wie Sie es nennen. Offensichtlich gab es Gründe und Argumente, die dem Dottore die Gefängnistore geöffnet haben.«

»Warum nur für Carretta und nicht auch für Sie?«

Lunardini hielt die Hand hoch. »Weil der Dottore da oben war.« Dann fiel die Hand abwärts bis unter die Tischkante. »Und ich unten. Ganz unten. Mich kennt niemand. Für mich interessiert man sich nicht. Ich kann nichts erzählen und bin deshalb nicht gefährlich.«

»Sie haben mehr gesagt, als Sie glauben«, schloss Frauke

Dobermann das Gespräch. »Ich habe ein Paket Kaffee für Sie hinterlegt. Nehmen Sie es als kleines Dankeschön für Ihre Auskunftsbereitschaft.«

Lunardini sah sich angstvoll um. »*Mamma mia*. Ich habe nichts gesagt. Ich weiß nichts.«

»Vielen Dank, dass Sie der Polizei sehr geholfen haben.«

»Bei Jesus. Ich habe nichts gesagt«, rief er ihr mehrfach hinterher, als sie ging.

ZWÖLF

Lüder staunte über Frauke Dobermanns Bericht.
»Dieser Lunardini hat unfreiwillig verraten, dass Carretta offensichtlich gute Kontakte zur Politik hatte. Wir können vermuten, dass die Italiener Einfluss auf seine Freilassung genommen haben. Es scheint, als gebe es eine Verbindung zwischen italienischen und deutschen Sicherheitsbehörden. Man wird sich nicht für einen gewöhnlichen Kriminellen eingesetzt haben. Jenseits der Alpen dürfte klar sein, dass man in Deutschland handfestere Gründe vorbringen muss, damit sich die Gefängnistüren öffnen. Wenn es Terroristen nicht gelingt, verurteilte Gesinnungsgenossen freizupressen, bedarf es guter Argumente, um jemanden wie Carretta aus der Haft zu entlassen.«

»Mich irritiert, dass Carretta hier nur als Krimineller in Erscheinung getreten ist. Sein ganzes Wirken war ausschließlich auf typische Kriminalitätsfelder ausgerichtet. Es gab zu keiner Zeit einen Hinweis auf staatsgefährdende Aktivitäten, Terrorismus oder ähnliche Dinge.«

Lüder gab Frauke Dobermann recht. »Trotzdem muss es einen Bezug dazu geben. Ich kümmere mich darum«, versprach er.

Gleich nach dem Telefonat mit der hannoverschen Hauptkommissarin rief Lüder Kriegskotten an und konfrontierte ihn mit der Vermutung.

»Gibt es eine Verbindung zwischen Ihnen und der AISI?«, fragte Lüder.

»Zur Agenzia Informazioni e Sicurezza Interna, dem Inlandsgeheimdienst?«, antwortete Kriegskotten mit einer Gegenfrage. Der BKA-Mann benötigte zu lange, um auf Lüders Frage einzugehen.

»Oder der AISE, dem Auslandsgeheimdienst«, hakte Lüder nach. »Vielleicht haben wir es mit dem Dipartimento delle Informazioni per la Sicurezza zu tun. Dort laufen die Fäden beider Geheimdienste zusammen. Das ist in Italien auf Ministerebene angesiedelt. Wenn die Italiener etwas herausgefunden haben, das eine Bedrohung für die Sicherheit der Bundesrepublik bedeutet, könnte man als treuer Verbündeter den Deutschen etwas gesteckt haben. Die sind zunächst verblüfft, weil der eigene Nachrichtendienst, der BND, ebenso im Dunkeln tappte wie der Verfassungsschutz. Man ist aufgeschreckt und schaltet die Bundesanwaltschaft und das BKA ein. Ich frage mich, weshalb man diese Information nicht an die eigenen Schlapphüte weiterleitet. Daraus kann ich nur einen Schluss ziehen: Es gibt eine konkrete Bedrohungslage für die Bundesrepublik.«

Lüder hörte Kriegskotten schwer atmen. »Ich antworte Ihnen nicht. Wenn Sie recht haben sollten, ich betone ausdrücklich: *sollten*, wären Sie verdammt weit vorgestoßen. Das Ganze würde – alles im Konjunktiv – der höchsten Geheimhaltungsstufe unterliegen.«

»Ihr Problem ist, dass Sie außer einer Drohung keine weiteren Anhaltspunkte haben. Hängt es mit der Videobotschaft Abd-al-Qadirs alias Jan Klingbiel zusammen?«

»Es gibt viele offene Fragen«, wich Kriegskotten aus. »Sie wissen selbst, dass man auch abwegigen Spuren nachgehen muss. Inwieweit Klingbiels Drohvideo ernst zu nehmen ist, darüber sind wir uns noch nicht ganz schlüssig.«

»Welchen Inhalt hat die Warnung aus Italien?«

»Wenn ich es wüsste, würde ich es Ihnen nicht sagen. Wir sind auch nur mit sehr dürftigen Informationen ausgestattet. Offenbar nimmt man das Ganze aber sehr ernst und macht entsprechend viel Druck. Sie kennen solche Anforderungen. Es soll schnelle Erfolge geben, aber nichts darf publik werden.«

»Man schreckt damit die Bevölkerung auf«, sagte Lüder. »Viel wichtiger ist aber, dass man, zeigt man Unruhe, auch gegenüber anderen Terrorismusgruppierungen signalisiert, dass wir nicht so gut gegen Attentate gewappnet sind, wie wir es denen weismachen wollen. Unsicherheit oder gar Hektik würde man uns als Schwäche auslegen.«

»Wir müssen das nicht diskutieren. Es ist unser Tätigkeitsfeld. Wir sind Profis bei diesen Themen.«

»Und welche Verbindungen gibt es in diesem Zusammenhang zu Carretta und Archetti, außer dass es sich um Italiener handelt?«

»Sagen Sie es mir«, antwortete Kriegskotten.

Deutlich war die Resignation aus seinen Worten herauszuhören.

Lüder empfand keine Zufriedenheit darüber, dass das BKA auch im Dunkeln tappte. Die Zusammenarbeit zwischen BKA und den Landespolizeibehörden stockte oft, der Informationsfluss war nicht immer optimal. Sicher gab es auch Eifersüchteleien. Aber allen Beteiligten lag die Sicherheit der Bundesrepublik und ihrer Bewohner am Herzen.

Lüder kritzelte die Namen der beiden Mordopfer auf einen Notizzettel. In welchem Zusammenhang mit der Drohung standen die beiden? Ein EU-Beamter und ein verurteilter Schwerverbrecher?

Alles schien von Italien auszugehen. Oder führte jemand die deutsche Polizei an der Nase herum? War alles eine Farce, und eine übermächtige Mafia-Organisation hatte auf eine aufwendige und ungewöhnliche Weise Zugriff auf Carretta nehmen wollen? Das war eine absurde Idee. Man hätte den Paten auch im Gefängnis eliminieren können. Das wäre in der Strafanstalt Celle einfacher gewesen als in Meppen. Im Emsland saßen nicht so schwere Kaliber ein wie in Celle, wo man leichter einen gedungenen Mörder für den Mithäftling hätte rekrutieren können. Daran schloss sich aber die nächste Frage an. Warum hatte man Carretta, dem viele schwere Straftaten angelastet worden waren, dann ausgerechnet nach Meppen verlegt?

Lüder vertiefte sich in alle zugänglichen Informationen, um Weiteres über Jan Klingbiel zusammenzutragen. Er ging noch einmal die früher gesammelten Fakten durch. Nirgendwo war erkennbar, aus welchem Grund Klingbiel urplötzlich und ohne jede Vorankündigung zum Islam konvertiert war. Üblicherweise war das ein sich allmählich entwickelnder Prozess. Die Familie und das soziale Umfeld bemerken den Gesinnungswandel. Der Betroffene spricht über seine sich ändernde Einstellung, versucht womöglich, um Verständnis dafür zu werben, eine Begründung abzuliefern.

All das lag bei Klingbiel nicht vor. Er hatte sich von seinen Eltern verabschiedet, angeblich, um nach Kiel zu fahren, und war dann untergetaucht, um zwei Jahre später als Abd-al-Qadir wieder in Erscheinung zu treten, gewandelt zum Gotteskrieger, der sich in den Dienst eines radikalen Islams stellte und Drohungen gegen seine frühere Heimat verbreitete. Sein Aufenthalt im Jemen oder im pakistanisch-afghanischen Grenzgebiet wurde laut den Berichten des Verfassungsschutzes auch nur vermutet. Alles war geheimnisumrankt.

Lüder durchforstete alle ihm zugänglichen Quellen. Nirgendwo fand er einen Hinweis auf Klingbiels Amerikaaufenthalt. Konnte es dem Verfassungsschutz bei seinen Recherchen entgangen sein? Es hatte Lüder keine Mühe bereitet, diese Informationen zu erlangen. Lukas Siebeneich, der ehemalige Mitbewohner in der Wohngemeinschaft in der Kieler Heischstraße, hatte bereitwillig davon berichtet.

Lüder nahm Kontakt zur Husumer Kripo auf. Er erörterte mit Christoph Johannes seine Fragen.

»Ich möchte hier keine schlafenden Hunde wecken. Andererseits fehlt mir die Zeit, selbst zu recherchieren, wann Klingbiel nach Amerika geflogen ist, wie oft und wer die Tickets bestellt und bezahlt hat.«

»Das LKA hat sicher viel mehr Möglichkeiten, an diese Daten heranzukommen. Wir wollen unser Bestes versuchen«, versprach der Husumer. »Wir haben die Zeit genutzt, um noch einmal zu Raimund Bielefeldt Kontakt aufzunehmen. Das war Archettis Gesprächspartner in Husum, der Interessenvertreter der Unternehmen an der Unterelbe und der Westküste. Herr Bielefeldt hat sofort zugesagt, uns zu helfen. Nicht nur das. Er meint, es wäre für uns hilfreich, die Fragen in einem größeren Rahmen zu erörtern. So hat er ein Treffen in Brunsbüttel arrangiert, zu dem er noch weitere Wirtschaftsvertreter eingeladen hat. Das Problem ist nur – es findet schon heute Abend statt.«

Lüder sagte, dass er kommen wolle. »Zuvor würde ich aber noch einmal Klingbiels Vater aufsuchen wollen.«

Christoph Johannes versprach, an diesem Termin teilzunehmen. Sie wollten sich in zwei Stunden in Marne treffen. Lüder schlug das Café vor, in dem er sich schon mit Große Jäger verabredet hatte.

Christoph Johannes saß exakt an dem Tisch, an dem bei Lüders letztem Besuch Große Jäger auf ihn gewartet hatte.

»Der Cappuccino zwischendurch hat die Lebensgeister geweckt«, sagte der Husumer zur Begrüßung. Lüder bestellte sich noch einen Kaffee, dann brachen sie zu Klingbiels Elternhaus auf.

Auch heute herrschte betuliche Ruhe in der Wohnstraße. Es war kaum vorstellbar, dass in dieser friedlichen Umgebung islamistische Terroristen heranreifen konnten.

Es verging eine Ewigkeit, bis die Sicherheitskette vorgelegt wurde und die Tür sich einen Spalt öffnete, durch den Karl-Friedrich Klingbiel hindurchblinzelte.

»Ja?«, fragte er mit müder Stimme. Er schien Lüder nicht wiedererkannt zu haben.

»Wir haben schon einmal miteinander gesprochen«, erklärte Lüder. »Es geht um Ihren Sohn Jan.«

»Ach – richtig. Ich habe Ihnen gesagt, dass er nicht mehr unser Sohn ist.«

»Wir verstehen Ihre Verbitterung. Deshalb bleibt er trotzdem Ihr Kind. Wir können Ihnen nicht ersparen, mit uns über Jan zu sprechen. Möchten Sie, dass wir uns in aller Lautstärke durch den Türspalt unterhalten und alle Nachbarn daran teilhaben können?«

Klingbiel schloss die Tür, entfernte die Sicherung der Kette und ließ die beiden Beamten ins Haus. Lüder hatte den Eindruck, als hätte sich seit seinem letzten Besuch nichts verändert. Auf dem Tisch lag die Marner Zeitung, daneben die Brille.

Karl-Friedrich Klingbiel schien ein einsames Leben zu führen, zudem hatte er neben der Sorge um den Sohn auch die Belastung durch die lebensbedrohliche Erkrankung der Ehefrau zu tragen. Er lud die beiden nicht zum Sitzen ein, erhob aber keine Einwände, als sie Platz nahmen.

»Wir haben inzwischen herausgefunden, dass Jan sich in Amerika aufgehalten hat«, sagte Lüder.

»Was weiß ich, wo er sich herumgetrieben hat, nachdem er sang- und klanglos verschwunden ist.« Es klang patzig.

Lüder ließ sich dadurch nicht beirren. »Er war noch während seines Studiums mehrfach in den Vereinigten Staaten.«

»So ein Quatsch. Das hätte ich gewusst. Wir haben ihn finanziell unterstützt. Zusätzlich hat er ein wenig gejobbt. Gekellnert. Anzeigenblätter ausgetragen. Aber in Amerika? Nie!«
»Sie haben davon nichts mitbekommen?«
»Er war nicht drüben. Das merkt man doch. Wir laufen nicht blind durch die Gegend, sondern haben uns um unsere Kinder gekümmert.«
»Wenn Sie einen guten Draht zu Jan hatten ... Wie war seine Einstellung zur Religion?«
»Wie? Was? Ganz normal.«
Es war schwierig, mit Klingbiel zu reden. Der Vater vermutete in jeder Frage einen Angriff.
»Ist Jan getauft?«
»Das ist doch selbstverständlich. Jan war kein Heiliger, ist sonntags auch nicht in die Kirche gegangen oder hat sich anderweitig engagiert. Wie wir alle in der Familie nicht. Aber er ist konfirmiert.«
»Hat er sich abfällig oder kritisch über das Christentum geäußert?«
»Worauf wollen Sie hinaus? Nein! Er ist kein Ketzer. Wie sind die Leute hier in Dithmarschen? Sie sind evangelisch, zahlen ihre Kirchensteuer, denken nicht daran, die Kirche zu verlassen, aber rutschen nicht jeden Sonntag auf den harten Bänken herum.«
»Jan hat nie etwas Negatives geäußert?«
»Hören Sie mir nicht zu? Auch wenn Sie Ihre Frage immer wieder anders formulieren. Noch einmal: Nein! Er ist bis heute nicht aus der Kirche ausgetreten. Fragen Sie doch unsere Pastoren in der Maria-Magdalenen-Kirche.«
Lüder wartete einen Moment. Wollte Karl-Friedrich Klingbiel nicht akzeptieren, dass sein Sohn sich dem Islam zugewandt hatte?
»Als Lehrer waren Sie geübt darin, Veränderungen bei Kindern und Jugendlichen zu erkennen.«
»Das bringt eine jahrzehntelange Praxis im Schuldienst mit sich.«
»Dann müssten Sie doch bemerkt haben, dass Jan sich von anderen Gedanken hat anstecken lassen.«
Klingbiel funkelte Lüder böse an. »Wollen Sie meiner Frau und

mir unterstellen, dass wir unsere Kinder vernachlässigt haben?« Er klopfte mit dem Knöchel auf die Tischplatte. »Dieses ist ein anständiges Haus. Wir haben immer gute bürgerliche Tugenden gepflegt.«

Lehrers Kinder – Pastors Vieh ... geraten selten oder nie, fiel Lüder ein alter Spruch ein. Er hütete sich, ihn auszusprechen.

»Finden Sie es nicht auch merkwürdig, dass ein gut ausgebildeter junger Mann, intelligent und ohne jede Auffälligkeit, plötzlich ohne Vorankündigung verschwindet und als vermummter Islamist wieder auftaucht, um Drohungen gegen sein Heimatland auszustoßen?«

»Wer sagt eigentlich, dass es Jan ist, dieser Abd-al-Dingsbums? Man hat ihn noch nie ganz gesehen. Immer nur Teile.«

»Die Ermittlungsbehörden verfügen über Methoden und Erfahrung, um den eindeutigen Nachweis zu erbringen. Was sagt Ihre Frau dazu? Einer Mutter können Sie nichts vormachen. Die blickt in die Augen des Vermummten und erkennt ihr Kind.«

»Lassen Sie meine Frau aus dem Spiel.« Klingbiels Stimme überschlug sich fast. »Wollen Sie die auch noch umbringen?«

»Wir werden keinen Kontakt zu Jans Mutter aufnehmen«, versicherte Lüder ihm. »Sie haben durch Ihr Verhalten eben bestätigt, dass Sie und Ihre Frau Jan eindeutig identifiziert haben. Das ist auch gut so. Nach zwei Jahren der Ungewissheit ist eine solche Botschaft, mag sie noch so niederschmetternd sein, für die Eltern fast eine Erlösung.«

Klingbiel hatte den Kopf gesenkt und bestätigte Lüders Ansicht durch ein kaum wahrnehmbares gebrummtes »Hmh«.

»Hatte Jan hier in Marne oder Umgebung Kontakt zu islamischen Glaubensgemeinschaften?«

»In welcher Welt leben Sie? So etwas gibt es hier nicht. Fast nicht. Die Handvoll Moslems, die in Marne leben, haben andere existenzielle Sorgen, als sich mit Andersgläubigen zu streiten.«

»Sie haben sich mit dem Thema beschäftigt?«

»Wundert Sie das?«

»Kann Ihr Sohn in Kiel in Kontakt zu solchen Kreisen gestanden haben?«

»Jetzt ist es genug.« Klingbiel zeigte mit ausgestrecktem Arm

auf die Tür. »Raus! Ich habe oft genug gesagt, dass Jan kein Islamist ist. Schon gar keiner, der droht.«
»Oder im schlimmsten Fall Attentate begeht«, sagte Lüder.
Klingbiel sprang auf und baute sich drohend vor Lüder auf, der seinen Platz ebenfalls verlassen hatte. Jans Vater schwenkte die Hand. »Wenn ich könnte, würde ich Sie jetzt ohrfeigen. Kommen Sie nie wieder, sonst ... sonst ...« Karl-Friedrich Klingbiel fasste sich an die Brust. Er taumelte leicht.
»Ist alles in Ordnung? Brauchen Sie Hilfe?«, mischte sich Christoph Johannes ein.
»Verschwinden Sie. Alle beide.«
Als die Beamten auf dem Podest vor dem Hauseingang standen, schrie ihnen Klingbiel hinterher, dass es auch aufmerksame Nachbarn hören mussten.
»Jan ist nicht so einer, wie Sie es gern hätten. Nicht Jan. Nicht mein Sohn.«
Dann knallte er die Tür zu, dass die Scheibe klirrte.

»Es ist merkwürdig«, sagte Lüder auf dem Weg zum Auto. »Ich kann mir keinen Reim darauf machen, dass Jan Klingbiel eindeutig als Islamist erkannt wurde, aber immer noch in der Kirche ist. Das ist mehr als ein Widerspruch. Wenn seine neuen Gesinnungsgenossen das wüssten, würde er arge Probleme bekommen. In diesem Punkt kennen die keine Toleranz. In manchen Kreisen wird das Hinwenden zum Christentum mit dem Tod bestraft. Sagt der Vater die Wahrheit, wenn er nichts von Jans Aufenthalt in Amerika weiß? Oder irren wir uns?«

»Ich frage nach, ob wir in Husum zu diesem Punkt etwas herausgefunden haben«, sagte Christoph Johannes und rief seine Dienststelle an.

»Moin, Hilke«, sagte er und lauschte eine Weile dem Bericht der blonden Kommissarin. »Danke. Großartig«, sagte er zum Abschied.

»Das war Hilke Hauck. Jan Klingbiel ist wirklich mehrfach nach New York geflogen. Wir sind noch nicht sicher, ob wir alle Reisen erfasst haben. In den letzten zwei Jahren seines Studiums war er relativ oft drüben. Immer New York. Seine Aufenthalte

waren auch unterschiedlich lang. Manchmal waren es nur zwei Tage, bei anderen Gelegenheiten bis zu zwei Wochen.«
»Was hat er dort gemacht? Und wer hat ihm das finanziert?«
»Das könnte er nur selbst sagen«, erklärte Christoph Johannes. »Wir arbeiten noch daran, herauszufinden, wie die Tickets bezahlt wurden. Entweder hat ein Dritter die Kosten übernommen, oder man hat Klingbiel das Geld zukommen lassen. Niemand bezahlt Tickets in bar. Das würde die misstrauischen Amerikaner auf den Plan rufen.«
Lüder musste ihm recht geben.

Sie fuhren nach Brunsbüttel. Lüder folgte Christoph Johannes, der den Treffpunkt kannte.

Für Fremde schien es verwirrend, dass kurz nach dem Ortseingang ein Straßenschild »Markt« verkündete, man das Zentrum erwartete und einen baumgesäumten Platz umrundete, in dessen Mitte eine alte Kirche stand. Bis zum heutigen Zentrum war es noch ein ganzes Stück.

Das mit Efeu an der Front überwucherte Rathaus stand in der Koogstraße. An der Stirnseite prangte noch eine Tafel mit dem Wappen und der alten Bezeichnung »Stadt Brunsbüttelkoog«.

Rechts neben dem Gebäude führte eine Einfahrt auf einen Parkplatz.

Lüder stellte seinen BMW neben einem neueren Modell gleichen Typs mit Hamburger Kennzeichen ab. Daneben stand ein dunkler Mercedes E-Klasse, ebenfalls aus Hamburg. Christoph Johannes parkte hinter Lüder. Etwas weiter stand ein Passat aus Nordfriesland.

»Also der Hintereingang sieht aus wie … wie …« Christoph Johannes suchte nach den passenden Worten.

»Wie der Hintereingang«, half Lüder aus. »Es ist nicht die Schokoladenseite. Immerhin ist die Tür nicht verschlossen. Ob wir trotzdem hineindürfen?« Er zeigte auf das Schild »Kein Besuchereingang« neben einer schmucklosen Kunststofftür, zu der drei Betonstufen hinaufführten.

Ein hochgewachsener drahtiger Mann mit Vollbart kam ihnen entgegen.

»Sie sind von der Polizei?« Er wartete die Antwort nicht ab.
»Rasch. Ich bin der Bürgermeister.« Als er Lüders fragenden Blick bemerkte, ergänzte er: »Es hat sich eine kleine Runde zusammengefunden. Herr Bielefeldt hat das organisiert. Wir kennen uns von der Zusammenarbeit auf manchen Gebieten.« Rasch führte er sie in einen Besprechungsraum, auf dessen Tisch Kaltgetränke und mehrere Thermoskannen standen. Gläser, Tassen und Extras fehlten ebenfalls nicht. Die drei anwesenden Männer erhoben sich.

»Bielefeldt«, stellte sich der Sprecher der Wirtschaftsverbände vor. »Ich dachte, in Anbetracht der Bedeutung des Themas wäre es von Interesse, das geballte Know-how an den runden Tisch zu bitten. Herrn Rasch haben Sie schon kennengelernt.«

»Die Geschäftsführung der Brunsbüttel Ports lässt sich entschuldigen«, sagte der Brunsbüttler Bürgermeister. »Ich bin mit der Materie vertraut und werde sie hier vertreten.«

»Herr Sander«, fuhr Bielefeldt mit der Vorstellung fort, »repräsentiert die Hamburg Port Authority, die nicht nur den laufenden Betrieb des Hamburger Hafens organisiert und kontrolliert, sondern auch die Denkfabrik für die künftige Entwicklung ist. Sie ist für das anerkannt effektive Hafenmanagement zuständig.«

Sander mochte Mitte vierzig sein. In seine kurz geschnittenen dunklen Haare hatten sich die ersten grauen Strähnen eingenistet. Es wirkte nicht ungepflegt, dass sich auf den Wangen und am Kinn ein leichter dunkler Schatten abhob. Möglicherweise gehörte der Manager zu den Männern, die sich zwei Mal am Tag rasieren müssen.

»Herr Paulsen ist von der Hamburg–Shanghai-Linie.«

Lüder kannte die Traditionsreederei. Sie gehörte zu Hamburg wie die Elbe oder die Alster, auch wenn sie kleiner war als Hapag-Lloyd oder Hamburg-Süd.

Die beiden Beamten nahmen Platz.

»Ich bin ein wenig irritiert«, wandte sich Lüder an Bielefeldt. »Wir wollten mit Ihnen noch einmal über Ihre Begegnung mit Maurizio Archetti sprechen.«

»Die Herren, mit Ausnahme von Bürgermeister Rasch, kannten Archetti ebenfalls. Ich habe mir gedacht, es wäre für Sie von Interesse, auch aus anderem Mund etwas über den EU-Beamten zu hören.«

»Das ist zutreffend«, ergriff Sander das Wort. »Sie wissen, dass heutzutage vieles im europäischen Verbund geschieht. Wir stehen im Wettbewerb mit Rotterdam und Antwerpen. Es ist ein Spagat, da uns Brüssel vieles vorschreibt und unseren kreativen Handlungsspielraum einschränkt.«

»Sie meinen, in Hinblick auf die Flora-Fauna-Habitat-Richtlinie, also den Naturschutz«, warf Lüder ein.

»Das ist ein gewichtiger Posten.« Sander nickte zustimmend. »Aber nicht nur das. Der Hamburger Hafen ist eine gewaltige Jobmaschine. Zehntausend Seeschiffe laufen ihn jährlich an und stellen die Verbindung zu Häfen in fast einhundertachtzig Ländern her. Rund einhundertsechzigtausend Arbeitsplätze sind direkt oder indirekt vom Hafen abhängig. Nur wenige begreifen, dass der Hafen der Motor unserer Volkswirtschaft ist und Deutschland ohne ihn weder zum Globalisierungsgewinner noch zum Exportweltmeister geworden wäre. Fast der gesamte internationale Warentransport geht übers Wasser. Wir dürfen stolz sein, einen besonders leistungsfähigen Hafen zu betreiben. Nicht umsonst ist Hamburg demnächst Gastgeber für die international bedeutendste Konferenz der Hafenwirtschaft. Es gibt viele, die uns unseren Erfolg neiden.«

Der Reeder Paulsen räusperte sich. Das ausladende Doppelkinn geriet in Bewegung.

»Nur zum Verständnis möchte ich anfügen, dass von Hamburg aus etwa eintausendfünfhundert Schiffe bereedert werden.«

»Ich hoffe, Sie verstehen jetzt, worüber wir sprechen«, sagte Bielefeldt. »Leider hat sich die Idee, in Wilhelmshaven einen Tiefwasserhafen zu etablieren, bisher als teurer Flop erwiesen. Theoretisch können dort die ganz großen Schiffe festmachen. Und was ist? Ich bedaure den Großteil der dort beschäftigten Menschen, die seit Langem kurzarbeiten. Zurück zur Elbe und nach Hamburg. Wenn Sie diesen Seeweg kappen, dann geht es Deutschland schlecht. Das ist unsere Achillesferse.«

»Haben Sie in dieser Hinsicht Bedenken? Glauben Sie, dass

man auf politischem Gebiet Druck ausüben könnte? Oder was befürchten Sie?«, fragte Lüder.

Bielefeldt wiegte den Kopf. »Ich bin mir nicht sicher.« »War Archetti mit dem Auftrag unterwegs, Munition zu sammeln, um über den ökologischen Weg dem Hamburger Hafen Steine in den Weg zu werfen?«

Die vier Männer auf der anderen Seite des Tisches tauschten bedeutsame Blicke aus.

»Nein«, ergriff Sander das Wort. »Maurizio Archetti war kein einfacher Gesprächspartner. Ich habe öfter mit ihm zu tun gehabt. Aber ein – lassen Sie es mich salopp formulieren – Ökofreak war er nicht.«

War deshalb das Treffen mit den »Freunden der Elbe – die Elbe soll leben« gescheitert? Lüders Gedanken schweiften kurz ab. Es gab immer noch keine plausible Erklärung, weshalb Frank Hofsänger statt des Treffens mit Archetti eine Reise nach Wismar angetreten hatte. Und von seinem Mitstreiter Adler wusste man, dass er ein ausgebildeter Präzisionsschütze war.

»Wir sind in Brunsbüttel eine Nummer kleiner, deshalb aber nicht bedeutungslos«, mischte sich Bürgermeister Rasch ein. »Man kennt uns als Eingang zum Nord-Ostsee-Kanal, aber auch als bedeutenden Industriestandort. Das verdanken wir nicht zuletzt unserer Hafengruppe, dem Elbehafen, dem Ölhafen und dem Hafen Ostermoor. Jeder, der hört, dass sich dahinter ein flexibler mittelständischer Betrieb verbirgt, ist erstaunt angesichts der hohen Kernkompetenz. Wir bieten nicht nur eine strategische Lage und ein umfassendes Angebot an maritimen Dienstleistungen, sondern können auch mit dem größten zusammenhängenden Industriegebiet Norddeutschlands aufwarten. Hätten Sie das vom Wirtschaftsstandort Brunsbüttel gedacht?«

Der Bürgermeister lehnte sich stolz zurück. Dann beugte er sich schnell vor und hob warnend den Finger.

»Dieses hochsensible Gebilde ist aber fragil. Die Schleusenanlagen sind marode und im Unterhalt lange vernachlässigt worden. Immer wieder kommt es zu technischen Problemen. Und wenn uns die einmal keine Sorgen bereiten, sägen manche an dem Ast, auf dem sie sitzen, indem sie streiken. Ich möchte nicht missverstanden werden: Wir haben das Streikrecht als Mittel, den eigenen Forderungen Nachdruck zu verleihen. Ich würde mir dabei aber etwas mehr Augenmaß wünschen.«

»Sie sprachen davon, dass es schwerwiegende Folgen für Deutschland hat, wenn der Seeweg gekappt wird.« Lüder sah Bielefeldt, dann die anderen Herren an. »Gibt es dafür Anhaltspunkte?«

»Das war rein hypothetisch«, versicherte Bielefeldt ihm schnell.

»Man kann den Seehandel auf verschiedene Art und Weise beeinträchtigen«, erwiderte Lüder. »Zum Beispiel durch politischen Druck. War Archetti in einer solchen Mission in Norddeutschland?«

Bielefeldt wiegte bedächtig den Kopf, biss die Zähne zusammen und öffnete den Mund. Es war die Geste des »Na ja – so genau kann man das nicht sagen«.

»Archetti war wirtschaftsfreundlich eingestellt«, antwortete er schließlich.

»Rotterdam und Antwerpen sind Hamburgs schärfste Konkurrenten auf europäischer Ebene. Hing von Archetti ab, wie sich die künftige Frachtverteilung zwischen diesen Standorten gestaltet?« Lüder ließ unerwähnt, dass Archetti von Amsterdam aus nach Hamburg angereist war.

Für einen Moment herrschte betretenes Schweigen, bis Sander von der Hamburg Port Authority leise sagte: »Es wird gemunkelt, das Signore Archetti für, tja ... ähm ... nennen wir es Gefälligkeiten ... empfänglich war.«

»Er war bestechlich?«, fragte Lüder.

Sander legte den Zeigefinger auf die Lippen. »Es ist gefährlich, solche Formulierungen zu benutzen. Was meinen Sie, was in Europa los ist, wenn jemand behauptet, die Brüsseler seien korrupt?«

»Ich frage mich, warum niemand das Kind beim Namen nennt. Ich bin für Europa. Ohne Wenn und Aber«, schimpfte Paulsen, der Reeder. »Die Bürokratiediktatoren erwürgen uns aber mit ihrem Klammergriff. Natürlich muss Herr Sander vorsichtig sein. Er vertritt schließlich eine Behörde. Wenn jemand wie Archetti am Stellpult sitzt, verfügt er über diverse Möglichkeiten, etwas Gutes für sich zu bewirken.«

»Ich verwahre mich dagegen«, sagte Sander aufgebracht. »Die Freie und Hansestadt Hamburg besticht niemanden.«

Paulsen winkte ab. »Das funktioniert anders. Das wird über Reedereien abgewickelt. Die Großen der Branche sind weltumspannend tätig und haben Möglichkeiten, diskret Gelder über die Caymans oder andere verschwiegene Finanzplätze zu transferieren.«

»Sie behaupten, Archetti sei käuflich gewesen und habe seinen Einfluss zugunsten der Häfen geltend gemacht, die ihm etwas haben zukommen lassen?«

Es waren gewagte Gedanken, fand Lüder, aber Archetti war Italiener. Das traf auch auf Carretta zu, dem man die Verbindung zur Mafia nachgewiesen hatte. Welche Verbindung bestand zwischen den beiden Mordopfern? Hatte sich jemand der möglichen Erpresser, soweit Carretta und irgendwelche Hintermänner sich als solche betätigt haben, entledigen wollen? Das wäre ein völlig neuer Aspekt.

»Gibt es noch ein anderes Bedrohungspotenzial?«, fragte Lüder. »Es könnte auch Erpressungsversuche der kriminellen Szene geben. Ist ein Hafen, eine Reederei bereit, stillschweigend zu zahlen, wenn es massive Drohungen gibt? Wie viel Wert verbirgt sich hinter einem Schiff und seiner gesamten Ladung?«

»Das lässt sich schwer quantifizieren«, sagte Paulsen, nachdem er prustend ausgeatmet hatte. »In diesem Teil der Welt vergisst man oft, wie gefährlich die Seefahrt sein kann. Es gibt immer noch die Piraterie in Asien, Afrika und Südamerika. Und das im einundzwanzigsten Jahrhundert.«

Bielefeldt kratzte sich an der Stirn. »Ich habe es für einen Allgemeinplatz gehalten und nicht ernst genommen, aber Archetti hat mir gegenüber von einer großen Gefahr für die europäischen Häfen gesprochen. Er wollte sich aber nicht weiter darüber auslassen, als ich nachgefragt habe. Für mich war das ein sekundäres Problem. Ich bin kein Sicherheitsexperte.«

»Deshalb haben Herr Paulsen und ich Ihnen vorhin ausführlich dargestellt, welche existenzielle Bedeutung die Seeschifffahrt für uns alle hat«, sagte Sander. »Es muss endlich etwas geschehen. Auf politischer Ebene finden wir kaum Gehör. Es ist so, dass die

Schalthebel in Berlin auf diesem Terrain südlastig besetzt sind. Dort versteht man uns nicht.«

»Archetti muss irgendetwas im Gepäck gehabt haben, das ihm das Leben gekostet hat«, sagte Lüder.

»Was meinen Sie damit?«, fragte Sander.

Lüder ging nicht darauf ein. Es gab zu viele Ansatzpunkte für Ermittlungen. Er sprach Bielefeldt an.

»Sie waren der Letzte, der mit ihm gesprochen hat. Das war symbolisch gemeint. Tatsächlich hat er noch andere Menschen nach Ihnen getroffen.« Lüder ließ Archettis Bordellbesuch unerwähnt. »Hat Archetti im Gespräch mit Ihnen durchblicken lassen, dass er den Seehandel schützen und fördern möchte?« Musste er deshalb sterben, setzte er den Gedanken unausgesprochen fort, weil der Naturschützer Adler in ihm einen schwierigen Gegner sah? Adler, der mit einem Präzisionsgewehr umgehen konnte.

»Wir sind jederzeit für Sie ansprechbar«, schloss Lüder die Gesprächsrunde. Er war erstaunt, als ihm der Reeder Paulsen auf den Parkplatz folgte und herumdruckste.

»Ist noch etwas?«

Paulsen warf einen Blick auf Christoph Johannes, der neben Lüder stand. »Ich würde gern mit Ihnen allein sprechen.«

»Das geht nicht«, sagte Lüder barsch. »Mein Kollege ist genauso verschwiegen, wie Sie es von mir erwarten dürfen. Es sei denn, Sie sind in strafbare Handlungen verwickelt. Dann kann Ihnen kein Polizist einen Freibrief ausstellen.«

»Um Himmels willen. Das ist es nicht. Ich wollte es nicht in Gegenwart der anderen sagen, aber unsere Reederei wird tatsächlich erpresst.«

»Welche Polizeibehörde ermittelt in diesem Fall?«

»Keine«, antwortete Paulsen. »Wir haben lange überlegt, ob wir uns an die Polizei wenden sollen. Aber was kann die ausrichten? Die Täter stecken irgendwo auf der Welt und entziehen sich dem Zugriff unserer Behörden.« Er zeigte mit dem ausgestreckten Zeigefinger auf Lüder. »Wie gestaltet sich Ihre Zusammenarbeit mit der Polizei in Südostasien? In Brasilien? Im Jemen?«

Was hätte Lüder ihm antworten sollen? Er hatte am eigenen

Leib die Machtlosigkeit der deutschen Behörden in Afrika erfahren.

»Wir sind nicht sonderlich erschrocken darüber. Es ist nicht das erste Mal, vermutlich auch nicht das letzte. Aber es gibt etwas, das eine andere Qualität hat.«

»Haben Sie Vermutungen, woher die Drohungen stammen können? Was will man von Ihnen? Geld? Womit droht man?«

Paulsen schüttelte müde den Kopf. »Ich weiß nicht, was ich davon halten soll. Sehen Sie: Die Reeder sind weltweit in einen teilweise ruinösen Konkurrenzkampf verwickelt. Die Frachtraten fallen, in der globalen Krise ist das Frachtaufkommen limitiert. Ich verrate kein Geheimnis, wenn ich sage, dass es dem deutschen Branchenprimus Hapag-Lloyd derzeit nicht gut geht und er enorme Verluste einfährt. Uns ergeht es nicht anders. Das ist kein schlechtes Management. Es ist der Situation geschuldet. Trotz des harten Wettbewerbs sind wir Reeder andererseits aber auch Kollegen und haben gleiche Interessen. Für einen Außenstehenden ist das schwer verständlich. Amerikanische Kollegen haben durchblicken lassen, dass man jenseits des Atlantiks in Sorge ist, der internationale Terrorismus würde auf die Seeschifffahrt übergreifen. Die Islamisten haben vom Westen gelernt. Wenn der politisch jemanden abstrafen will, beispielsweise unwillige Staaten, verhängt er Wirtschaftssanktionen. Die treffen häufig ins Mark, auch wenn die Betroffenen es nicht eingestehen wollen. Die jüngere Geschichte kennt zahlreiche Beispiele. So haben auch die Terroristen begriffen, dass sie uns mittel- und langfristig mehr schaden können, wenn sie unsere Infrastruktur angreifen. Das trifft uns härter als ein paar Tote bei einem Anschlag, selbst wenn jedes Opfer eines zu viel ist.«

»Wer hat Ihnen diese Botschaft zukommen lassen?«

Paulsen sah auf seine Fußspitzen. »Darüber möchte ich nicht sprechen. Das ist zu heikel.«

»Wissen Sie, was Sie sagen? Dahinter steckt möglicherweise eine große Gefahr für die Bundesrepublik.«

»Ach«, wehrte Paulsen ab. »Wir sind doch nur Kaufleute und Seefahrer. Die Regierungen mit ihren Geheim- und Nachrichtendiensten sind viel besser informiert, auch wenn die Amerikaner die Bedrohung so ernst nehmen, dass sie paramilitärisch auftretende Sicherheitsunternehmen engagieren und auf ihren Schiffen mitfahren lassen.« Paulsen drückte das Kreuz durch. »Mehr habe ich nicht zu sagen. Der Rest liegt bei Ihnen.« Der Reeder ging weiter zu dem Mercedes mit dem Hamburger Kennzeichen, stieg ein und fuhr davon.

Sie sahen dem Fahrzeug nach, bevor sie sich in Christoph Johannes' Volvo setzten.
»Wie ernst ist das zu nehmen?«, fragte der Husumer nachdenklich. »Ist das übertriebene Sorge oder gar Panikmache? Mir schien Paulsen ein besonnener Mann zu sein.«
»Ich teile deine Ansicht«, sagte Lüder. »Es gibt merkwürdige Parallelen. Wir haben immer noch keine Anhaltspunkte, wie konkret die Drohung ist, die Jan Klingbiel mit seiner Videobotschaft vorgebracht hat. Warum sind die Bundesanwaltschaft und das BKA so aufgeschreckt? Steckt hinter der Warnung, die Paulsen von seinem amerikanischen Geschäftsfreund erhalten haben will, doch mehr, als wir glauben? Wir haben auch nicht andeutungsweise gehört, dass der Bundesnachrichtendienst involviert ist. Die müssten doch als Erste informiert sein. Und warum ist das BKA so erpicht darauf, uns aus den Ermittlungen herauszuhalten? Wir haben jetzt aus zwei Quellen von einer Bedrohung gehört, von Klingbiel und durch Paulsen vorhin. Oder stammt beides aus derselben? Jedenfalls wabert irgendwo ein Sumpf, in dem es brodelt. Und jeder kocht sein eigenes Süppchen.«
»Man mag es nicht, dass wir auch mitmischen.« Christoph Johannes schmunzelte. »Das kennen wir in Husum auch. Insbesondere Frauke Dobermann war zu ihrer Flensburger Zeit sehr ungehalten, wenn wir uns in Todesfallermittlungen eingeschaltet haben, die sie eindeutig als ihre Domäne gehütet hat.«
»Es gibt zu viele Sackgassen, die uns nicht weiterführen«, sagte Lüder. »Wohin wir auch vorstoßen, geraten wir an eine Mauer des Schweigens.«
Nach der Verabschiedung fuhr Lüder nachdenklich nach Kiel zurück.

DREIZEHN

Lüder hatte den Vormittag damit zugebracht, auf dem kurzen Dienstweg einen Kontakt zur niederländischen Polizei herzustellen. Inspecteur van der Vlugt, an den er nach mühevoller Suche verwiesen wurde, erwies sich als hilfsbereiter Kollege. Der Holländer bestand darauf, Deutsch zu sprechen, und erinnerte Lüder dabei ein wenig an Rudi Carrell. Lüder berichtete von den Ermittlungen im Mordfall Maurizio Archetti.

»Wir wissen, dass der Tote aus Amsterdam nach Hamburg geflogen ist. Es wäre für uns von Interesse, zu erfahren, was er in Amsterdam oder Rotterdam gemacht hat, mit wem er sich getroffen und worüber man gesprochen hat.«

Van der Vlugt hatte sich bereits eine Stunde später wieder gemeldet. »Mijnheer Archetti ist nach Hamburg geflogen.«

Das wissen wir, mein Junge, dachte Lüder. Laut sagte er: »Wie ist er nach Amsterdam gekommen?«

Van der Vlugt lachte jungenhaft. »Mit dem Auto? Dem Zug? Per Anhalter?«

»Nicht auf dem Jakobsweg«, antwortete Lüder.

»Den sind wir mit dem Abzug der spanischen Eroberer losgeworden«, erwiderte der Holländer vergnügt. »Im Ernst. Das lässt sich schwer feststellen. Zumindest kam er nicht mit dem Flugzeug.«

Wenn Archetti aus Brüssel oder Antwerpen gekommen ist, wird er den Zug benutzt haben, überlegte Lüder. Die Fahrzeit betrug zwischen ein und zwei Stunden. Mit dem Auto wird er nicht gefahren sein, da er ab Amsterdam nach Hamburg geflogen ist.

Lüder versuchte, Sander von der Hamburg Port Authority zu erreichen. Der Hafenmanager benötigte nur wenige Minuten, um Lüder einen Gesprächspartner in Rotterdam zu nennen.

Henk Jongenelen zeigte sich zunächst reserviert. Er war misstrauisch, fragte nach und vermied es, selbst Auskünfte zu erteilen. »Wählen Sie den Weg über die *politie*«, schlug er vor.

Van der Vlugt war überrascht, dass Lüder sich so schnell wieder meldete. »Ich werde Kontakt zu Henk Jongenelen aufnehmen«, sagte der Inspecteur.

Nach einer weiteren halben Stunde meldete sich der niederländische Kollege zurück. »Jetzt spricht er auch mit Ihnen«, sagte er mit einem spitzbübisch klingenden Lachen.

Erneut erzählte Lüder in Kurzform, dass Maurizio Archetti in Husum ermordet worden war. Jetzt schien Jongenelen es zu glauben.

»Ist das wahr?«, fragte er bestürzt. »Wir haben erst vor Kurzem miteinander gesprochen. Ich kannte Archetti gut. Wir haben oft miteinander zu tun gehabt.«

»Ging es bei Ihrem Gespräch um Zukunftsfragen der großen europäischen Häfen?«, fragte Lüder.

»Darüber möchte ich nicht sprechen. Es gibt viele gemeinsame Interessen der Häfen, aber auch den Wettbewerb untereinander.«

»Wir wissen, dass Archetti von einer drohenden Gefahr für die Häfen gesprochen hat.«

»In welcher Hinsicht?« In Jongenelens Stimme lag etwas Lauerndes.

»Alle Seehäfen legen besondere Aufmerksamkeit auf die Sicherheit. Es gilt, nicht nur Betriebsgeheimnisse zu bewahren, die den eigenen technologischen Vorsprung sichern, sondern sich auch gegen Anschläge zu schützen. Haben Sie darüber Gedanken ausgetauscht?«

»Das hat Archetti kurz erwähnt.«

»Was hat er mit Ihnen besprochen?«

»Wie ich schon sagte – wir haben einen ganzen Themenstrauß behandelt. Da bleibt es nicht aus, auch die Terrorgefahr anzusprechen.«

»Hat Archetti konkrete Bedrohungen genannt?«

»Nein. Nur allgemein.«

»Herr Jongenelen«, sagte Lüder. »Hier geht es nicht um Eifersüchteleien zwischen den Hafenstandorten. Die Gefahr ist allgegenwärtig.«

»Dessen sind wir uns bewusst. Wir tauschen uns auch mit unseren Kollegen in den anderen Häfen aus. Zudem gibt es eine gute Zusammenarbeit mit der Polizei.«

»Haben Sie auch Kontakte nach Übersee? Zum Beispiel zu den Amerikanern?«
»Ich glaube, ich bin nicht der richtige Ansprechpartner.« Lüder wunderte sich, dass Jongenelen bei dieser Andeutung nicht nachfragte. Lüder hätte es als natürlich empfunden, wenn der Holländer hellhörig geworden wäre, gefragt hätte, ob die Deutschen Verdachtsmomente hätten. Nichts.
»Haben Sie mit Maurizio Archetti auch Fragen erörtert, die sich aus dem Umweltschutz ergeben? Schließlich ist Holland –«
»Sie meinen die Niederlande«, korrigierte ihn Jongenelen. Lüder entschuldigte sich. »Selbstverständlich. Die Niederlande sind aufgrund der geografischen Lage und der Tatsache, dass Teile Ihres Landes unter dem Meeresspiegel liegen, besonders bedroht. Da müsste der Umweltschutz eine herausragende Rolle spielen.«
»Unser Gespräch nimmt eine merkwürdige Wendung«, stellte Jongenelen fest. »Ich kann Ihnen nicht mehr folgen und bitte Sie, Kontakt zur Polizei oder zu einer anderen Institution aufzunehmen. Es tut mir leid, Ihnen nicht weiterhelfen zu können.«
Er zeigte sich unterkühlt, als sie das Telefonat beendeten.

Warum hatte sich der Holländer – Lüder benutzte in seinen Gedanken diese Formulierung – so verschlossen gegeben, als Lüder nach möglichen Problemen mit einheimischen Umweltschützern fragte? War es zu abwegig, Archetti eine Strategie zu unterstellen, die notwendige Elbvertiefung am Umweltschutz scheitern zu lassen? Brüssel könnte über die FFH-Richtlinie ein Veto einlegen. Vordergründig könnte man dabei nicht unterstellen, dass der Italiener sich für Hamburgs Konkurrenten einsetzte und den Umweltschutz als Vehikel benutzte. Immerhin verdächtigte man ihn, bestechlich zu sein. Das geschah wahrscheinlich im großen Rahmen. Für ein Trinkgeld würde Archetti so etwas nicht wagen.
Und wenn dieses große Rad nicht von ihm allein gedreht wurde? Wenn dahinter eine große Organisation mit Verbindungen zu Politik und Wirtschaft stand? Carretta, das zweite Opfer, war unzweifelhaft der Mafia zuzuordnen.
Es war verwirrend.
Welches Spiel trieben die Holländer? Ja – Holländer. Das war

schließlich kein Schimpfwort. Umgekehrt wurden die Deutschen in den Niederlanden abwertend *moffen* genannt, was man aus »muffig« ableiten konnte. Seit dem Zweiten Weltkrieg galt »Moffen« auch als Synonym für »Nazis«. Lüder rieb sich automatisch die Hände. Er freute sich auf das nächste Fußballländerspiel der beiden sportlich verfeindeten Nachbarn, wenn das Ergebnis nur richtig ausfiele.

Reeder Paulsen hatte mit seinem Hinweis einen Impuls gesetzt, der Lüder zunehmend beschäftigte. Jongenelen hatte die Terrorgefahr nicht bestritten, Jan Klingbiel alias Abd-al-Qadir drohte mit Maßnahmen, die die Infrastruktur treffen könnten, und auch Archetti schien mit dieser Fragestellung befasst gewesen zu sein.

Lüder nahm Kontakt zu Paulsen auf.

»Ich habe mich vielleicht ein wenig zu weit vorgewagt«, versuchte der Reeder, seine am Vortag geäußerte Besorgnis zu relativieren.

»Wir nehmen solche Warnungen ernst«, versicherte ihm Lüder. »Es würde uns weiterführen, wenn Sie mir Ihre Quelle offenbaren würden.«

»Die ist Ihnen nicht zugänglich.«

»Ich würde es darauf ankommen lassen. Wir verfügen über Möglichkeiten, die Ihnen nicht offenstehen.«

»In diesem Fall aber nicht. Mein Kontakt spricht nicht mit Ihnen. Nicht mit deutschen Behörden.«

»Ist er Jude?«, riet Lüder.

»Ja«, bestätigte Paulsen.

»Lassen Sie mich es versuchen.«

Paulsen zögerte.

»Schließlich arbeiten Sie auch mit Ihrem Kontakt zusammen. Ich verstehe, dass es um wirtschaftliche Interessen geht. Die überwinden alle menschlichen Hürden.«

»Jerry hat seine ganze Familie verloren. Sie mussten in den Staaten neu anfangen.«

»Wie heißt Jerry weiter?«

»Jeremias Feinstein. Seiner Familie gehört die New York Shanghai Shipping Company«, überwand sich Paulsen, um sofort

nachzuschieben: »Ich vertraue Ihnen, Herr Lüders. Bitte! Enttäuschen Sie mich nicht. Für unsere Reederei hängt viel von dieser Verbindung ab. Da Feinstein sich weigert, mit seinen Schiffen Deutschland anzulaufen, überlässt er uns das Geschäft.«
»Natürlich gegen eine Provision«, lästerte Lüder.
»Selbstverständlich. Auf dieser Welt ist nichts umsonst.«
Selbst Feinstein, einen offenbar bis heute unnachgiebigen Kritiker Deutschlands, lockte das Business. *Money makes the world go round.* In Israel gab es orthodoxe Juden, die sich strikt weigerten, am Sabbat eine Arbeit zu verrichten. Dazu gehörte auch die Betätigung von Lichtschalter, Fernsehknopf und Kochherd. Man sah es auch nicht als Selbstbetrug, wenn in der heutigen Hightechwelt diese Aufgaben am Vortag programmiert wurden und man zur gewünschten Zeit am Sabbat auf keine Annehmlichkeit verzichten musste. Christliche Mönche empfahlen Marzipan aus gesundheitlichen Gründen – auch während der Fastenzeit. Und strenggläubige Moslems tranken ihren Alkohol anonym im noblen Schweizer Skiort.

Wasser predigen und Wein trinken – das gab es in allen Kulturen und Religionen. Wie unglaubwürdig ist diese Welt, dachte Lüder.

»Weiß Feinstein unter Umständen mehr? Konkretes? Kann er weitergehende Kontakte herstellen?«

»Nein!« Es klang entschieden.

»Sie sagten, Ihre Reederei sei auch bedroht. Vertrauen Sie sich uns an, Herr Paulsen. Wer sonst soll Sie schützen?«

»Es gibt Bereiche, da sind Sie trotz allen guten Willens machtlos. Sehen Sie das nicht als Affront. Die Amerikaner gehen anders vor.«

»Wie?«

»Dort bieten Sicherheitsfirmen ihre Dienste an. Die sind schlagkräftiger als Sie oder andere Polizeibehörden. Aus Sicht der Amerikaner sind wir zu lasch, zu nachsichtig, zu ineffizient.«

»Haben Sie auch ein Angebot erhalten?«

Es dauerte eine Weile, und erst als Lüder nachfragte, antwortete Paulsen gedehnt: »Jaaa!«

»Haben Sie schon kontrahiert?«

»Wir überlegen noch.«
»Bevor Sie weitere Schritte unternehmen, würde ich mich gern noch einmal mit Ihnen unterhalten. Bitte!«, ergänzte Lüder nachdrücklich.
Das »Ja« klang nicht sehr überzeugt.
»Wie heißt das Unternehmen?«
»Da möchte ich nicht drüber sprechen.«
»Sind die Amerikaner eigentlich Konkurrenten im Seeverkehr?«
»Für uns nicht. International haben sie den Anschluss verloren. Ihre Güter werden überwiegend von den großen chinesischen Reedereien transportiert. Im Europaverkehr spielen sie überhaupt keine Rolle.«
Lüder bat darum, sich noch einmal zu treffen.
»Ich melde mich bei Ihnen«, sagte Paulsen ausweichend.

Lüder versuchte, Kriegskotten zu erreichen. Der BKA-Beamte meldete sich auf dem Handy.
»Was wissen Sie über konkrete Attentatsdrohungen gegen unsere Handelsschifffahrt? Welche Informationen ausländischer Dienste liegen Ihnen vor? Gibt es konkrete Warnungen? Welche Rolle spielen dabei dubiose US-Sicherheitsfirmen?«, überfiel er Kriegskotten mit einer Reihe von Fragen.
Es war Lüder gelungen, den BKA-Beamten zu überrumpeln. Atemlose Stille herrschte in der Leitung.
»Sie hören von uns«, antwortete Kriegskotten nach einer langen Pause und legte sofort auf.
Lüder war überrascht, dass Paulsen zurückrief.
»Ich weiß nicht, warum, aber ich vertraue Ihnen«, sagte der Reeder. »Allerdings möchte ich nicht am Telefon darüber sprechen.«
Sie verabredeten sich im Büro der Reederei.

Das Schifffahrtsunternehmen residierte in repräsentativer Lage in einem unscheinbaren Nachkriegsbau am Hamburger Vorsetzen.
Lüder stellte sich ans Fenster, nachdem ihn Paulsen mit einem kräftigen Händedruck begrüßt hatte, und besah sich das rege Trei-

ben im Hafen. Über den Viadukt, eine der reizvollsten U-Bahn-Strecken der Welt, hinweg ging der Blick zur Überseebrücke, an der das Museumsschiff »Cap San Diego« festgemacht hatte, und fing sich am gelben Zelt des Musicals »König der Löwen« auf der anderen Elbseite.

Auf dem silbern glitzernden Strom verkehrten Rundfahrtbarkassen mit »He lücht« – »er lügt« – am Ruder. Dazwischen drängelten sich die fast ein wenig an rassige Yachten erinnernden Fähren der HADAG, die wie Omnibuslinien den gesamten Hafen verkehrsmäßig erschlossen.

Die Abläufe in diesem Welthafen hatten gegenüber früher ein anderes Gesicht bekommen. Beherrschten damals noch die Barkassen das Bild, die Hafenarbeiter zu den Schuppen und an die Liegeplätze der Kais brachten, die Werftarbeiter zu einer der zahlreichen Traditionswerften auf der anderen Elbseite schipperten oder Schleppverbände flussaufwärts zogen, kam man heute mit bedeutend weniger Menschen aus. Technik beherrschte das Geschehen. Vieles war automatisiert. Von Gewusel war keine Rede mehr.

»Obwohl mir das Bild vertraut ist, sauge ich es immer wieder gern in mir auf«, sagte Paulsen aus dem Hintergrund. »Die Faszination, die davon ausgeht, ist ungeheuerlich.«

Der Kaffee in der edlen Bone-China-Tasse schmeckte hervorragend.

»Es ist nicht viel, was ich Ihnen zu erzählen habe«, begann der Reeder. »Ich hatte angedeutet, dass uns ein Kontakt zu einer Sicherheitsfirma vermittelt wurde.«

»Von Ihrem amerikanischen Kollegen Jeremias Feinstein.«

»So ist es. Ich habe mich noch nicht entschieden.«

»Was sagen Ihre Kollegen dazu?«

Paulsen nippte vorsichtig an seiner Tasse. »Das ist mein Problem. Ich kann mit niemandem reden, sondern muss die Entscheidungen allein treffen. Nach guter alter hanseatischer Kaufmannssitte habe ich mir das Angebot angehört.« Der Reeder legte die manikürten Fingerspitzen zusammen.

»Und?«

»Mich hat es nicht überzeugt. Man hat vollmundige Versprechungen abgegeben. Die eingesetzten Sicherheitskräfte seien exzellent geschult und schlagkräftig. Allein die Verbreitung der Nachricht, dass sie an Bord eines Schiffes mitfahren würden, halte potenzielle Angreifer ab.«

»Sie verstehen, dass ich als Polizist so etwas grundsätzlich ablehne«, sage Lüder. »Wenn Sie hochsensible Ladung in Gegenden transportieren, in denen die Piraterie Alltag ist, könnte man so etwas noch vorstehen.« Lüder verzog das Gesicht. »Gutheißen würde ich es persönlich auch nicht.«

»Man spricht von einem Abschreckungseffekt.«

Archetti und Carretta. Italiener. Mafia. Ein Geschäftszweig war früher die Schutzgelderpressung, verfolgte Lüder eine Gedankenkette.

»Hat man Ihnen gegenüber Andeutungen gemacht, dass es in Zukunft gefährlich für Ihre Schiffe werden könnte? Sie deuteten in der Runde in Brunsbüttel an, dass es auch Drohungen gegen Ihre Reederei gebe.«

»Man hat aufgezeigt, welches Gefahrenpotenzial heute in der Seeschifffahrt liegt.«

»Sind die Leute ins Detail gegangen? Wurde explizit von Terrorismus gesprochen?«

»Ich habe das Gespräch abgebrochen, bevor es zu weit ging«, sagte Paulsen. Er spitzte die Lippen und öffnete den Mund, ohne etwas zu sagen.

»Da fehlt noch der zweite Teil Ihrer Ausführungen«, ermunterte ihn Lüder.

»Die Leute sind wie Spams. Sie melden sich immer wieder und versuchen mit Nachdruck, ihre Dienstleistung zu verkaufen. Ich habe deutlich zum Ausdruck gebracht, dass wir nicht ins Geschäft kommen. Aber das scheint die nicht zu interessieren. Die sind penetrant.«

»Können Sie mir einen Kontakt nennen?«

Paulsen zögerte. »Ich möchte da nicht hineingezogen werden. Es wäre mir unangenehm, wenn dort die Polizei aufkreuzt. Tatsächlich ist ja nichts Unrechtes geschehen. Außerdem weiß ich nicht recht. Die Zusammenarbeit mit Jeremias Feinstein funktioniert unproblematisch. Ich würde ungern Sand ins Getriebe werfen, indem ich seine Empfehlung für diese Sicherheitsfirma der Polizei verrate.«

Lüder nahm einen Schluck Kaffee. Dann beugte er sich vor. »Ich kenne Ihren Anbieter nicht und möchte keine falschen Verdächtigungen aussprechen. Sagt Ihnen der Name Blackwater etwas?«

Paulsen nickte. »Das war ein amerikanisches Sicherheitsunternehmen, das Söldner in den Irak geschickt hat. Hat man ihnen nicht Massaker nachgewiesen?«

Lüder nickte. »Blackwater wurde zum Symbol für die Brutalität der Besatzung. Wohlgemerkt: Es handelt sich nicht um legitime Streitkräfte der Vereinigten Staaten, der UN oder eines anderen Landes, sondern aus unserer rechtlichen Sicht um bewaffnete Zivilisten, die völkerrechtlich Straftaten begehen. Was viele nicht wissen, ist, dass es Blackwater heute noch gibt, auch wenn sie sich in der Zwischenzeit zweimal umbenannt haben. Wir – in Deutschland – können uns nicht vorstellen, dass ein privates Sicherheits- oder Militärunternehmen beauftragt wird, in Krisengebieten militärische Aufgaben zu erfüllen. Und die Auftraggeber sind nicht nur despotische Diktatoren in irgendeinem fernen Dschungel.«

»Damit möchte ich nichts zu tun haben. Mir war das von Beginn an suspekt. Vielen Dank für die Aufklärung. Ich weiß jetzt, dass ich richtig gehandelt habe.«

»Sind die Amerikaner nur bei Ihnen vorstellig geworden?«

»Darüber spricht man nicht. Aber bei einem Empfang im Überseeclub habe ich kurz mit einem anderen Reeder gesprochen. Der hat angedeutet, dass auch ihm ein solches Angebot unterbreitet wurde.«

»Nennen Sie mir bitte Ihren Kontakt.«

Paulsen schüttelte energisch den Kopf. »Nein!«

»Ich muss mit diesen Leuten sprechen. Ich versichere Ihnen, dass ich neutral auftreten und Ihren Namen nicht preisgeben werde.«

Nachdenklich griff der Reeder zu seiner Kaffeetasse, ohne zu trinken. »Ich fürchte, ich bin in meinen Äußerungen Ihnen gegenüber schon zu weit gegangen.«

»Sie haben richtig gehandelt«, sagte Lüder. »Nur so kommen wir den mysteriösen Vorgängen auf die Spur.«

Paulsen öffnete seine Schreibtischschublade und zog einen kleinen gelben Notizzettel hervor. »Ich habe nur eine Telefonnummer.«

Lüder streckte fordernd die Hand aus.

Sekundenlang drehte Paulsen das Papier in seinen Fingern. »Haben Sie etwas zum Schreiben?«, fragte er schließlich mit einem Seufzer der Resignation.

Lüder notierte sich die Rufnummer, legte den Zeigefinger auf die Lippen und sagte: »Ich werde jetzt in Ihrem Beisein versuchen, Kontakt aufzunehmen.« Dann stellte er auf seinem Handy die Rufnummernunterdrückung ein.

Er glaubte schon, niemand werde abnehmen, weil sich der Unbekannte am anderen Ende Zeit ließ. Schließlich vernahm Lüder ein breites »*Hello?*«. Der Klangfärbung nach handelte es sich um einen Amerikaner.

Lüder erwiderte den Gruß. »Ich möchte mit Ihnen reden«, sagte er knapp, weil er wusste, dass Amerikaner im Unterschied zu Europäern keine langen Vorreden schätzen.

»Worüber?«

»Über Ihr Angebot.«

»Wer sind Sie?«

»Lassen Sie uns reden.«

»Okay. In einer Stunde?«

»In Ihrem Büro.«

»*No!*«

Lüder unterdrückte den Impuls, zu behaupten, der Amerikaner habe gar keins. Er erwartete den Namen eines Hotels. Aber selbst in diesem Punkt hielt sich der andere bedeckt.

»In einem Backshop«, sagte er zu Lüders Überraschung. »Kennen Sie die schräge Straße, die von der Alster wegführt? Am anderen Ende ist ein Backshop. In einer Stunde.« Dann wurde aufgelegt.

»Danke«, sagte Paulsen und ergänzte, als Lüder ihn ansah: »Für Ihre Diskretion.«

Lüder winkte ab. »Kennen Sie einen Backshop am Ende einer schrägen Straße, die von der Alster abgeht?«

Paulsen sah ihn ratlos an. »Wie soll die heißen?«
»Mehr Angaben habe ich nicht.«
»Schräge Straße von der Alster«, murmelte Paulsen. »Alster ist ein weiter Begriff. Wir haben den Alsterlauf, die Außen- und die Binnenalster sowie das Alsterfleet. Was könnte damit gemeint sein? Hmh.« Der Reeder zog die Stirn kraus. »Wenn ein Fremder von der Alster spricht, meint er damit die Außen- oder die Binnenalster. Da gibt es einige Straßen, die schräg abgehen. Wie wörtlich ist das zu nehmen?« Er rieb sich mit den Fingerspitzen die Schläfen. »Vielleicht meint er die Colonnaden. Die Straße führt vom Jungfernstieg, also von der Binnenalster, zum Stephansplatz. Es kann sein, dass es dort Backshops gibt. Ich halte es sogar für das Wahrscheinlichste.«
»Wie komme ich dorthin?«
»Am besten mit der U-Bahn. Wenn Sie aus dem Haus kommen, finden Sie ein Stück weiter die Station Baumwall. Sie nehmen die U3 Richtung Barmbek, fahren zwei Haltestellen und steigen am Rathausmarkt in einen Bus um. Fragen Sie dort noch einmal nach. Ich fahre fast nie mit öffentlichen Verkehrsmitteln. Und wenn, dann nicht in diese Richtung.«

Es war wirklich ein Erlebnis, die Treppe zum historischen U-Bahnhof zu erklimmen. Die modernen Züge passten nicht zum Ambiente des Bahnhofs, der wunderbar restauriert war und dennoch den Charme aus den Anfängen der ersten »Hochbahn« ausstrahlte, wie die U-Bahn in Hamburg hieß.

Am Rathausmarkt herrschte lebhaftes Treiben. Die Buslinien, Fahr- und Routenpläne waren so übersichtlich ausgeschildert, dass Lüder sich ohne Mühe zurechtfand. Er sah auf die Uhr. Noch blieb ihm viel Zeit. Der Blick auf die Karte seines Smartphones verriet ihm, dass er die Strecke bequem zu Fuß schaffen würde. Mit dem altehrwürdigen Rathaus im Rücken ließ er die Alsterarkaden links liegen und bog über die Brücke in den Jungfernstieg ein. Gleich mehrere Bettler hockten dort mit dem Rücken zum Geländer.

Auf dem breiten Boulevard drängten sich die Fahrzeuge, während sich die Fußgänger auf dem Bürgersteig entlangschoben, in die exquisiten Geschäfte verschwanden, in die beiden Seitenstraßen Neuer Wall oder Große Bleichen abbogen oder sich einfach treiben und von der Atmosphäre einfangen ließen. Diese Straße hatte Chic.

Lüder wechselte die Straßenseite und bummelte an der Alster entlang. Hier legten die trotz modernster Technik immer noch »Alsterdampfer« genannten Schiffe an, und mit lautem Tuten kündigte sich sogar ein noch wirklich mit Dampf betriebenes Schiff an. Auf der rechten Seite lag das markante Gebäude von Hapag-Lloyd, Deutschlands größter Reederei. Gegenüber residierte eines der führenden Hotels der Welt, das »Vier Jahreszeiten«.

Vor dem legendären Café, dem Alsterpavillon, drängten sich die Menschen, um Einlass zu erhalten. Lüder sah darunter viele asiatische Touristen.

Mühelos fand er die Colonnaden und bummelte an den zahlreichen Cafés und Restaurants vorbei, deren Außenbereiche fast komplett besetzt waren. Die Straße, eine Fußgängerzone, endete am Stephansplatz. Dort befand sich die Filiale einer Bäckereikette, die früher in Hamburg weitverbreitet war, dann aus dem Straßenbild verschwand und sich jetzt wieder etablierte.

Lüder stellte sich ans Ende der Schlange, wartete geduldig an der Selbstbedienungsausgabe, bis er seinen Cappuccino bekam, und suchte sich einen Platz, von dem er den Eingang beobachten konnte. Es herrschte ein reges Kommen und Gehen. Einen Moment hatte er Zweifel, ob es Sinn hatte, hier auf den Unbekannten zu warten. Es gab kein Erkennungszeichen, das sie verabredet hatten.

Dann bemerkte er einen Mann in einem gut geschnittenen dunkelblauen Anzug und einem weißen Hemd. Er mochte etwa fünfzig Jahre alt sein. Silberfäden zogen sich durch das dunkle Haar. Markant geschnittene Gesichtszüge, dunkle Augen und ein energisch vorspringendes Kinn prägten die Erscheinung des Mannes. Lüder vermochte nicht zu sagen, warum, aber so lief kein Europäer herum. Das war ein Amerikaner.

Er wartete, bis der Mann sich einen Becher Kaffee besorgt hatte. Es gab einen etwas längeren Disput an der Theke, da die Verständigung mit der osteuropäischen Aushilfe offenbar schwierig war. Der Mann suchte sich einen Platz unweit von Lüder, nahm vorsichtig einen Schluck aus dem Kaffeebecher und verzog angewidert das Gesicht. Auf Lüder wirkte es übertrieben. Er war mit seinem Getränk zufrieden. Lüder wartete einen Moment und stutzte, als ein zweiter Mann den Backshop betrat. Er hatte die Sonnenbrille in die Haare hochgeschoben, trug ein buntes Sweatshirt und eine eng sitzende Jeans und hielt mit einem Finger, den er durch die Schlaufe gesteckt hatte, lässig einen leichten Blouson über der Schulter. Der Bodyguard, dachte Lüder, als der Mann sich eine Cola besorgte, sich bemühte, gelangweilt zu wirken, und an einem Tisch Platz nahm, an dem ein älteres Ehepaar genussvoll seinen Kuchen aß. Lüder fiel auf, dass der Mann nicht fragte, ob er sich dazusetzen dürfe.

Der Erste sah sich suchend um. Sein Blick blieb kurz bei Lüder haften, wanderte dann aber weiter. Wenn der Mann unsicher war, so ließ er es sich nicht anmerken. Schließlich stand Lüder auf, brachte sein Tablett zum Geschirrwagen und setzte sich zu dem Amerikaner. Dabei sagte er: »*Hello.*«

Der Mann sah überrascht auf.

»Wir haben miteinander telefoniert«, erklärte Lüder. Er stellte amüsiert fest, dass der andere keinen Gesprächspartner in salopper Kleidung erwartet hatte.

»Sicher?«, fragte der Amerikaner.

»Säße ich sonst hier?«

»Wer sind Sie?«

»Ich bin beauftragt, Erkundigungen einzuholen«, erklärte Lüder ausweichend.

»Für wen?«

»Für eine Gruppe an Sicherheit Interessierter.«

»Ich möchte die Namen hören.«

Lüder schüttelte den Kopf. »Wir sprechen hier vertraulich miteinander.«

Der Amerikaner streckte den Arm vor. »Ihren Pass«, forderte er.

Lüder lächelte ihn an. Er versuchte, es überheblich wirken zu lassen. »Sie wollen ein Angebot unterbreiten.«

»So?« Der Amerikaner zog eine Augenbraue in die Höhe.
»Gut«, sagte Lüder und deutete an, aufstehen zu wollen. »Dann war das wohl ein Irrtum. Ich wünsche Ihnen noch einen schönen Aufenthalt in Hamburg.«
»Ich hatte einen anderen Gesprächspartner erwartet«, lenkte der Amerikaner ein.
»Woher sollte ich wissen, dass Sie hier jemanden erwarten?«, sagte Lüder.
»Wie sind Sie an meine Telefonnummer gekommen?«
»Sie machen Marketing. Unter guten Freunden, die die gleichen Interessen haben, tauscht man interessante Dinge aus.«
Der Amerikaner musterte Lüder betont auffällig. »Sie sehen nicht aus wie jemand, der im Management bestimmter Unternehmen tätig ist.«
»Manchmal trügt der Schein.«
»Wie soll ich Ihnen vertrauen?«
»Das verlangen Sie von meinen Auftraggebern doch auch. Sie wollen etwas verkaufen, das ausschließlich auf einem Versprechen beruht. Wenn Sie auf Erfolgsbasis arbeiten, werden wir uns schnell handelseinig.«
Sein Gegenüber wirkte für den Bruchteil einer Sekunde irritiert. »Erfolgsbasis? Wie soll das gehen?«
»Sagen Sie es mir«, forderte Lüder ihn auf. »Sie geben vor, der Experte zu sein.«
»Ich brauche Anhaltspunkte.«
»Gut. Definieren Sie einen Fragenkatalog. Wir werden ihn bearbeiten. Daraufhin können Sie ein spezifiziertes Angebot unterbreiten. Können Sie Referenzen vorweisen?«
Der Amerikaner hatte angebissen. Er nickte. »Aber erst, wenn wir wissen, wer Sie sind«, blieb er hartnäckig.
»Wie kann ich Sie erreichen?«, fragte Lüder.
»Sie haben meine Telefonnummer. Ich will Ihre.«, forderte der Amerikaner.
Lüder schüttelte den Kopf. »Wir verhandeln mit mehreren Anbietern. Meine Auftraggeber möchten vorerst in der Deckung bleiben. Ich kann Ihnen versichern, dass es sich um ein Konsortium interessanter Unternehmen handelt.«

In den Augen des Amerikaners blitzte es kurz auf. »Wann melden Sie sich?«, fragte er.

»Sie schicken mir Ihren Fragenkatalog.« Lüder holte einen Zettel hervor, kontrollierte, ob dort verfängliche Daten draufstanden, und schrieb: »security@shipping-association.com«. »Hierhin senden Sie Ihre Fragen.«

Sein Gegenüber warf einen Blick auf die Mailadresse. »Nie gehört.«

»Es gibt gute Gründe, verdeckt zu arbeiten. Wenn Sie vom Fach sind, verstehen Sie das«, erklärte Lüder und stand auf.

»Ich erwarte Ihr Angebot«, sagte er im Gehen.

Vor der Tür war er versucht, sich zu verstecken, um dem Amerikaner heimlich zu folgen. Vielleicht könnte er herausfinden, in welchem Hotel der Mann residierte. Doch Lüder nahm von diesem Vorhaben Abstand, als er einen gelangweilt in ein gegenüberliegendes Schaufenster blickenden zweiten Bodyguard entdeckte, der den Fehler beging, ihn mit den Augen zu verfolgen. Er hatte nicht bedacht, dass sich diese Bewegung im Glas spiegelte.

Lüder ging ein Stück die Colonnaden Richtung Alster zurück und tauchte kurz darauf in einen Hauseingang ein, ohne sich zu verstecken. Er tat, als würde er seinen Schatten nicht bemerken. Lüder kramte sein Smartphone hervor und richtete in aller Eile die Mailadresse ein, die er ad hoc erfunden hatte. Zufrieden ging er weiter, sah auf der rechten Seite den Eingang zu einer der zahlreichen Passagen, die den Reiz der Hamburger City ausmachten, und schlenderte gemächlich durch die kleine Anlage zum Gänsemarkt, der von wuchtigen historischen Gebäuden, aber auch modernen Bauten geprägt wurde. Auf der Platzmitte thronte Lessing, dem die Hamburger für seine Zeit als Dramaturg in ihrer Stadt ein Denkmal gesetzt hatten.

Lüder schlenderte durch den Hamburger Hof, durchquerte gelassen das Hanseviertel, befand, dass es genug der Passagen seien, jagte den Verfolger die Treppen im Edelkaufhaus Alsterhaus hinauf und wieder hinunter, schlug einen Bogen über den Rathausmarkt zur Petrikirche, einer der fünf Hamburger Hauptkirchen, und amüsierte sich, als der Amerikaner ihm dorthinein folgte, da er nicht wissen konnte, ob es einen zweiten Ausgang gab. Lüder bummelte die Mönckebergstraße hinab, legte einen Stopp beim berühmten Würstchenstand vor dem C&A-Gebäude ein und kehrte dann zum Jungfernstieg zurück.

Ein großes Schild kündigte an, dass die »St. Georg«, das älteste noch im Einsatz befindliche Dampfschiff Deutschlands, kurz darauf zu einer Rundfahrt aufbrechen werde. Sein Schatten verfolgte ihn. Als die »St. Georg« das Dampfhorn blies und der Decksmann bereits die Taue, mit denen es am Poller am Kai befestigt war, gelöst hatte, sprang Lüder auf und stieg wieder aus.

Er grinste vom Kai aus den verdutzt dreinblickenden Amerikaner an und wünschte ihm insgeheim eine vergnügliche Alsterrundfahrt. Immerhin hatte der Mann etwas von der Weltstadt an der Elbe kennengelernt.

Lüder kehrte zu seinem Auto zurück und machte sich auf den Heimweg nach Kiel. Dabei lernte er die Schattenseiten der Metropole kennen. Es dauerte eine Ewigkeit, bis er sich in der endlosen Schlange bis zur Autobahn in Stellingen durchgestanden hatte.

Er nutzte die Zeit, um Christoph Johannes in Husum anzurufen, und gab ihm die Handynummer durch, unter der er den Amerikaner erreicht hatte.

»Kannst du herausfinden, wem das Gerät gehört?«, bat er.

»Vermutlich wird es ein Prepaidhandy sein.«

Lüder war auf Höhe Neumünster, als er den Rückruf erhielt.

»Es handelt sich um ein Handy mit Vertrag«, erklärte der Husumer zu Lüders großer Überraschung. »Der ist abgeschlossen von Helmut Fissbeck, einer Detektei. Laut Internetauftritt bietet das Unternehmen Ermittlungen mit dem Schwerpunkt Wirtschaft an, jagt säumige Schuldner, spürt untreuen Mitarbeitern hinterher und engagiert sich, was eigentlich nicht passt, auch im Personenschutz.«

»In Hamburg?«

»Nein«, erwiderte Christoph Johannes. »Die Detektei hat ihren Sitz in Uetersen. Heute ist es zu spät. Morgen wird Große Jäger

dort vorsprechen. Vielleicht bekommen wir heraus, wem die Detektei Fissbeck das Gerät überlassen hat.«
Während des Telefonats hatte Lüder die Geschwindigkeit reduziert. Auf der Autobahn zwischen dem Bordesholmer Dreieck und Kiel herrschte nur mäßiger Verkehr. Üblich war es aber nicht, dass nachfolgende Autos ebenfalls die Geschwindigkeit reduzierten und den gleichen Abstand wahrten.
Lüder beschleunigte etwas und beobachtete im Rückspiegel, wie der Verfolger ebenfalls schneller wurde. Nun wollte er es wissen. Aus der Distanz erkannte er, dass es ein dunkler Mercedes der E-Klasse war.

Lüder verließ die Autobahn kurz vor dem Ende, bog in den Theodor-Heuss-Ring ab, um dann bei der nächsten Gelegenheit Richtung Innenstadt zu fahren. Der Mercedes hielt einen unauffälligen Abstand. Vielleicht hätte Lüder ihn gar nicht bemerkt, wenn er nicht telefoniert hätte.

Am Hauptbahnhof auf der rechten Straßenseite ging es lebhaft zu. Links erstreckte sich die lang gezogene Straßenfront des Sophienhofes, Kiels Vorzeige-Einkaufszentrum. Lüders Ziel war der Berliner Platz. Er ordnete sich links ein und umrundete das begrünte Rondell. Nach dem vierten Mal gab der Mercedes auf und bog in die Holstenbrücke ab.

Zufrieden fuhr Lüder nach Hause.

VIERZEHN

Große Jäger hatte gemault, als Christoph Johannes ihm aufgetragen hatte, in aller Frühe nach Uetersen zu fahren.
»Der Laden steht auch zwei Stunden später noch da.«
Widerwillig hatte er sich doch auf den Weg gemacht. Er fluchte bis zum Beginn der Autobahn in Heide, weil ein Lkw-Konvoi auf der Bundesstraße ein Überholen unmöglich machte. Seine Verwünschungen galten den Politikern im Kreistag, in Kiel, in Berlin, den unfähigen Straßenbauämtern, den Speditionsunternehmen und allen anderen, die ausgerechnet heute auf der B 5 Richtung Süden unterwegs waren. Später schimpfte er über den Schirrmeister der Landespolizei, weil der Opel Astra, den er als Dienstwagen nutzte, seiner Auffassung nach nicht schnell genug war.

An der Hochbrücke über die Stör bei Itzehoe wurde immer noch gebaut. Unterwegs gab es auch eine kilometerlange Baustelle, weil die Fahrbahn erneuert wurde. »Pure Boshaftigkeit«, murmelte Große Jäger.

Alle hatten sich gegen ihn verschworen.

Er verließ bei Tornesch die Autobahn, nicht ohne zuvor Verwünschungen über jene Autofahrer auszustoßen, die in Elmshorn auf die Schnellstraße auffuhren und den Verkehr sehr dicht werden ließen. Es herrschte reger Betrieb auf der Kreisstraße, die er nach dem Verlassen der Autobahn befuhr. Der Übergang von Tornesch zur Rosenstadt Uetersen war nur durch das Ortsschild ersichtlich.

Das Navigationsgerät geleitete ihn schließlich zum großzügigen Marktplatz, der reichlich Parkmöglichkeiten bot. Fast direkt schloss sich das sehenswerte Rosarium an, in dem nicht nur Liebhaber der Edelblume auf ihre Kosten kamen.

In einem der schmucklosen Betonbauten, die eine Seite des Marktplatzes begrenzten, hatte die Detektei ihren Sitz. Der Eingang führte durch den schmalen Gang eines Treppenhauses neben der leeren Fläche eines Ladenlokals zu den Geschäftsräumen, die nicht etwa einem düsteren Hinterzimmer à la Philip Marlowe ähnelten, sondern eher wie die Kanzlei eines Steuerberaters aussahen. Helle, freundliche Räume, in denen mehrere Mitarbeiter ihrer Tätigkeit nachgingen, prägten das Erscheinungsbild.

»Empfang«, stand an einer Tür, hinter der eine Frau Große Jäger entgegensah und nach seinen Wünschen fragte.

»Ich hätte gern Herrn Fissbeck gesprochen«, erklärte der Oberkommissar.

»Der ist nicht im Hause. Um was geht es? Kann ich Ihnen weiterhelfen?« Sie musterte ihn verstohlen. Sein Erscheinungsbild entsprach offenbar nicht dem der üblichen Klientel.

»Gibt es einen Vertreter?«

Sie überlegte kurz, griff dann zum Telefon und sagte: »Herr Henjes, können Sie bitte einmal nach vorn kommen?« Dann bat sie Große Jäger um einen »kleinen Augenblick«.

Wenig später betrat ein jüngerer Mann in Edeljeans und Sporthemd den Raum und streckte Große Jäger die Hand entgegen.

»Henjes.«

»Große Jäger. Polizei Husum.«

Henjes studierte aufmerksam den ihm vorgehaltenen Dienstausweis. »Was kann ich für Sie tun?«

»Wir benötigen eine Auskunft.«

Henjes lachte jungenhaft. »Wir sind eine Auskunftei, aber die Polizei gehört bisher noch nicht zu unseren Kunden. Bitte«, lud er Große Jäger ein, ihm zu folgen, und führte ihn in sein Büro.

»Sie sind Besitzer des folgenden Mobiltelefons«, erklärte der Oberkommissar.

»Kann sein.«

»Wir wissen es.« Große Jäger wollte nicht unhöflich sein. Bisher hatte sich sein Gegenüber freundlich gezeigt.

»Hmh«, antworte Henjes. Es konnte als Zustimmung gewertet werden.

»Wer benutzt dieses Gerät im Augenblick?«

Henjes lächelte. »Sie verlangen nicht wirklich, dass ich Ihnen das sage?«

»Einzig aus diesem Grund bin ich hierhergekommen.«

»Diskretion gehört bei uns zum Geschäftsprinzip. Wenn Sie

die Auskunft haben möchten, sollten Sie sich einen richterlichen Beschluss besorgen. Selbst dann würden wir dagegen Einspruch einlegen.«

Große Jäger nickte versonnen. »Das mag sein. Aber —« Henjes unterbrach ihn mit einer Handbewegung. »Sparen wir uns die ›Abers‹. Drohungen wie ›Dann werden wir jeden Ihrer Firmenwagen mit einem täglichen Strafmandat beglücken‹ gibt es nur im Fernsehen.«

Jetzt lächelte auch Große Jäger. »Ich will nicht behaupten, wir seien Kollegen. Wir beackern unterschiedliche Gebiete. Am Ambiente der Geschäftsräume erkenne ich, dass Sie Ihre Arbeit seriös verrichten.«

Henjes sah ihn interessiert an.

»Zu Ihren Klienten gehören sicher renommierte Auftraggeber.«

»Das ist zutreffend.«

»Ich gehe nicht davon aus, dass die in rechtswidrige Aktivitäten verwickelt sind.«

»Das würde unseren Geschäftsprinzipien widersprechen«, bestätigte Henjes.

»Trotzdem könnte einem Ihrer Kunden ein Missgeschick unterlaufen.«

»Wie meinen Sie das?« Henjes war hellhörig geworden.

»Indem er beispielsweise das Handy, das Sie ihm überlassen haben, verliert.«

Henjes zog die Stirn kraus. »Davon haben wir nichts gehört.«

»Vielleicht hat es Ihr Klient noch gar nicht bemerkt?«

Große Jäger spürte, wie sein Gegenüber unsicher wurde. »Das werden wir prüfen.«

»Ich bin extra aus Husum hierhergekommen, um von Ihnen eine Antwort zu bekommen. Wäre es jetzt möglich?«

Henjes war anzusehen, dass er überlegte. Dann griff er zum Telefon und sagte: »Anja, wem haben wir das Telefon mit der Nummer«, er nannte die Ziffernfolge, »überlassen?«

Große Jäger hörte, wie am anderen Ende der Leitung gelacht wurde. »Das fragst du nicht im Ernst? Wir haben nur die drei Geräte an Hornblower & Flowers herausgegeben. Sonst machen

wir so etwas nicht. Warte mal«, sagte die Frau und hörte nicht hin, als Henjes »Danke. Ist gut« sagte. Kurz darauf sagte sie: »Endziffer drei, ja? Das hat Garvin Ehrlichman.«
»Kannst du Ga... kannst du ihn anrufen und fragen, ob mit seinem Telefon alles in Ordnung ist?«, bat Henjes.
»Ich verstehe nicht ...«
»Mach es einfach.« Henjes klang genervt.
Große Jäger unterdrückte ein Lächeln. Ich kann zwar nicht mehr den Ganoven hinterherlaufen, dachte er, aber meine Ohren sind noch recht tauglich. Zum Glück hatte die junge Frau am anderen Ende der Leitung so laut gesprochen, dass er ihre Worte verstanden hatte.
»Moment«, sagte der junge Mann und versuchte, die Wartezeit mit einem gequälten Lächeln zu überbrücken.
»Ja?«, fragte er, als sein Telefon schnarrte.
»Garvin wollte wissen, was das soll«, sagte die Mitarbeiterin.
»Später«, antwortete Henjes unhöflich und bestätigte Große Jäger, dass sein Verdacht unbegründet sei.
»Schade«, erklärte der Oberkommissar beim Gehen. »Ich hatte mir etwas mehr Kooperationsbereitschaft von Ihnen gewünscht. Nun müssen wir doch den langen Dienstweg beschreiten.«
»Wird wohl so sein.« In Henjes' Antwort schwang ein Hauch von Triumph mit.
Große Jäger machte sich fröhlich auf den Rückweg in die gar nicht so graue Stadt am Meer.

★★★

Vergnügt wählte Lüder Kriegskottens Handy an.
Der BKA-Beamte klang gereizt, als er sich meldete.
»Stehen Sie unter Stress?«, fragte Lüder.
»Ich habe keine Zeit für Scherze.«
»Sie sollten Ihre knappen Ressourcen besser organisieren«, schlug Lüder vor. »Wenn Sie über meine Aktivitäten informiert sein wollen, rufen Sie mich einfach an. Sie müssen mir nicht erneut Verfolger hinterherschicken. Im Übrigen ... dafür gibt es heute Technik. Spüren Sie mir elektronisch hinterher ... Über-

wachen Sie mein Telefon ... Und machen Sie sich auf großen Ärger gefasst, den ich vom Zaun brechen werde, wenn Sie keine richterliche Genehmigung vorweisen können. Ist es nicht absurd, dass wir jetzt Bundeselektronik gegen die der Landespolizei einsetzen? Soll ich auch aufrüsten, um Ihren Überwachungsmaßnahmen zu begegnen?«

»Wovon sprechen Sie?« Kriegskotten sprach abgehackt, atemlos.

»Davon, dass Sie mir gestern wieder Schatten hinterhergeschickt haben. Hören Sie auf damit. Verdammt.«

»Ehrlich. Davon weiß ich nichts. Wir haben miteinander gesprochen. Wir haben Ihnen gesagt, weshalb wir an Ihren Ermittlungen und Ihren Maßnahmen interessiert waren, wir haben Ihnen gegenüber auch erklärt, warum. Es gibt keinen Grund mehr, Sie zu verfolgen. Ich sage ausdrücklich ›verfolgen‹. Überwacht haben wir Sie nie.«

»Welche Bewandtnis hatte es mit dem Mercedes, der gestern hinter mir hergefahren ist?«

»Ich weiß von nichts. Keine Ahnung, wer Sie diesmal verfolgt hat. Wir waren es definitiv nicht. Bestimmt«, versicherte Kriegskotten.

Nachdenklich legte Lüder auf. Wer hatte sich an seine Fersen geheftet? Die Amerikaner konnten es nicht gewesen sein. Lüder hatte nur den einen Verfolger gesehen, den er erfolgreich abgeschüttelt und auf die unfreiwillige Alsterrundfahrt geschickt hatte. Hatte er etwas übersehen? Er wurde durch das Telefon abgelenkt.

»Große Jäger«, meldete sich der Husumer Oberkommissar. »Ich habe die Detektei in Uetersen besucht.«

»Hast du Erfolg gehabt?«, fragte Lüder, der weiterhin das Du nutzte, während Große Jäger trotz zahlreicher Erinnerungen an die Duzfreundschaft standhaft beim Sie blieb.

»Ist das eine ernst gemeinte Frage? Natürlich.«

»Ich will lieber nicht nach dem Wie fragen.«

»Ich beantworte auch nicht alles. Also: Die Detektei Fissbeck gibt üblicherweise keine Handys an Mandanten weiter. Warum das in diesem Fall geschah, kann ich nicht sagen. Insgesamt handelt es sich um drei Apparate, die an Garvin Ehrlichman —«

»Wie heißt der?«, fragte Lüder ungläubig nach. Große Jäger wiederholte es. »Ob der alle Apparate hat oder noch ein oder zwei andere Figuren herumlaufen, kann ich nicht sagen.«
»Drei, sagtest du?«, fragte Lüder nach.
»Ja.«
»Das ist gut. Mir sind drei Leute begegnet. Der Ehrlichman und zwei Bodyguards. Wir können also davon ausgehen, dass die Amerikaner hier zu dritt herumlaufen. Das ist die ganze Truppe. Hast du noch mehr herausgefunden?«
»Klar.«
»Erfahre ich das, bevor ich mich wieder rasieren muss?«, fragte Lüder.
»Um solchen Fragestellungen aus dem Weg zu gehen, verzichte ich auf das Rasieren«, erwiderte Große Jäger. »Die Herrschaften arbeiten für Hornblower & Flowers.«
»Potz Blitz. Wie hast du das herausgefunden?«
»Betriebsgeheimnis.«
»Du bist eine Klasse für sich. Schade, dass du so an Husum hängst. Dich könnten wir in Kiel gut gebrauchen.«
»Ach nö, lassen Sie mal. Als Oberkommissar habe ich mich mit einem schmalen Salär vom Land abgefunden. Da betrachte ich die Lebensqualität, die Nordfriesland bietet, als zusätzlichen Obolus«, wehrte Große Jäger ab.
»Du hast etwas gut bei mir«, bedankte sich Lüder beim Husumer.
»Das nehme ich wörtlich. Haben Sie eigentlich noch den phantastischen Single Malt im Hause?«
»Da müsste ich Nachschub beschaffen«, sagte Lüder und erinnerte sich mit Grausen daran, wie Große Jäger anlässlich eines Besuchs bei ihm zu Hause im Hedenholz fast eine ganze Flasche »Glen Garioch« mit Cola verdünnt an einem Abend geleert hatte. Die Flasche war ein Geschenk von Freund Horst Schönberg, dem Genießer, gewesen. Horst hatte Sir Winston Churchill zitiert: »Das Wasser war nicht genießbar. Um es trinkbar zu machen, mussten wir es mit Whisky verdünnen.« Große Jäger hatte diesen Spruch umgemünzt und Wasser durch Cola ersetzt.

»Melden Sie sich, wenn Sie ihn beschafft haben.«

Lüder lächelte. Die leere Flasche hatte er aufbewahrt. Er würde sie mit einem handelsüblichen Blended Whisky auffüllen.

»Ein so edles Getränk erfordert noch einen zweiten Dienst. Könntet ihr in Husum herausfinden, wann die Amerikaner eingereist sind?«

»Wir sind eine unterbesetzte kleine Dienststelle, nicht einmal mehr eine Polizeidirektion, sondern nur noch ein kleiner Polizeiposten auf dem flachen Land«, stapelte Große Jäger tief.

»Aber immer noch personell besser ausgestattet als ich mit meiner Ein-Mann-Taskforce.«

»Das sind jetzt schon zwei Flaschen«, seufzte Große Jäger.

»Geht in Ordnung. Zwei Flaschen Cola werde ich organisiert bekommen.«

»Neee, *nicht* Cola, sondern Whis–«

Lüder lachte laut ins Telefon und legte schnell auf.

Dann versuchte er, Informationen über Hornblower & Flowers zu gewinnen, und war überrascht, wie umfangreich das allgemein zugängliche Material war. Die Wurzeln reichten bis ins 18. Jahrhundert zurück. Die Namensgeber waren englische Kaufleute, die zu der Zeit, als das Königreich die Weltmeere beherrschte, erfolgreich Handel mit den zahlreichen Kolonien betrieben. Offenbar war man dem damaligen Zeitgeist entsprechend nicht zimperlich bei der Ausbeutung der fernen Schätze. Als sich in Indien, aber auch in Afrika Widerstand auftat, beschloss die Company, ihre Besitzungen gegen die Begehrlichkeiten der Einheimischen zu schützen. Ein Major Townsend hatte sich damals unrühmlich hervorgetan, ein eigenes Expeditionskorps gegründet und die Einheimischen machtvoll unterdrückt. Dieses schien der Beginn des bis heute betriebenen Geschäftsmodells von Hornblower & Flowers gewesen zu sein, während das ursprüngliche Handelsgeschäft mit dem britischen Empire untergegangen war. Lüder konnte nicht feststellen, wann der Firmensitz in die Vereinigten Staaten verlegt wurde. Der aktuelle Werbeauftritt gestaltete sich modern. Als Referenzen wurde die erfolgreiche Zusammenarbeit mit Regierungen und großen Unternehmen aufgeführt, ohne Namen zu nennen.

Das Ganze wurde von Bildern von Ölförderanlagen, aber auch großen Seeschiffen begleitet.

Zu Garvin Ehrlichman hingegen fand Lüder keine Informationen, auch nicht im polizeilichen Informationssystem. Er rief noch einmal den neu eingerichteten E-Mail-Account auf, aber der Amerikaner hatte die zugesagten Informationen nicht geschickt.

Lüder stellte auf seinem Handy die Rufnummernunterdrückung ein und wählte.

»Hi, Garvin. Ich vermisse Ihre Übersicht, die Sie mir senden wollten.« Ehrlichman, formulierte er tonlos den Zunamen. Nomen est omen.

Es herrschte Totenstille in der Leitung, bis schließlich der Fluch »Zur Hölle mit Ihnen« aus dem Hörer drang. Ehrlichman hatte sofort begriffen, dass Lüder ihm auf die Spur gekommen war.

»Security Shipping-Association«, sagte Ehrlichman. »Was für ein Spiel treiben Sie?«

»Hat Ihnen das Ihr Bluthund nicht gesagt?« Lüder lachte. »Oder konnte er nur von seiner Alsterrundfahrt erzählen?«

»Wer sind Sie?«

»Hatte ich erzählt. Wir legen sehr viel Wert auf Diskretion. Das ist in Anbetracht unserer Arbeit auch erforderlich. Wir möchten nicht gern Zielscheibe derer werden, vor denen wir unsere Auftraggeber beschützen wollen. Allerdings ist unsere Aufgabe mehr organisatorischer und logistischer Natur. Europäer, insbesondere Deutsche, sind vorsichtiger im Umgang mit Leuten, die unsere Geschäfte stören wollen.« Lüder dachte an das Gerücht, dass amerikanische Sicherheitsfirmen auch nicht davor zurückschreckten, südamerikanische Drogenkartelle zu schützen.

»Nennen Sie mir Ihre Anschrift. Ich suche Sie in Ihrem Büro auf.«

»Überzeugen Sie mich dadurch, dass Sie die Adresse selbst herausfinden«, sagte Lüder und lächelte leise.

»Sie sind eine Tarnorganisation«, behauptete Ehrlichman.

»Das leugne ich nicht.«

»Woher soll ich wissen, ob Sie nicht aus anderen Motiven Kontakt zu uns suchen?«, äußerte der Amerikaner vorsichtig seine Befürchtungen, ohne konkret zu werden.

»Ihre Organisation scheint nicht so perfekt zu sein, wie wir uns erhofft hatten«, stichelte Lüder. »Wir beide wissen um die Brisanz des Themas. Es gibt mannigfaltige Bedrohungen der Schifffahrt durch Piraten und Terroristen. Darüber machen wir uns Gedanken. Ich muss Ihnen nicht erklären, welche Bedeutung der Seehandel für eine Wirtschaftsnation wie Deutschland hat.«
»Wie kommen wir zueinander?« Jetzt zeigte sich Ehrlichman zugänglicher. Seine Skepsis schien noch nicht gewichen zu sein, und es war unklar, ob die Neugierde obsiegte. Zumindest schien Lüder ihn verunsichert zu haben, da er einen Informationsvorsprung behauptete, während der Amerikaner noch im Dunkeln über Lüders Identität tappte.
»Sie wollten mir Referenzen schicken. Mit wem haben Sie schon in Deutschland Kontakt aufgenommen?«
Das war offensichtlich zu viel des Guten.
»*Fuck you*«, schrie Ehrlichman wütend ins Telefon und legte auf.

Hornblower & Flowers hatte den Hauptsitz in New York. Auch Jan Klingbiel war mehrfach heimlich an den Hudson gereist, bevor er sich überraschend als militanter Islamist offenbarte. Natürlich führten viele Wege in die Stadt, in der so unendlich viele Fäden gesponnen wurden. Was hatte Klingbiel dort gesucht? Hatten die Islamisten direkt vor den Augen der Amerikaner ihr Terrornetzwerk etabliert? Man sagte, im Auge des Zyklons sei es windstill. Lüder empfand es als kühn, hätte sich eine Terrororganisation direkt im Zentrum des Gegners mit einem Ausbildungs- und Rekrutierungszentrum breitgemacht.
Er rief den Reeder Paulsen an.
»Ich habe mich umgehört«, sagte er bewusst vage. »Für mich klingt das Angebot, das Sie über Ihren amerikanischen Geschäftspartner Feinstein erreicht hat, nicht seriös. Ich möchte Ihnen raten, diese Sache nicht weiterzuverfolgen. Es deckt sich nicht mit unseren europäischen Rechtsnormen. Ich habe auch Zweifel, ob wir es ethisch vertreten können.«
»Sie meinen —«, setzte der Reeder an.
»Ja. Sie würden mit Leuten zusammenarbeiten, die illegale

Wege beschreiten. Wenn ich auch die Sorgen und Nöte der deutschen Reeder verstehe, so ist das kein rechtsfreier Raum.«
Lüder hörte, wie Paulsen tief Luft holte.
»Danke«, sagte der Reeder. »Einfacher ist es dadurch nicht geworden.«

★★★

Große Jäger zog die Schreibtischschublade auf und ließ krachend seine Füße hineinfallen.
»Ehhh«, beklagte sich Christoph Johannes, der in seinem Rücken saß. »Du vernichtest Staatseigentum.«
»Das hat sich schon vor Jahren selbst zerlegt«, antwortete der Oberkommissar. »Einer kam durch.«
»Bitte?« Christoph Johannes konnte ihm nicht folgen.
»Ein Transporter, wie damals im Wilden Westen. Wenn es um die Einrichtung öffentlicher Dienststellen, Material oder Technik geht, werden die Lieferanten vorher abgefangen. Es ist schon ein Zufall, wenn irgendwann einmal Neuerungen bis zu uns vorstoßen.«
»Ach, du Armer«, sagte Christoph Johannes spöttisch. »Du solltest dich vor einen Spiegel stellen. Dann findest du jemanden, der deinem Gejammer Glauben schenkt.«
Große Jäger griff zum Telefon, das sich meldete, sagte »Ja« – »Moment« und »Ich gebe Ihnen den Dienststellenleiter«, dann grinste er Christoph Johannes an und sagte, nachdem er das Mikrofon ausgeschaltet hatte: »Der Chef der Detektei. Er will sich beschweren.«
Christoph Johannes nahm das Gespräch an.
»Ich weiß nicht, wie Sie die Identität unseres Mandanten herausbekommen haben, aber ich muss dagegen protestieren. Es hat uns schwer geschädigt, dass unsere Integrität in Zweifel gezogen wurde.«
»Ich kann Ihnen versichern, dass sich Ihr Mandant durch unachtsames Verhalten selbst geoutet hat«, sagte Christoph Johannes und hatte kein schlechtes Gewissen dabei, eine Notlüge zu benutzen.
»Inwiefern?«, wollte Fissbeck wissen.

»Fragen Sie ihn selbst«, empfahl Christoph Johannes. »Sie und Ihr Mandant sind doch in diesem Geschäft tätig. Ihre Sicherheitslücken müssen Sie selbst aufdecken.« Er verabschiedete sich von einem ratlosen Detekteichef.

»Willst du mir verraten, wie du an die Information gekommen bist?«

Große Jäger lachte. »Manche Leute sind wirklich doof.« Er erklärte es. »Niemand rechnet damit, dass jemand in einem stillen Raum unter günstigen Umständen mithören kann, besonders wenn eine Frauenstimme am anderen Ende der Leitung ist.«

»Höre ich da Machogehabe heraus?«

»Absolut nicht.«

»Ich würde mich freuen, wenn Heidi Krempl dir diesen Zug abgewöhnen könnte«, sagte Christoph Johannes und sah zur Tür, als Hilke Hauck das Zimmer betrat.

Die Kommissarin wedelte mit einem Zettel. »Kann mir jemand erklären, weshalb ich diese Information einholen musste?«, fragte sie.

»Weil nur du dazu in der Lage bist«, antwortete Große Jäger mit säuselnder Stimme. »Selbst beim LKA in Kiel verfügt man nicht über diese Fähigkeiten.« Er zeigte auf den Hauptkommissar. »Du glaubst nicht, wie Christoph um dich kämpfen musste. Alle wollten dich abwerben.«

»Ich bleibe in Husum«, entschied Hilke Hauck, »allerdings unter der Bedingung, dass der Onkel«, sie zeigte auf Große Jäger, »ab sofort auf den Wochenmarkt versetzt wird. Mit seinem Gequatsche sollte er dort Wunderreinigungsmittel anpreisen. So ein Zeug, mit dem man vom Auto über die Glatze und die Kloschüssel bis zum Kochtopf alles polieren kann.«

»Diese Pasten sind klasse«, sagte Große Jäger. »Allerdings kommt es auf die Reihenfolge an. Ich würde zum Beispiel nie den Kochtopf nach der Kloschüssel reinigen.« Er schielte auf den Zettel. »Was bringst du für Neuigkeiten?«

»Die drei Amerikaner, nach denen ihr gefragt habt. Sie sind vor zehn Tagen aus New York nach Frankfurt eingeflogen.«

»Woher weißt du, dass es drei waren?«, fragte Große Jäger erstaunt.

»Du hast doch selbst gesagt, dass hier weibliche Intelligenz gefordert ist. Garvin Ehrlichman ist mit Lufthansa via Frankfurt angereist. In der Maschine saßen bis Frankfurt noch weitere US-Bürger, bis Hamburg hatten an diesem Tag aber nur drei Männer durchgebucht. Ich gehe davon aus, dass die zusammengehören.«
»Super, Hilke.« Große Jägers Lob klang aufrichtig.
»Die beiden anderen heißen Wilson Redman und Steve Chincatti.«
»Hilke.« Große Jäger warf ihr eine Kusshand zu. »Wann erhörst du meinen Heiratsantrag?«
»Wenn mein Mann die Witwe von Prinz Philip geheiratet hat.«
»Moment mal.« Große Jäger zögerte. »Das ist doch die englische Königin.«
»Eben.«
»Wie hieß der Zweite?«, fragte Christoph Johannes.
»Wilson Redman.«
»Nein, der andere.«
»Steve Chincatti.«
»Das klingt, als hätte er italienische Vorfahren.«
»Dann könnte er mit Maurizio Archetti und Alberto Carretta italienischen Skat spielen. Oder als Trio auftreten«, stellte Große Jäger die Verbindung her.
»Zwei davon sind tot«, sagte Christoph Johannes.
»Schön. Dann muss das Trio noch ein wenig warten.«
»Ich rufe jetzt das LKA an«, beschloss Christoph Johannes.

★★★

Lüder starrte auf die Notiz vor sich. Drei Namen. Er wusste, wie viel Arbeit hinter deren Beschaffung steckte. Es ärgerte ihn, wenn im Fernsehkrimi ein Depp, wie er es empfand, hinter den Kulissen diese Informationen für die beiden strahlenden Foreground-Ermittler beschaffen musste. Polizeiarbeit war das Zusammenwirken vieler. Mit Geduld und Akribie wurden Informationen zusammengetragen, aneinandergefügt und wieder verworfen. Und wenn man sich auf etwas stützte, war nicht sicher, ob die Annahmen richtig waren.

Nach Garvin Ehrlichman hatte er schon erfolglos gesucht. Steve Chincatti war ebenfalls ein Unbekannter. Nur Wilson Redman tauchte im Informationssystem auf. Es dauerte etwas länger, bis Lüder Zugriff auf den schon vier Jahre zurückliegenden Vorfall hatte.

Die Polizeiinspektion Kaiserslautern 1 hatte Redman zur Fahndung ausgeschrieben. Er hatte als Soldat auf der US-Air-Base Ramstein gedient und war in einer Diskothek in Kaiserslautern in eine Auseinandersetzung mit anderen Besuchern geraten. Es hatte Streit um zwei junge Frauen gegeben. Aus der Gruppe der Amerikaner hatte sich ein Soldat gelöst, der später als Wilson Redman identifiziert wurde. Der hatte eine Schusswaffe gezogen und einen der deutschen Kontrahenten durch einen Schuss ins Bein verletzt. Dann waren die Amerikaner in die Kaserne geflüchtet. Die US-Armee hatte sich geweigert, mit den deutschen Behörden zusammenzuarbeiten.

Später war es gelungen, einen anderen beteiligten Soldaten zu befragen. Der hatte Redman namentlich beschuldigt und behauptet, der Betroffene sei ausgeflogen worden. Genaues wusste er auch nicht, nur dass Redman zu den Green Berets gehörte, einer Spezialeinheit der US-Armee für Sonderaufgaben, deren Einsätze völkerrechtlich manchmal kritisch gesehen wurden.

»Mit dieser harten Ausbildung ist Redman genau der richtige Mann für ein Unternehmen wie Hornblower & Flowers«, murmelte Lüder halblaut vor sich hin.

Die Leute hatten eine exzellente Ausbildung, verstanden sich auf Überlebenskampf, und man vermutete, dass diesen Experten auch Skrupel abtrainiert wurden. Lüder wollte sich an Spekulationen nicht beteiligen. Er hielt sich an Fakten. Die wollte er vertiefen und rief bei der Bundespolizei auf dem Frankfurter Flughafen an.

»Über Frankfurt ist ein gewisser Wilson Redman in die Bundesrepublik eingereist. Er ist zur Fahndung ausgeschrieben. Warum hat das niemand bemerkt?«

»Amerikaner?«, fragte der Beamte an Deutschlands größtem Flughafen.

Lüder bestätigte es.

»Hautfarbe Weiß?«
»Was hat das damit zu tun?«
»Von wo aus rufen Sie an?«, antwortete der Bundespolizist mit einer Gegenfrage.
»Kiel.«
»Pah! Nur dann kann man solche Fragen stellen. An guten Tagen schleusen wir in Frankfurt mehr Passagiere durch, als Kiel Einwohner hat. Wenn wir jedem tief in die Augen sehen würden, reichte die Warteschlange bis nach Kiel. Natürlich wird bei der Abreise akribischer geprüft als bei der Ankunft. Was wollen wir denn wissen? Wir suchen nach Terroristen. Niemand wagt es, das auszusprechen, sonst werden uns gleich wieder irgendwelche rassistischen Vorurteile unterstellt. Also: Amerikaner, weiß. Das gilt als unverdächtig. Auf den haben nur die Kollegen vom Zoll ein Auge. Wir konzentrieren uns schwerpunktmäßig auf gewisse Personenkreise. Aus dem ruhigen Kiel ... Da lässt es sich gut reden.«

Lüder machte dem Beamten keine Vorwürfe. Er hatte recht. Nach welchen Kriterien sollten die Beamten die Reisenden im Zug nach Dänemark kontrollieren? Und deutsche Staatsangehörige mit dunkler Hautfarbe beklagten sich, dass sie auf Bahnhöfen unverhältnismäßig oft nach ihren Papieren gefragt wurden. Nur des Aussehens wegen.

Lüder besah sich das Bild, das die Polizei in Kaiserslautern seinerzeit aufgenommen hatte. Redman hatte sich verändert. Es bedurfte des berühmten zweiten Blickes, um zu erkennen, dass der Bodyguard, der mit Ehrlichman im Backshop war, Wilson Redman war. Steve Chincatti war demnach in den Genuss der Alsterrundfahrt gekommen.

Instinktiv formte Lüder seine rechte Hand zu einer Pistole und drückte ab. Er schreckte auf, als es von der Tür »Bumm« erklang.

»Ist die Polizei so arm, dass sie Schießkino und Übungsmunition spart und jeder Polizist sich durch Trockenübungen fit halten muss?«, fragte Friedjof, der Bürobote.

»Ich trainiere für das Duell mit dir«, erwiderte Lüder.

»Doch nicht mit Waffen«, protestierte Friedjof.

»Federweitwurf?«

»Jeder schießt dem anderen zehn Dinger aufs Tor.«

Lüder ruderte mit den Armen in der Luft.

»Friedhof! Hör mit Fußball auf. Du wirst mir jetzt erzählen, dass der HSV nur deshalb nicht Deutscher Meister geworden ist, weil Bayern München eine so überragende Saison gespielt hat.«

»Das meine ich doch nicht. Mein Herz schlägt für die Störche.«

»Holzbein Kiel. Ich weiß.«

»Das ist der Verein in Schleswig-Holstein, der es am weitesten nach oben geschafft hat.«

»Sieh uns beide an, Friedhof. Wir sind erstklassig. Nun erzähle mir mal, warum die Zuschauer beim THW Kiel jubeln, wenn jemand den Ball in der Hand hält, man in der Bundesliga aber eine Rote Karte dafür erhält.«

»Weil das eine Handball, das andere Fußball ...«, setzte Friedjof mit seiner Erklärung an und bemerkte, wie Lüder grinste.

»Sag mal, wie hast du eigentlich dein Examen als Jurist bestanden?«

»Abschreiben, Friedhof. Immer fleißig abschreiben. Jura studierst du nicht an der Uni, sondern im Repetitorium.«

»Und wo hast du den Doktor her?«

Lüder schmunzelte. »Lübeck wollte mir keinen Ehrendoktor verleihen wie der Annette Scha-Dingsbums. Der eine CSU-Mensch hat seinen aus Prag mitgebracht. Ich habe es elektronisch versucht mit CTRL-C und CTRL-V. Diese Art zu promovieren geht auf einen berühmten Erfinder namens Guttenberg zurück.«

Der ist auch nach New York gegangen, setzte Lüder den Gedanken unausgesprochen fort. Jan Klingbiel ist dorthin geflogen, und die amerikanische Sicherheitsfirma hat dort ihren Sitz. Ob ich Dr. Starke vorschlage, dass wir einmal vor Ort ermitteln sollten? Vielleicht war das keine schlechte Idee. Allein beim Vortragen des Ansinnens bestand Hoffnung, dass den Abteilungsleiter der Schlag traf.

»Was war nun mit den Schießübungen?«, fragte Friedjof.

»Man muss auf alles gefasst sein. Wir suchen einen zweifachen Mörder, der mit einem Präzisionsgewehr schießt.«

Friedjof trat dichter an Lüders Schreibtisch heran. »Was für ein Gewehr?«

»Eine modifizierte Remington 700. Man nennt es auch M40.«

»Wer benutzt so etwas?«
»Scharfschützen.«
»Polizei?«
»Nein, Militär.«
»Also die GSG9.«
»Das sind Polizisten, Friedhof. Das militärische Gegenstück dazu ist das –«
»KSK«, fiel ihm Friedjof ins Wort. »Und die haben dieses M40?«
»Nicht die Deutschen, sondern die Amerikaner.«
»Dann muss doch –«
Lüder schnitt Friedjof mit einer Handbewegung das Wort ab.
»Du bist genial, Friedhof.«
»Das weiß ich«, erwiderte der Bürobote. »Ich habe aber keine Ahnung, warum.«
»Du hast Deutschland gerettet.«
»Mir würde es reichen, wenn ich Holstein Kiel retten könnte«, erwiderte Friedjof und wandte sich zur Zimmertür. Auf halbem Weg blieb er stehen und drehte sich noch einmal um.
»Darf ich noch eine Bitte äußern?«
»Was denn?«
»Kannst du nicht einmal mit Bonbons nach mir werfen statt mit Büroklammern?«
»Geht in Ordnung. Aber heute bleibt es beim Bewährten.« Lüder öffnete die Schreibtischschublade und griff sich eine Handvoll Büroklammern. Friedjof zog den Kopf zwischen die Schultern, als das Büromaterial über ihn hinwegsegelte.
»Was ist hier los?«, fragte Edith Beyer, die zurückschreckte, als sie um die Ecke bog.
»Friedjof war im Auftrag vom Kollegen Gärtner hier. Der hat gefragt, ob ich ihm mit ein paar Büroklammern aushelfen könnte.«
Edith Beyer lachte. »Dann nehmen Sie sich noch eine zweite Handvoll mit. Sie sollen sofort zu Kriminaldirektor Nathusius kommen.«
Es hatte niemanden verwundert, dass Jochen Nathusius, Lüders ehemaliger Abteilungsleiter, nach einem Zwischenspiel als Leiter der Husumer Polizeidirektion zum stellvertretenden Leiter des Landeskriminalamts ernannt worden war. Im Vorzimmer des

Leitenden Kriminaldirektors saßen zwei finster dreinblickende Männer, die Ähnlichkeiten mit Redmann und Chincatti hatten.

»Sie werden erwartet«, sagte Nathusius' Sekretärin und zeigte auf die Tür.

Der Kriminaldirektor stand auf. »Guten Tag, Herr Dr. Lüders«, sagte er und drückte ihm herzlich die Hand. »Das ist Dr. Thomas Gackerle.« Nathusius unterließ es, den Besucher näher vorzustellen. Der schlanke Mann im dunkelgrauen Anzug stand auf und reichte Lüder die Hand. Lüder hatte den Staatssekretär des Berliner Innenministeriums oft im Fernsehen gesehen. Die große dunkle Brille und die Glatze waren seine Markenzeichen. Bei der persönlichen Begegnung stellte Lüder fest, dass die Haare rasiert waren. Ein kaum sichtbarer schwarzer Schatten zeichnete sich auf der Kopfhaut ab.

»Sie arbeiten an einem Fall, in dem auch die Bundesanwaltschaft und das BKA aktiv sind«, begann Gackerle ohne Umschweife. Sein schwäbischer Tonfall verriet seine Herkunft. »Nach meinem Wissensstand gab es zunächst ein paar Koordinationsprobleme.«

»Wir haben aneinander vorbeigearbeitet«, erklärte Lüder. »Das war nicht sehr effizient.«

»Nicht alles kann nach wirtschaftlichen Gesichtspunkten bemessen werden. Es gibt Dinge mit einer höheren Wertigkeit.«

»Die auch unsere Rechtsordnung außer Kraft setzen?«, fragte Lüder.

Gackerle nickte ernst. »Die Entscheidungsträger haben es sich nicht leicht gemacht. Das Sicherheitskabinett stand vor schwierigen Entscheidungen.«

Lüder war überrascht. Dieses Gremium wurde durch die Bundeskanzlerin einberufen. Ihm gehörten neben dem Regierungschef auch der Außen-, der Innen- sowie der Verteidigungsminister, ferner der Chef des Bundeskanzleramts und bei Bedarf hochrangige Vertreter des Verfassungsschutzes, des Bundesnachrichtendienstes und des Bundeskriminalamtes an. »Es geht um die Drohung der radikalen Islamisten?«, fragte Lüder, ohne den Namen Abd-al-Qadir alias Jan Klingbiel zu erwähnen.

»Vermutlich ja«, sagte der Staatssekretär ausweichend.

»Sollten Sie nicht mit offenen Karten spielen, wenn Sie schon den weiten Weg von Berlin nach Kiel angetreten haben?«, fragte Lüder. »Oder sind Sie hier nur zufällig vorbeigekommen?«

»Dr. Gackerle ist hergekommen, um mit uns beiden zu sprechen«, mischte sich Nathusius ein. Am Tonfall hörte Lüder, dass ihm der Kriminaldirektor zur Mäßigung riet.

»Es ist gewährleistet, dass alles, was hier besprochen wird, vertraulich bleibt?«, vergewisserte sich der Staatssekretär.

»Das ist selbstverständlich«, erklärte Nathusius.

»Drohungen, wie die von Ihnen erwähnte, erreichen uns oft. Die Fachleute werten sie aus und geben eine Einschätzung ab, wie ernst sie zu nehmen sind. Wir können die Sicherheitsdienste nicht hinter jeder Botschaft herschicken. In diesem Fall liegt aber keine allgemeine Bedrohung vor.«

»Sondern?«

»Es gibt eine ernst zu nehmende Warnung der Italiener.«

»Der Agenzia Informazioni e Sicurezza Esterna?« Diese Frage hatte Lüder schon Kriegskotten gestellt, aber keine Antwort erhalten.

»Man ist dort auf brisantes Material gestoßen, das auf einen möglichen Anschlag auf die deutsche Infrastruktur schließen lässt.«

»Woher wissen das die Italiener?«

Dr. Gackerle zuckte die Schultern. »Das haben wir uns auch gefragt, aber keine Antwort gefunden.«

»Die Vermutung zielt auf den Seehandel?«, fragte Lüder.

»Davon ist auszugehen.«

»Wie kann man dem Seehandel nachhaltig schaden?«, überlegte Lüder laut.

Man konnte keinen ganzen Hafen in die Luft sprengen, sondern nur Teile. Oder die meistbefahrene Wasserstraße der Welt angreifen – den Nord-Ostsee-Kanal. Aber wie? Eine Schleuse in die Luft jagen. Vielleicht gelang es sogar, eine ganze Schleusenanlage in Brunsbüttel oder in Kiel zu zerstören. Es gab noch mehr Anhaltspunkte. Die Brücken über den Kanal waren sensible Angriffspunkte. Allerdings liefen potenzielle Attentäter stets Gefahr, bei ihren Vorbereitungen beobachtet und gestört zu werden. Es wäre ein aufwendiges Unterfangen, die großen Bauwerke nachhaltig zu schädigen.

»Auch einer schlagkräftigen Terrororganisation dürfte es schwerfallen, unreparierbare Schäden anzurichten.«
»Darum geht es nicht. Es geht um eine temporäre Störung, die nachhaltige Konsequenzen hat. Und um das Vertrauen in uns und unsere Fähigkeiten, die Sicherheit zu gewährleisten.« Das bietet auch Hornblower & Flowers vollmundig an, dachte Lüder.
»Wenn es den Terroristen gelänge, eines der ganz großen Containerschiffe beim Befahren der Elbe so zu schädigen, dass es den Fahrweg blockiert, hätten wir ein Problem«, überlegte Lüder laut.
»An eine solche Möglichkeit haben wir auch gedacht. Die vorsichtigen Andeutungen unserer italienischen Verbündeten zielen in diese Richtung.«
»Also müssen wir unser Augenmerk darauf richten, dass ein manipuliertes Schiff in die Elbe einläuft. Wenn es auf Höhe Brunsbüttel geschieht, sind sowohl die Elbe wie auch der Kanal blockiert.«
Dr. Gackerle nickte. »Wir sind Ihrer Meinung. Allerdings haben wir länger benötigt, bis wir auf diese Möglichkeit gekommen sind«, gestand er leise ein.
»Wenn die Ruderanlage außer Kraft gesetzt und der Containerriese nicht mehr manövrierfähig ist, legt er sich quer. Man kann ihn auch nicht einfach zur Seite schleppen, wenn er außerhalb der Fahrrinne aufläuft. Es ist ein immenser Aufwand, zehn- bis fünfzehntausend Container zu bergen. Wie lange benötigt man dafür?«
»Das ist unvorstellbar«, pflichtete Dr. Gackerle bei, »auch wenn ich als Schwabe nichts von der Seefahrt verstehe.«
»Wir sehen es am Beispiel der ›Costa Concordia‹ in Italien, wie lange die Bergung eines havarierten Schiffes dauert. Und wie kompliziert es ist, abgesehen von immensen Umwelt- und Imageschäden.«
»Das würde auch den Umweltschützern in die Hände spielen«, stimmte Dr. Gackerle zu, um sogleich anzufügen: »Ich möchte nicht missverstanden werden. Die Bundesregierung unternimmt alle Anstrengungen in Sachen Umweltschutz. Dem fühlen wir uns verpflichtet. Wenn bei einem solchen Anschlag Öl ausläuft,

hätten wir eine Katastrophe von einem Ausmaß, dass davon noch die nächsten Generationen betroffen wären. Die Umweltschützer könnten Argumente anführen, die jeder Regierung auf lange Zeit die Hände binden würden. Niemand könnte mehr abwägen zwischen notwendiger Rücksicht auf Natur und Biosphäre und der Notwendigkeit, eine wirtschaftlich solide Basis zu bewahren.«

»Hat man in Berlin in Erwägung gezogen, dass ein Horrorszenario an die Wand gemalt werden soll, um gerade auf diesen Aspekt zu verweisen?«, fragte Lüder.

»Sie meinen ...«, der Staatssekretär nagte an seiner Unterlippe, »... hinter den Drohungen stecken möglicherweise gar keine Terroristen, sondern Umweltschützer?«

»Wie kommen Sie auf die Idee?«, mischte sich Nathusius ein, der dem Dialog bisher schweigend gefolgt war.

Lüder berichtete von den »Freunden der Elbe« um Hofsänger und den ehemaligen Einzelkämpfer Adler. »Es gibt zu diesen beiden Aktivisten ein paar offene Fragen, die wir noch nicht haben klären können.«

»Sie schließen nicht aus, dass die Umweltschützer als Agent Provocateur auftreten?«, fragte Nathusius.

»Wir müssen unsere Überlegungen in alle Richtungen lenken.« Lüder drehte sich in Richtung des Staatssekretärs. »Was hat Alberto Carretta mit der Sache zu tun? Schließlich handelt es sich um einen rechtskräftig verurteilten Mörder.«

Dr. Gackerle wand sich mit sichtlichem Unbehagen. »Sie kennen die Diskussion, ob man ein entführtes Flugzeug abschießen soll oder darf, wenn mit ihm ein viel größeres Ziel angepeilt werden könnte. In dem Flugzeug säßen viele hundert unschuldige Menschen. Ich möchte nicht in der Haut des Entscheiders stecken. Ganz so gravierend war es nicht, als man in Berlin beschloss, den dringenden Bitten unserer italienischen Partner nachzukommen und Alberto Carretta aus dem Justizvollzug zu entlassen. Der Mann war betagt und hätte möglicherweise seine Strafe ohnehin nicht komplett absitzen müssen.«

Warum mussten Politiker immer Argumente nachschieben, die ihre sonst schwer verständlichen Entscheidungen entschuldigten?, fragte sich Lüder. Laut sagte er: »Es ist nicht nur rechtlich fragwürdig, was dort geschehen ist, sondern brüskiert auch die Polizisten in Hannover. Die Kollegen haben lange und mühsam ermittelt, bis Carretta überführt werden konnte. Es war nicht nur ein Gemetzel unter Kriminellen, sondern ein unschuldiger junger Polizeibeamter wurde ermordet. Wir können folglich nicht von kleineren Vergehen sprechen.«

Der Staatssekretär knetete seine Finger, bis das Knacken der Gelenke die Stille unterbrach. »Es gibt übergeordnete Interessen. Man muss abwägen, ob man kleinere Ungerechtigkeiten in Kauf nimmt, um größere abzuwenden.«

»Ein toter Kripobeamter, abgesehen von den anderen Opfern ... Das nennen Sie ›kleinere Ungerechtigkeiten‹?«, empörte sich Lüder.

Dr. Gackerle streckte seine Hand in Lüders Richtung aus. Für einen Moment sah es so aus, als wolle er Lüders Arm beruhigend tätscheln. »Wir wollen das Andenken an die Toten nicht beschädigen.« Dann breitete er die Arme leicht aus mit der Handöffnung nach oben. Abwechselnd bewegte er die Hände leicht auf und ab. »Sie können es nicht gewichten, das eine nicht gegen das andere aufrechnen. Akzeptieren Sie es, so wie es ist.«

»Woher stammt die Warnung?«, fragte Lüder.

»Wie ich schon sagte: aus Italien.«

»Woher wollen die das wissen?«

Dr. Gackerle zuckte die Schultern. Ihm war anzusehen, dass er froh war, sich hinter die Mauer des Nichtwissens zurückziehen zu können.

»Das hat uns auch interessiert. Wir haben keine Antwort erhalten.«

»Das glaube ich nicht«, sagte Lüder schroff. »Darüber ist doch in Berlin spekuliert worden.«

»Wir halten uns nur an Fakten«, erwiderte der Staatssekretär. Lüder klopfte mit dem Knöchel auf die Tischplatte. »Das tun wir auch.« Er wechselte einen raschen Blick mit Nathusius. »Ich halte die Truppe –«

»Sie sprechen vom Sicherheitskabinett«, unterbrach ihn Dr. Gackerle tadelnd.

»Ich halte die Truppe«, fuhr Lüder ungerührt fort, »nicht für so

naiv, dass man blind südeuropäischen Flüstereien folgt. Abgesehen davon stinkt es doch zum Himmel, dass Carretta zur Verbüßung seiner Haftstrafe nach Meppen verlegt wurde und nicht nach Celle, wo solche Täter üblicherweise verwahrt werden.«
»Dazu kann ich nichts sagen. Der italienische Nachrichtendienst hat vor Anschlägen auf den Schiffsverkehr auf der Elbe gewarnt und gleichzeitig erklärt, dass Carretta über Verbindungen verfügen soll. Angeblich«, versuchte Dr. Gackerle, seine Aussage abzuschwächen.
Lüder schüttelte energisch den Kopf. »Sie wollen uns hier einen Bären aufbinden. Niemand nimmt Ihnen ab, dass auf eine vage Äußerung der Italiener hin eine solche Aktion in Bewegung gesetzt wird.«
Um die Augenwinkel des Staatssekretärs zuckte es nervös. »Es ist zutreffend, dass wir unsere Möglichkeiten eingesetzt haben, um die Information der Italiener zu verifizieren.«
»Zu welchem Ergebnis sind das BKA und der BND gekommen?«
»Fakten konnten nicht offengelegt werden. Ich kann Ihnen versichern, dass die Dienste der Bundesrepublik fieberhaft und hochprofessionell an der Klärung arbeiten. Da die ganze Aktion nicht an die Öffentlichkeit dringen darf, gilt höchste Geheimhaltung. Das haben Ihnen Bundesanwalt Ferrin und Herr Kriegskotten vom BKA bereits erklärt.«
»Das war dilettantisch«, erwiderte Lüder. »Erst haben sie verbal gedroht, dann mich beschatten lassen.« Er klatschte sich mit der flachen Hand an die Stirn. »Wir sind hier nicht in einer Bananenrepublik.«
»Die beiden konnten nicht wissen, dass Ihre parallelen Ermittlungen plötzlich Kreise zogen«, erklärte Dr. Gackerle.
»Vielleicht hätten wir an einem Strang ziehen sollen.«
»Das ist eine Bundesangelegenheit. Ich betonte schon mehrfach: höchste Geheimhaltungsstufe. Da können Sie nicht die Polizeibehörden der Länder einschalten und mitwirken lassen.«
Lüder lehnte sich zurück und verschränkte demonstrativ die Arme vor der Brust. »Das ist doch ein Widerspruch. Das BKA kommt nicht weiter, der BND hat offensichtlich keine Ahnung und folgt nur dem Geheimdienstgezwitscher aus Italien, ohne

selbst auch nur von einer Andeutung einer Bedrohung gehört zu haben, und wenn wir Ermittlungsansätze gewinnen, wollen Sie uns Fesseln anlegen.«

»Sie verkennen, wie ernst man in Berlin die Situation nimmt. Glauben Sie, ich wäre nach Kiel gekommen und hätte das Gespräch mit Ihnen gesucht, wenn wir nicht von großer Besorgnis erfüllt wären?« Dr. Gackerle faltete die Hände und legte sie vor sich auf die Tischplatte. »Helfen Sie uns. Sagen Sie uns, was Sie wissen, und stören Sie nicht unsere Ermittlungen. Bitte!«

»Nö«, sagte Lüder.

»Herr Dr. Lüders«, mischte sich Nathusius ein.

Daran, dass der Kriminaldirektor Lüders akademischen Grad verwendete, war erkennbar, wie ernst es dem stellvertretenden Leiter des Landeskriminalamts war. Lüder horchte auf. Er hatte lange und erfolgreich mit Nathusius zusammengearbeitet. Sie kannten einander, fast wie ein alt gewordenes Ehepaar. Lüder wartete ein paar Herzschläge, aber Nathusius beließ es bei der knappen Anmerkung. Er hatte mit seinem Einwurf dem Staatssekretär den Eindruck vermittelt, man würde Berlin entgegenkommen. Indem er nicht mehr anmerkte, signalisierte er Lüder, dass er mit ihm auf gleicher Wellenlänge war. Jochen Nathusius, der Fuchs.

Plötzlich schoss Lüders Arm vor, als würde die Fingerspitze wie ein Geschoss den Staatssekretär durchbohren wollen.

»Das haben sich doch nicht die Italiener ausgedacht«, sagte Lüder scharf. »Dahinter stecken die Amerikaner.«

»Wie ... äh ... also ...« Dr. Gackerle geriet ins Stottern.

»Erkenntnisse von solcher Tragweite sammeln nur die großen Dienste, zum Beispiel das Deuxième Bureau.« Lüder verwendete bewusst eine überholte Bezeichnung für den französischen Spionagedienst. Prompt korrigierte ihn Dr. Gackerle.

»Sie meinen die DGSE.«

»Ich spreche von der CIA, dem MI6 oder dem Mossad. Und die tun sich schwer, mit dem BND zusammenzuarbeiten.«

Urplötzlich herrschte Schweigen im Raum, bis sich der Staatssekretär erhob und nacheinander Nathusius und Lüder fest die Hand drückte. »Sie tragen eine große Verantwortung, Herr Dr. Lüders«, erklärte er, bevor er ging.

»Was war das für ein grandioser Abgang«, sagte Lüder, als Dr. Gackerle das Zimmer verlassen hatte.

»Sie durften live daran teilhaben, wie Politiker ein Statement abgeben, ohne etwas zu sagen«, erklärte Nathusius und lächelte. Dann ließ er sich von Lüder die bisherigen Erkenntnisse vortragen und nickte zwischendurch, ohne Lüder zu unterbrechen.

»Und welche Vermutung haben Sie?«, fragte er zum Abschluss.

»Nur die, die ich auch geäußert habe«, musste Lüder bekennen und zählte die Ungereimtheiten und offenen Fragen auf, mit denen er sich auseinandersetzte.

»Auch wenn das dubiose Sicherheitsunternehmen und die Drohungen des Islam-Konvertiten ernst zu nehmen sind, halte ich es für erforderlich, die Umweltschützer nicht außen vor zu lassen«, sagte Nathusius, als sie allein waren. »Weshalb ist es so schwierig, die offenen Fragen zu klären?«

»Hofsängers und Adlers Aussagen stehen im Widerspruch zueinander. Es ist schwierig, Adler nachzuweisen, wo er sich aufgehalten hat. Hofsänger war definitiv in Wismar.«

»Also lügt Adler«, sagte der Kriminaldirektor. »Auf den ersten Blick scheint er verdächtiger als Hofsänger, insbesondere wenn man seine Vergangenheit als Elitesoldat beim KSK berücksichtigt. Er müsste über eine exzellente Ausbildung an Präzisionsgewehren verfügen.«

»Wir haben es versucht, Informationen von der Bundeswehr zu erhalten. Aus verständlichen Gründen gibt es keine, weder zu ehemaligen Angehörigen der Einheit noch zu deren Ausrüstung oder Vorgehensweise, somit auch nicht zur Ausbildung der Einzelkämpfer.«

Nathusius runzelte die Stirn. »Es sieht so aus, als könne man die diesbezüglichen Ermittlungen auf Adler konzentrieren.«

»Hofsänger scheidet als Mordschütze aus. Rätselhaft ist allerdings, warum er den Termin mit Archetti nicht wahrgenommen hat. Ich an seiner Stelle ... Ich wäre sehr erpicht darauf gewesen, die Begegnung mit einem hochrangigen Vertreter der Europäischen Union zu nutzen. Stattdessen hält er sich in Wismar auf. Daraus kann man die Vermutung ableiten, dass er wusste, dass Archetti aus naheliegenden Gründen verhindert sein würde.«

»Die Umweltschützer hätten sicher ein starkes Interesse daran, den Ausbau der Elbe zu verhindern. Über die fatalen Folgen für die Wirtschaft haben wir bereits gesprochen. Ich habe aber Zweifel daran, dass man durch einen Mord an einem EU-Beamten das Ziel erreichen kann. Nach Archetti kommt ein anderer.« Nathusius schüttelte den Kopf. »Und der zweite Mord passt überhaupt nicht in das Bild. Da sehe ich keinen Zusammenhang.«

»Ich teile Ihre Auffassung«, sagte Lüder. »Deshalb haben wir unsere knappen Ressourcen auch nicht auf das Lösen dieser Widersprüche konzentriert. Um diese Spur sauber abzuschließen, müssen wir aber herausfinden, was dahintersteckt.«

»Gut«, sagte Nathusius und nickte zustimmend.

Von seinem Büro aus rief Lüder Frauke Dobermann in Hannover an und bat sie, sich noch einmal mit der falschen Angabe Alex Adlers auseinanderzusetzen. Anschließend verabredete er sich in Marne mit Christoph Johannes.

Lüder fuhr über die in der Regel schwach frequentierte Autobahn nach Rendsburg, hatte Glück, dass er nicht am ewig maroden Kanaltunnel in einen Stau geriet, und bog auf die gut befahrbare Bundesstraße nach Heide ab. Er wunderte sich nicht, als er bemerkte, dass ihm bis zum Autobahnende kurz hinter dem Rendsburger Kreuz in gebührendem Abstand ein Mercedes der C-Klasse folgte. Auf dieser Eckverbindung ohne Randstreifen gab es eine Geschwindigkeitsbeschränkung. Warum sollte ein anderer Fahrer sich nicht ebenfalls wie Lüder mit einer geringen Überschreitung des Limits vorwärtsbewegen? Es war schon seltsamer, dass der Mercedes ihm bis Heide folgte. Als er vor der einzigen Raffinerie des Landes in Hemmingstedt immer noch in Sichtweite war, wusste Lüder, dass er verfolgt wurde.

Anstelle des Husumer Hauptkommissars war Große Jäger nach Marne gekommen und hatte seinen Dienstwagen auf dem Parkplatz eines benachbarten Supermarkts abgestellt. Der Oberkommissar stand neben dem Fahrzeug und rauchte. Er grinste Lüder an.

»Das hatte ich erwartet, dass ein akademischer Kriminalrat des LKA mich findet.«

»Es wäre nett gewesen, wenn ihr nicht ›Bäumchen, wechsele dich‹ gespielt hättet.«

Lüder sah sich um.

»Traut Ihre Frau Ihnen nicht und meint, die häufigen Abwesenheiten hätten andere als dienstliche Gründe?« Große Jäger lachte.

»Ich werde verfolgt«, sagte Lüder. Das Grinsen verstärkte sich. »So schlimm ist es schon? Kleine blaue Männchen? Ein unsichtbarer Hase? Oder ein Privatdetektiv? Sollen wir uns jetzt in den Arm nehmen und untergehakt zur Schule gehen?«

»Danke«, wehrte Lüder ab. »Da versuche ich lieber, ein Rendezvous mit der Kassiererin von ALDI zu arrangieren. Im Ernst. Ab Kiel fuhr mir ein Mercedes hinterher.« Lüder berichtete von seiner Entdeckung.

»Soll ich den suchen gehen?«, schlug Große Jäger vor.

»Wir gehen zunächst zur Schule.«

»Das ist nicht erforderlich. Ich habe es schon gelernt und begriffen, wie man einen Stalker anspricht.«

Lüder lächelte und sah sich um.

»Hier entlang.« Große Jäger zeigte auf einen schmalen Durchgang am Ende des Parkplatzes. »Gleich dahinter liegt die Schule.«

Das Gymnasiums Marne, »Europaschule«, wie ein Schild neben der Pforte verriet, war in einem idyllisch aussehenden Backsteinhaus untergebracht, um das im Laufe der Zeit weitere Schulgebäude emporgewachsen waren.

Der Schulleiter hörte sich ihre Bitte um Auskunft über den ehemaligen Schüler Jan Klingbiel an.

»Ich hole den Kollegen, der lange Jahre Jans Lehrer war. Er kennt ihn am besten«, sagte Studiendirektor Reinholdt und kehrte nach ein paar Minuten zurück. »Wir müssen uns noch gedulden. Er hat gerade Unterricht.«

»Kennen Sie Jan Klingbiel?«, fragte Lüder.

Reinholdt nickte. »Sicher. Er hat schon vor ein paar Jahren Abitur gemacht, aber ich erkenne immer noch die meisten der Ehemaligen, auch wenn es mir wegen der Vielzahl der Schüler manchmal schwerfällt, mich an die Namen zu erinnern. Wir sind hier sehr bodenständig in Marne. Da geht es nicht so anonym zu. Zudem macht es einen Unterschied, ob der Schüler hier in der Stadt wohnt und man sich auch nach Schulschluss begegnet oder er aus dem Umland kommt. Wer dort wohnt, verbringt seine Freizeit in der Regel nicht in Marne.«

Sie wurden durch die sich öffnende Tür abgelenkt. Ein kleinerer Mann mit wirr abstehenden Haaren, zumindest dort, wo sie noch vorhanden waren, steckte seinen Kopf durch den Türspalt.

»Komm rein, Willi«, forderte ihn Reinholdt auf und erklärte, zu den beiden Beamten gewandt: »Oberstudienrat Sauerteig. Er ist in Marne eine Institution und unterrichtet schon gefühlte hundert Jahre an unserer Schule.«

Lüder schätzte den Lehrer auf eine Körpergröße, die knapp über einem Meter sechzig liegen mochte. An ihm war alles rund. Die Jeans schlabberte um die stämmigen Beine und umschloss den kugelrunden Bauch, über den sich ein wollenes Sporthemd spannte. Der kurze Hals wurde durch ein Doppelkinn verdeckt. Aus dem runden Gesicht blitzten zwei lustige Augen unter dichten grauen Augenbrauen. Lüder erinnerte sich, dass ein Kabarettist ähnlich buschige Augenbrauen eines ehemaligen Finanzministers einmal als »Klobürsten« bezeichnet hatte.

Sauerteig kam auf sie zu und reichte jedem die patschige Hand. »Sauerteig«, stellte er sich vor. »Wie Süßbrot.« Der Lehrer nahm auf dem letzten freien Stuhl Platz und ließ die Beine, die nicht bis zum Boden reichten, in der Luft baumeln.

»Ich habe gehört, es geht um Jan Klingbiel«, begann er unaufgefordert. »Ich habe ihn mehrere Jahre unter meinen Fittichen gehabt. Ein anständiger Bursche. Nicht übertrieben ehrgeizig, aber mit guten Anlagen. Ich war nicht erstaunt, dass er in Kiel Geografie studiert hat. Ich hatte zuerst geglaubt, er werde irgendwann als Kollege an diese Schule zurückkommen.«

»Bei der Fächerkombination mit Politikwissenschaften?«

»Das hat mich gewundert. In dem Alter spielt Politik nur eine untergeordnete Rolle. Zumindest ist Jan in dieser Hinsicht nie aufgefallen. Er war nirgendwo engagiert. Hier bei uns in Marne ist auch keine Szene etabliert, die auf die Straße geht und rebelliert. Ich will damit nicht sagen, dass Jan den Fragen der Gesellschaft unkritisch gegenübergestanden hat, aber sich zu irgendetwas mitreißen lassen? Nee.« Sauerteig schüttelte den Kopf.

»Sie wissen von seiner Hinwendung zum radikalen Islamismus?«

Die beiden Lehrer wechselten einen schnellen Blick. »Das hat uns alle überrascht«, mischte sich der Rektor ein. »Jans Vater ist ein Kollege von uns. Grundsolides Elternhaus. Alles tadellos. Keiner konnte sich diesen plötzlichen Wandel erklären. Ich lege meine Hand dafür ins Feuer, dass Jan während der Zeit an unserer Schule keinerlei Berührungspunkte mit diesen Leuten hatte. Das muss erst danach passiert sein, während seines Studiums in Kiel.«

»Stefan, du hast doch auch –«, setzte Sauerteig an.

»Ja«, fuhr der Schulleiter fort. »Ich habe mehrfach versucht, Jans Vater zu sprechen. Es gab nur einmal eine kurze Begegnung. Beim ersten Besuch. Für Karl-Friedrich Klingbiel war eine Welt zusammengebrochen. Er suchte die Schuld bei sich, fragte immer wieder, was bei der Erziehung schiefgelaufen war. Meine Erklärung, dass wir das alle nicht verstehen könnten, hat er gar nicht angehört. Ich habe es später noch zweimal versucht, bin aber stets an der Haustür schroff abgewiesen worden. Mir tut der Mann leid. Nicht nur, dass er sich Sorgen um die kranke Frau macht, nein, er sitzt auch abgekapselt in seinem Haus und grübelt, warum Jan das seinen Eltern antut.«

»Ich entnehme Ihrer beider Ausführungen, dass es zu keiner Zeit einen Hinweis auf diese Entwicklung gegeben hat.«

Die beiden Lehrer nickten synchron.

»Haben Sie vom jüngsten Drohvideo gehört, das angeblich –«, sagte Lüder vorsichtig.

»*Angeblich?*«, brauste Sauerteig, der bis dahin ruhig und besonnen gewirkt hat, auf. »Sie wissen nicht, wie es heute an den Schulen zugeht. Da schleppt einer das Video auf dem Smartphone an, und im Nu trägt es jeder mit sich herum. ›Einer von uns‹ heißt es. Das finden die Schüler aufregend, auch wenn sich keiner mit der Botschaft dahinter identifiziert.«

»Wie gesagt. Wir haben keine Erklärung dafür. Natürlich war das auch im Kollegium Thema. Aber es verstehen ... Das tut niemand.«

»Ich hätte Jan zu gern selbst befragt«, sagte Sauerteig.
»Ich auch«, brummte Große Jäger dazwischen.
»Es ging zu schnell.«
»Was, Willi?«, fragte der Schulleiter.
»Ich war vor Kurzem mit meiner Frau in Brunsbüttel zum Einkaufen.«
»In Brunsbüttel?«, fragte Reinholdt überrascht. »Das kannst du hier auch.«
Sauerteig winkte ärgerlich ab. »Ich bin mir ziemlich sicher, dass es Jan Klingbiel war.«
»Sie sind sich sicher?«, fragte Lüder überrascht.
Sauerteig nickte ernst. »Ich bin lange genug Schulmeister. Ich habe versucht, ihn einzuholen und anzusprechen, aber er hat sich abgewandt und schnell entfernt. Ich hatte den Eindruck, es war ihm unangenehm, dass ich ihn entdeckt hatte.«
»War er allein?«
»Sicher«, erwiderte Sauerteig.
»Wie war er gekleidet?«, wollte Lüder wissen.
»Ganz normal. So wie junge Leute herumlaufen. Westlich, wenn Sie darauf hinauswollen. Ich war auch erstaunt. Er war glatt rasiert.«
Das waren wichtige Beobachtungen, dachte Lüder. Warum hatte Klingbiel alle Attribute der Zugehörigkeit zu den Islamisten abgelegt? Diente diese Rückverwandlung zu einem äußerlich unauffällig erscheinenden Mitteleuropäer als Tarnung? War die Lunte ans Pulverfass gelegt, und die Explosion stand kurz bevor?
»Ich habe noch mit Frau Mirrow gesprochen«, ergänzte Sauerteig.
»Eine Kollegin an der Schule«, erklärte Reinholdt.
»Die glaubt, Klingbiel auf der Fähre Glückstadt–Wischhafen gesehen zu haben.«
»Mensch. Willi. Warum hast du das nicht früher erzählt?« Reinholdts Vorwurf war unüberhörbar.
»Die Mirrow war sich nicht sicher. Sie kannte Klingbiel nicht gut. Und ich? Habe ich vergessen. Tut mir leid.« Sauerteig wirkte betrübt.
»Hat sich Jan Klingbiel sportlich ausgezeichnet?«
»Puh.« Sauerteig blies die Wangen auf und zeigte auf seinen

Leibesumfang. »Das Fach unterrichte ich nicht. Er hat alles mitgemacht und war allen Anforderungen gewachsen, aber dass er ein leidenschaftlicher Sportler war, kann ich nicht sagen. Jan Klingbiel war unauffällig. Ich will ihm nicht unrecht tun, aber er war in jeder Hinsicht Durchschnitt.«
»Wissen Sie, ob er im Schützenverein war?«
Jetzt lachten beide Lehrer. Sauerteig prustete vor Vergnügen. »Das war ein echter Joke zum Abschluss.«

Vom Auto aus nahm Große Jäger Kontakt zur bis heute als Familienunternehmen geführten Fähre Glückstadt–Wischhafen auf.
»Nein«, erklärte er Lüder nach dem Anruf. »An Bord der vier Fähren gibt es keine Videoüberwachung.«
»Die Verbindung ist beliebt und deshalb auch stark frequentiert. Daher wird sich niemand an Klingbiel erinnern können, zumal wir nicht einmal wissen, mit welchem Fahrzeug er unterwegs war«, sagte Lüder. »Wir fahren mit meinem Wagen«, entschied er dann.

Es dauerte eine Ewigkeit, bis Klingbiels Vater die Tür öffnete. Der pensionierte Lehrer sah abgespannt aus. Das ganze Thema schien ihm erheblich zu schaffen zu machen. Er sagte keinen Ton, sondern beließ es bei einer eingehenden Musterung der Polizisten.

»Man glaubt, Ihren Sohn Jan gesehen zu haben«, sagte Lüder.
»War er bei Ihnen?«
»Ich habe keinen Sohn Jan«, wiederholte der alte Mann seine schon früher geäußerte Erklärung.
»Es ist sehr wichtig, dass wir mit Jan sprechen können.«
»Tun Sie das.«
»Ist er bei Ihnen?«
»Scheren Sie sich zum Teufel.« Klingbiel knallte die Tür mit Schwung zu.
»Merkwürdig«, stellte Große Jäger fest. »Wenn er unwissend wäre, hätten wir eine Regung in seinem Gesicht registrieren müssen. Welcher Vater zuckt nicht mit irgendeinem Muskel, wenn er überraschend erfährt, dass sein verschollener Sohn in der Nähe ist? Auf mich wirkte es, als wäre es für Klingbiel keine Neuigkeit.«

»Kompliment für deine Beobachtungsgabe«, sagte Lüder anerkennend. »Das ist mir auch aufgefallen. Ich gehe davon aus, dass er hier«, Lüder zeigte auf die Haustür, »schon von Jans Anwesenheit wusste. Damit ist nicht gesagt, dass der Sohn seinen Vater besucht hat. Aber wenn ihn – rein zufällig – zwei ehemalige Lehrer gesehen haben, ist nicht auszuschließen, dass auch andere Marner ihn bemerkt haben.«

»Das wiederum verstehe ich nicht«, überlegte Große Jäger laut. »Der junge Klingbiel ist hier groß geworden. Er kennt das Leben in einer Kleinstadt. Weshalb ist er so leichtsinnig und läuft in der Öffentlichkeit herum? Er muss doch davon ausgehen, dass die Ermittlungsbehörden nach dem letzten Drohvideo hinter ihm her sind. Er kann doch nicht so naiv sein und glauben, wir würden das nicht bemerken.«

»Das ist eine der rätselhaften Wendungen in diesem Fall«, bestätigte Lüder, startete den Motor und fuhr nach St. Margarethen.

»Jetzt wird es ernst«, sagte Große Jäger unterwegs. »Steht das Attentat kurz bevor? Eigentlich müssten wir Großalarm auslösen.«

»Was soll kontrolliert werden? Wollen wir prophylaktisch die Elbe sperren?«

Der Oberkommissar grinste. »Wir könnten alle Schiffe zu Putin umleiten. Der hätte viel zu tun und käme nicht mehr auf dumme Gedanken.«

»Blödmann«, sagte Lüder lachend.

»Der wird gut versorgt.« Große Jäger spielte auf seinen Hund an, dem Christoph Johannes einmal den Namen »Blödmann« gegeben hatte. Das Tier hielt sich fast ausschließlich in Garding auf und hatte in Heidi Krempls Sohn einen begeisterten Spielgefährten gefunden.

»Was ist das für ein komischer Dackel? Der hat so lange Beine«, hatte er gefragt.

»Das ist eine Dachsbracke«, hatte Große Jäger ihm erklärt.

Der Junge hatte gelacht. »Sieht aus wie ein SUV vom Dackel.«

»Du kannst die intensive Fahndung nach Jan Klingbiel einleiten«, sagte Lüder.

Große Jäger rief in Husum an und gab es an Christoph Johannes weiter.

»Uns fehlt das Kind für solche Aufgaben«, erklärte er anschließend.
»Welches Kind?«
»Harm Mommsen, der als junger Kommissar bei uns begonnen hat. Mommsen, die Nachwuchskraft. Eben – das Kind.«
»Das Kind ist groß geworden. Immerhin leitet er die Kriminalpolizeistelle in Ratzeburg.«
»So wie ich für meine Mutter immer der kleine Sohn bin, bleibt Harm Mommsen *das Kind*. Punktum.«

St. Margarethen wirkte genauso verschlafen wie beim vorherigen Besuch.
Aus dem Haus der Familie Hofsänger klang anhaltender und durchdringender Kinderlärm. Eine sichtlich genervte Mutter öffnete ihnen.
»Sie wollen zu meinem Mann?«, stellte sie fest und wischte sich eine Haarsträhne aus dem Gesicht. »Der ist auf Arbeit.«
Lüder unterdrückte ein Lächeln. »Auf Arbeit.« Frau Hofsänger kam aus Hamburg.
Sie fuhren ein paar Kilometer weiter zum Atomkraftwerk Brokdorf.
»Hier kann nicht jeder kommen und den Betrieb stören«, empörte sich einer der Werkschützer.
»Wir sind nicht *jeder*«, erwiderte Große Jäger. »Nun entwickeln Sie mal 'ne Staubfahne, indem Sie Hofsänger herbitten. Alles ohne Staubfahne wäre Sabotage durch Unterlassung. Also: Hurtig!«
»Wir sind hier –«
»Uralter Spruch«, unterbrach ihn Große Jäger. »Schon mein Urgroßvater war bei der Arbeit und nicht auf der Flucht. Sie sind jedenfalls nicht die Ursache, dass es in Norddeutschland oft windig ist.«
»Ist ja schon gut«, knurrte der Mann und bemühte sich, Hofsänger zu erreichen.
Der Umweltschützer zeigte sich nicht begeistert, als er in dem kleinen Warteraum erschien, in den ihn der Pförtner gerufen hatte.
»Muss das sein, dass Sie mich am Arbeitsplatz behelligen?«

Lüder zeigte auf die Überwachungskamera. »Werden wir auch abgehört? Oder reicht das Bild?«

»Was wollen Sie von mir? Ich habe Ihnen alles gesagt.«

»Wogegen richtet sich Ihr Protest? Sie sind Ingenieur in einem Atomkraftwerk, führen gleichzeitig aber eine Umweltschutzorganisation an. Wie passt das zusammen? Fragen Ihre Freunde Sie nicht danach? Im AKW Brunsbüttel soll nach einer Recherche der Süddeutschen radioaktiver Abfall gelagert werden.«

»Irgendwo muss das Zeug hin«, antwortete Hofsänger lapidar.

»Und das direkt vor Ihrer Haustür? Gleich nebenan liegt ein ausgewiesenes Flora-Fauna-Habitat-Gebiet der Europäischen Union.« Lüder schüttelte den Kopf. »Ihre Kinder spielen im Schatten der Atommüllcontainer. Wir sollten einmal mit Ihrem Arbeitgeber sprechen, wie der zu Ihren Freizeitaktivitäten steht. Immerhin läuft der Gefahr, dass sich Ihre Energie plötzlich gegen ihn wendet. Haben Sie sich dazu schon einmal mit Ihren Vorgesetzten ausgetauscht?«, fragte Lüder.

»Ich trenne Beruf und persönliche Einstellung scharf. Das hat nichts miteinander zu tun.«

Große Jäger lachte meckernd wie ein Ziegenbock. »Ich würde mit meinem Dienstherrn Probleme bekommen, wenn ich in meiner Freizeit kiffe.«

»Das können Sie nicht miteinander vergleichen.«

»Mich interessiert Ihre Antwort dennoch. Vielleicht erhalten wir dann auch einen Hinweis, weshalb Sie gar nicht erst zum lange geplanten Gespräch mit Archetti nach Husum aufgebrochen sind.«

Hofsänger spreizte ein wenig die Beine, faltete die Hände und ließ sie zwischen den Knien pendeln. Er machte sich ganz krumm dabei.

»Wollen Sie meine Existenz vernichten?«, fragte er, als er sich wieder aufgerichtet hatte.

»Ungern«, erwiderte Lüder. »Zeigen Sie sich kooperativ. Wenn wir allerdings abwägen müssen, können wir auf Ihre persönlichen Belange keine Rücksicht nehmen. Zwei Menschen ist nicht die Existenz, sondern das Leben geraubt worden. Bei Mord kennen wir kein Pardon.«

Hofsänger stieß einen tiefen Seufzer aus. »Was verwenden Sie von dem, was ich Ihnen unter Umständen erzählen könnte?«
»Wenn Sie die Morde gestehen, werden wir alles gegen Sie verwenden«, mischte sich Große Jäger ein, ohne sein Grinsen zu verbergen.
Hofsänger hatte es nicht mitbekommen. Er wurde blass. »Ich habe niemanden ermordet. Um Himmels willen. Wie kommen Sie darauf?« Mit weit aufgerissenen Augen starrte er Lüder an.
»Erzählen Sie«, forderte Lüder ihn auf.
»Ich habe nicht immer die Wahrheit gesagt. Das konnte ich auch nicht. Ich habe ... ich war ... bin ...«, stammelte er und schluckte. Dabei sprang sein Adamsapfel wild auf und ab. »Die Sache mit den ›Freunden der Elbe – die Elbe soll leben‹ ist nicht ganz astrein. Ich habe mich in die Organisation eingeschlichen. Eigentlich war nur an eine Mitgliedschaft gedacht. Zu meinem großen Erstaunen habe ich feststellen müssen, dass viele die Idee unterstützen, einige mitmachen, aber kaum jemand Verantwortung übernehmen will. Mitreden – ja. Handeln – nein. Ehe ich mich versah, war ich einer der Macher. Das war nicht meine Absicht gewesen. Ich wollte mich auch wieder zurückziehen, als ich merkte, dass sich zwei Fraktionen herauskristallisierten. Beide hatten das gleiche Ziel, nur die Wege dorthin waren unterschiedlich. Die eine Gruppe suchte die politische Auseinandersetzung, die zweite meinte, damit werde man keine Aufmerksamkeit wecken.«

»Alex Adler gehörte der anderen Seite an?«, unterbrach ihn Lüder.

Hofsänger bestätigte es. »Wir haben stets heftig diskutiert, ja – gestritten. Um das zu befrieden, wurde Adler zum Stellvertreter gewählt. Trotzdem ging die Auseinandersetzung weiter. Die Ansichten waren zu unterschiedlich. Deshalb wollte ich ihn auch nicht beim Gespräch mit Archetti dabeihaben. Mir kam es darauf an, vernünftig mit dem hohen EU-Abgesandten zu reden. Die Lösung sollte im Mittelpunkt stehen, nicht die Konfrontation. Adler ist – wie gesagt – ein Hardliner.«

»Wurde in Ihrer Gruppe auch über radikale Maßnahmen gesprochen?«, fragte Lüder.

»Wie ernst das zu nehmen war ... Ich weiß es nicht. Natürlich fallen Sätze wie ›Das Gesetz des Handelns in die Hand nehmen‹ oder ›Reden bringt nichts mehr‹. Aber das sind alles keine Revoluzzer. Überall dort, wo mehrere zusammenkommen und unterschiedliche Charaktere aufeinanderprallen, ergeben sich Konfrontationen. Das ist bei den ›Freunden der Elbe‹ nicht anders.«

»Weshalb waren Sie nicht in Husum? Woher wussten Sie, dass Archetti verhindert war?«, fragte Lüder.

»Durch meinen Arbeitgeber.«

»Bitte?« Lüder und Große Jäger fragten gleichzeitig.

»Das ist es, was ich eingangs sagte. Es geht um meine Existenz.«

»Das müssen Sie uns näher erläutern«, forderte Lüder ihn auf.

Hofsänger fuhr sich mit gespreizten Fingern durch die Haare. »Seit dem Bau ist das AKW Brokdorf umstritten. Ich glaube, es gibt kaum einen Atommeiler, um den es im Vorfeld solche Auseinandersetzungen, man kann fast von Schlachten sprechen, gab wie hier. Mancher meint es ehrlich, ist wirklich besorgt, aber unter die sogenannten Protestler haben sich immer wieder Radikale gemischt, denen es nur auf die Randale ankam. Man kann sicher eine kritische Haltung zur Atomkraft einnehmen, vielleicht hat man auch nicht genug über die Folgen wie die Endlagerung nachgedacht. Mag sein. Glauben Sie, es ist sauberer, CO_2 in die Luft zu blasen und uns den Dreck unter den Füßen einzulagern?«

Er fuhr mit der Hand durch die Luft.

»Es würde zu weit führen, eine Grundsatzdiskussion zu starten. Jedenfalls ist es beschlossen, dass hier in Brokdorf irgendwann die Lichter ausgehen. Und dann? Ich bin noch nicht alt genug für die Rente. Aber das hier muss abgewickelt werden. Man hat mir in Aussicht gestellt, dass ich dabei sein könnte. Das wäre eine sichere Beschäftigung.« Hofsänger lachte bitter auf. »Eigentlich hatte ich während des Studiums davon geträumt, als Ingenieur aufzubauen und zu gestalten. Nun widme ich meine Kraft dem Abriss. Aber es geht ums mittelfristige Überleben. Nicht um meines, sondern um das der Familie.«

Er legte eine Pause ein. Die beiden Polizisten ließen ihm Zeit.

»Ein Kernkraftwerk zu betreiben ist nicht nur Technik, son-

dern auch Politik. Wie in vielen anderen Bereichen ist es wichtig, zu wissen, was die andere Seite plant und beabsichtigt.«
»Sie sind im Auftrag und mit Abstimmung Ihres Arbeitgebers Mitglied bei den Umweltschützern geworden?«, riet Lüder.
Hofsänger nickte. »Dass ich dort eine solche Karriere mache, war nicht beabsichtigt. Es war schon erstaunlich, dass ich in den inneren Zirkel vorgestoßen bin. Das habe ich genutzt und versucht, von aufsehenerregenden Aktionen abzuraten. Wir haben uns außerdem davon versprochen, über diese Schiene Kontakt zu anderen Aktivisten zu bekommen und uns dort umhören zu können. Glauben Sie mir. Es war stets ein Drahtseilakt, bei dem ich mich äußerst unwohl gefühlt habe.« Er atmete tief durch. »Jedenfalls bin ich froh, dass dieser Druck jetzt von mir genommen ist. Ich werde sofort alle Aktivitäten bei den Umweltschützern niederlegen.«
»Wie kam Ihr Arbeitgeber an die Information, dass Archetti für ein Gespräch nicht mehr zur Verfügung stand?« Lüder stellte die entscheidende Frage.
»Da bin ich überfragt. Das hat mich auch interessiert. Ich habe nachgebohrt. Glauben Sie es mir. Aber man hat sich bedeckt gehalten und von vertraulichen Quellen gesprochen. Natürlich war mir klar, dass Sie auf diese Unstimmigkeit stoßen würden. Ich kann Ihnen die Frage nicht beantworten. Wirklich nicht.«

Sie ließen einen verunsicherten Frank Hofsänger zurück, als sie gingen. Ein sichtbares Zeichen dafür war die blutige Unterlippe, an der er nicht nur sprichwörtlich nagte.

Als sie von der Zufahrtsstraße auf die Bundesstraße einbogen, sahen sie den Mercedes wieder, der Lüder seit Kiel folgte. Es musste sich um Ortsfremde handeln, die mit den landschaftlichen Gegebenheiten der Elbmarschen nicht vertraut waren. Hier konnte man sein Fahrzeug nicht verbergen. Alles war weiträumig und übersichtlich.

»Den schnappen wir uns«, beschloss Lüder und fuhr Richtung Glückstadt. Sie überquerten die Stör nahe Wewelsfleth, und Große Jäger lachte, als er ein Richtungsschild zur »Blomeschen Wildnis« sah.

»Das möchte ich mir einmal in natura ansehen«, sagte er.
An den Bahnschranken der Marschenbahn mussten sie einen blau-weißen Zug der Nord-Ostsee-Bahn passieren lassen. Der Mercedes hatte das rote Blinklicht am Bahnübergang frühzeitig bemerkt, das Tempo reduziert und war im Schritttempo herangerollt. Er stand nur ein Fahrzeug hinter ihnen. Dabei hielt er so viel Abstand, dass die beiden Beamten die Insassen nicht erkennen konnten.

Lüder fuhr nach Glückstadt hinein und ließ die Richtungsschilder unbeachtet. Es war schon lange her, dass die schmale Straße durch den Stadtpark über die Bahn bis zum Markplatz geführt hatte. Heute knickte die Einbahnstraße vor der Bahnlinie links ab und diente auf dem letzten Stück als Parkplatz. Lüder ließ den BMW langsam an den schräg abgestellten Fahrzeugen vorbeirollen.

»Jetzt«, sagte er plötzlich.

Hinter ihm war ein japanischer Kleinwagen ebenfalls auf der Suche nach einer Parkmöglichkeit. Dann folgte der Mercedes, hinter dem ein weiteres Fahrzeug die Straße befahren hatte und somit den rückwärtigen Fluchtweg verschloss. Lüder hielt an. Er beeilte sich, zum Mercedes zurückzulaufen, und wunderte sich, dass Große Jäger ihm trotz seiner rundlichen Figur folgte.

Die Türen des Mercedes waren verriegelt, als Lüder sie zu öffnen versuchte. Im Wagen saßen zwei Männer. Es war wie in einem schlechten amerikanischen Film. Sie waren um die vierzig, hatten kurz rasierte Haare, kantige Gesichtszüge und blickten finster drein. Einer bewegte unablässig den Mund und bearbeitete ein Kaugummi. Sie mussten keine Uniformen tragen. Die Männer waren Amerikaner.

Große Jäger hatte seine Waffe gezückt und sich in einer überzogenen Drohgebärde auf die Beifahrerseite gestellt.

Lüder pochte gegen die Fahrerscheibe. »Los. Aussteigen. *Hands up.*«

Große Jäger warf ihm einen irritierten Blick zu.

Nachdem die Insassen nicht reagierten, wiederholte Lüder seine Aufforderung nachdrücklich. Große Jäger unterstützte ihn, indem er mit der Spitze seiner Waffe gegen das Fensterglas stieß.

Inzwischen war der Fahrer des Kleinwagens ausgestiegen und kam wild gestikulierend auf Lüder zu.
»Was soll das?«, schimpfte der weißhaarige Mann. »Sie können doch nicht einfach mitten im Weg parken.« Dann gewahrte er die Pistole in Große Jägers Hand.
»Mein Gott«, stieß er hervor. »Ein Überfall. Hilde«, sagte er und drehte sich hilfesuchend um, obwohl seine im Auto wartende Frau ihn sicher nicht verstanden hatte.
»Dies ist ein Polizeieinsatz«, rief ihm Lüder zu, ohne die beiden Männer aus den Augen zu verlieren. »Kehren Sie zu Ihrem Fahrzeug zurück.«
Der Mann rührte sich nicht, sondern starrte gebannt auf den Oberkommissar mit der Pistole.
»Machen Sie schon«, forderte Lüder ihn auf.
Eilig drehte sich der Mann um und zog sich in seinen Wagen zurück.
Lüder hatte ebenfalls seine Waffe gezogen. »Eine falsche Bewegung«, drohte er. »Sofort aussteigen. Dies ist die deutsche Polizei.«
Große Jäger warf ihm einen fragenden Blick über das Autodach zu.
»Welche denn sonst?«, fragte er.
Im Zeitlupentempo löste der Fahrer die Türverriegelung. Fast gleichzeitig rissen Lüder und Große Jäger die Türen auf. Lüder schwenkte seine Waffe ein wenig und forderte damit den Fahrer auf, den Mercedes zu verlassen. Der Mann hielt seine Hände hoch und folgte Lüders Anordnung. Er drehte sich um, spreizte die Beine und legte die Hände aufs Autodach. Lüder erkannte, dass der Fahrer mit dieser Prozedur vertraut war. Ähnlich verhielt sich der Beifahrer.
Große Jäger sicherte, während Lüder den Fahrer kurz abklopfte und eine Waffe zutage förderte, die er an sich nahm. Dann legte er dem Mann Einmalfesseln an, packte ihn am Oberarm und dirigierte ihn um die Motorhaube des Mercedes herum auf die Beifahrerseite.
Während Lüder die Sicherung übernahm, filzte Große Jäger den Beifahrer. Der Mann trug keine Waffe. Der Oberkommissar

fingerte noch ein paar stählerne Handschellen hervor und fixierte den Beifahrer damit.

»Ist das Schauspiel bald vorbei?«, beklagte sich ein bärtiger Mann aus dem folgenden Fahrzeug. »Für eine Actionszene war das zu wenig.«

»Ich kann dich zu den beiden stellen«, drohte Große Jäger. Reflexartig tauchte der Mann wieder in sein Auto ein, aus dessen Fenster er sich gelehnt hatte.

Sie verfrachteten die beiden Männer auf den Rücksitz des Mercedes, nachdem Große Jäger die Kindersicherung aktiviert hatte. Lüder parkte den BMW, dann stellten sie den Mercedes in eine freie Haltebucht.

»Mit wem haben wir es zu tun?«, fragte Lüder.

Die beiden Männer schwiegen. Der Fahrer versuchte, sich wegzudrehen, als Lüder ihm in die Innentasche des Sakkos greifen wollte. Lüder packte ihn am Revers und zog einmal kräftig daran. Dann holte er eine Brieftasche hervor.

Amerikaner. Lüder hatte richtig vermutet. Der Pass war auf Spencer Mansfield ausgestellt. Dazu passte auch die Kreditkarte. In der Sakkotasche fand sich die elektronische Chipkarte eines Hotels sowie lose hineingestopftes Geld. Eine bunte Mischung aus Euros und Dollars.

»Sehr dürftig, Mr. Mansfield«, sagte Lüder und durchsuchte den zweiten Mann. Der führte keine Identitätspapiere bei sich.

»Wie heißen Sie?«, fragte Lüder und erntete als Antwort nur einen vernichtenden Blick.

»Warum verfolgen Sie uns seit Kiel?«

Es traf ihn wieder der kalte Blick. Kein Laut kam über die Lippen der Männer.

»Unberechtigter Waffenbesitz der eine, keine Papiere der andere. Das reicht.«

Lüder rief die Polizei an und forderte eine Streife an. Während der Wartezeit versuchte er erneut, die beiden Männer zu befragen. Sie schwiegen eisern. Immerhin fand er in der Mittelkonsole des Mercedes ein Handy. Die Rufnummern sagten ihm nichts. Er betätigte die Wahlwiederholung und wartete einen Moment, bis sich eine sonore Männerstimme mit »*Hi*« meldete. Lüder versuchte es mit einem »*Hello*«, aber sofort wurde am anderen Ende aufgelegt.

Schließlich traf die Schutzpolizei ein. Der Streifenwagen war mit einer Beamtin und einem jüngeren Kollegen besetzt. Die beiden setzten ihre Schirmmützen auf und näherten sich vorsichtig. Lehrbuchhaft hielt sich die Polizistin ein wenig im Hintergrund und hatte locker ihre Hand auf die Dienstwaffe gelegt.

Lüder wies sich aus und zeigte auf Große Jäger. »Der Oberkommissar kommt auch von der Kripo«, erklärte er. »Wir haben die beiden Männer gestellt.«

»Warum?«, wollte der Polizist wissen.

»Unerlaubter Waffenbesitz, kein Führerschein, und der Zweite hat überhaupt keine Papiere dabei. Nehmen Sie die beiden mit zur Identitätsfeststellung und zur üblichen Behandlung.«

»*Come on*«, forderte der Streifenbeamte die Amerikaner auf. Ihm schien der Einsatz sichtliches Vergnügen zu bereiten. Er grinste, als er die Handfesseln sah.

»Reine Vorsichtsmaßnahme«, sagte Lüder. »Solange wir nicht wissen, wer sie sind, könnten wir auch vermuten, dass wir auf Al Capone gestoßen sind.«

Der Beamte lachte. »Na, dann wollen wir Al Capone mal mitnehmen. In Glückstadt fangen wir sonst nur Matjes. Das ist etwas anderes. Wollen Sie informiert werden?«

Lüder händigte ihm seine Karte aus und sah dem blauen Streifenwagen nach, der sich mit den beiden Männern im Fond entfernte.

»Ich hätte gern gewusst, wer uns da verfolgt«, sagte Große Jäger, nachdem er die Pause für eine Zigarette genutzt hatte.

»Das erfahren wir schon noch. Möglicherweise sind die Leute von Hornblower & Flowers sehr anhänglich. Garvin Ehrlichman wird nicht erfreut sein, wenn er schon wieder auf uns angesetzte Schatten verloren hat. Diese Hartnäckigkeit lässt aber darauf schließen, dass wir mit unseren Ermittlungen hart am Wind segeln.«

»Oh«, spottete Große Jäger. »Das klingt ja richtig poetisch.«

FÜNFZEHN

Frauke Dobermann hatte entschieden, Jakob Putensenf mit nach Kehdingen zu nehmen. Wie immer hatte sich der Kriminalhauptmeister ans Steuer gesetzt und war entgegen der Empfehlung des GPS über die A 7 bis zur Abfahrt Heimfeld gefahren, um dort auf die ebenfalls gut ausgelastete Bundesstraße Richtung Cuxhaven abzubiegen. Der Verkehr floss zäh. Erst ab Horneburg kamen sie zügig voran.

Sie verließen die Bundesstraße, und Putensenf reagierte ungehalten, als Frauke anmerkte, dass die Verzögerungen dadurch entstanden seien, weil »ein Mann am Steuer saß«.

Mit verkniffenem Gesicht brummte Putensenf etwas Unverständliches vor sich hin und gab hinter Wischhafen auf einem geraden Straßenstück, das durch einen Wald führte, Gas.

Frauke verkniff sich einen bissigen Kommentar, als es auf freier Strecke rot aufblitzte und Putensenf in eine stationäre Blitzanlage geraten war.

»Ich wäre anders gefahren«, sagte sie. »Wenn Sie weiter auf der Bundesstraße geblieben wären, hätten wir nicht nur Kilometer gespart, sondern Sie auch Ihr Taschengeld.«

Dafür hatten sie Glück, als sie den Bauernhof in Balje erreichten. Alex Adler war anwesend, er war mit Büroarbeiten befasst und zeigte sich überrascht, die Polizisten zu sehen. »Der Betrieb erledigt sich nicht von allein«, knurrte er ungehalten.

»Das wird er aber müssen, wenn Sie uns weiter die Wahrheit vorenthalten«, sagte Frauke Dobermann und konfrontierte ihn mit den Widersprüchen in den Aussagen. »Wir können Sie auch mitnehmen und Hofsänger gegenüberstellen. Sie haben behauptet, sich mit ihm getroffen zu haben.« Sie ließ unerwähnt, dass Hofsängers Angaben durch seinen erwiesenen Aufenthalt in Wismar bestätigt worden waren. »Sparen Sie sich Lügen. Es führt uns nicht weiter und kostet Zeit.«

»Es war –«, setzte Adler an und vermied es, in Blickkontakt zu den beiden hannoverschen Polizisten zu treten.

»Stopp!«, unterbrach ihn Frauke Dobermann barsch. »Nicht so. Ich gebe Ihnen eine einzige Chance, die Wahrheit zu erzählen.« Sie streckte den Zeigefinger in die Höhe. »Eine einzige.«
Adler trommelte nervös mit den Fingerspitzen der linken Hand auf der Schreibtischplatte. Dann nestelte er an seinen Hemdknöpfen. Noch immer sah er die Polizisten nicht an.
»Gut«, entschloss er sich schließlich. »Ich habe das Treffen mit Hofsänger vorgeschoben. Es gab wichtige Gründe.«
»Der Klassiker, den Sie uns jetzt auftischen wollen«, fuhr Putensenf dazwischen. »Sie haben sich heimlich mit einer anderen Frau getroffen. Die ist verheiratet, und deshalb können Sie uns nicht den Namen nennen.«
»Blödsinn. Natürlich nicht. Der Hof gehört mir nicht, sondern meinem Schwiegervater, obwohl ich operativ die Arbeit erledige. Der Vater meiner Frau ist mit Leib und Seele Landwirt. Von echtem Schrot und Korn. Aber leider von gestern. Neuerungen sind ihm suspekt.«
»Und? Weiter?« Frauke Dobermann dauerte es zu lange. Ungeduldig wedelte sie mit der Hand.
»Das hat aber keine Zukunft. Auch in unserem Bereich ist ein Wandel eingetreten. Das wackere Bäuerlein werkelt schon lange nicht mehr auf seiner Scholle, sondern managt den Hof. Viele Arbeiten werden durch Lohnunternehmer erledigt. Das muss organisiert und abgestimmt werden. Sie benötigen eine gewisse Größe, um überleben zu können. Drüben, im Osten, gibt es die Großbetriebe, die aus den ehemaligen LPGs hervorgegangen sind. Da müssen wir auch hin. So habe ich Kontakte zu anderen Landwirten gesucht, die ähnlich denken. Sie können sich vorstellen, dass das schwierig ist. Werden die Verhandlungen publik, springt der Interessent womöglich ab. Oder ein Dritter sieht seine Felle davonschwimmen, bietet kopflos bei den Preisen für Pachtland mit und setzt damit die Preisspirale in Gang. Meine Idee ist es, sich zu einer Kooperation zusammenzutun. Weshalb denkt niemand über die Rechtsform der GmbH nach? Wie gesagt, damit kann ich meinem Schwiegervater nicht kommen. Das ist ein Kehdinger Dickschädel. Der würde alles sofort wieder an sich ziehen. So musste ich immer Gründe vorschieben, wenn ich in

dieser Angelegenheit unterwegs war. Die Diskussionen in der Familie über mein Engagement im Umweltschutz waren schon hitzig genug. Sorry.«

Adler ließ die Schultern nach vorn fallen. »Ich habe nicht nachgedacht und das Treffen mit Hofsänger erfunden, ohne zu ahnen, was ich damit ausgelöst habe.«

Er schlug sich mit der flachen Hand an die Stirn. Dann riss er einen Zettel von einem Notizklotz ab und kritzelte etwas auf das Papier, bevor er es Frauke Dobermann reichte. »Das sind die beiden Kollegen, mit denen ich zusammen war. Von ihm hier«, er tippte auf einen der beiden Namen, »kann es auch die Ehefrau bestätigen, da wir bei denen zusammengesessen haben.«

»Sie haben durch Ihre Falschaussagen die Ermittlungen erheblich behindert«, sagte Frauke Dobermann scharf. »Ob es ohne Konsequenzen für Sie bleibt, vermag ich nicht zu sagen.«

»Ich habe Ihnen doch erklärt, weshalb ich das Treffen mit Hofsänger vorgeschoben habe. Ich bereue es auch.«

»Das können wir nicht ausdiskutieren. Ich hätte Sie für klüger gehalten.«

»Bitte!« Es klang flehentlich.

»Sie hören von uns«, erklärte Frauke Dobermann. »Meinen Sie, ich bin mit Begeisterung von Hannover hierhergefahren, um mir solche Geschichten anzuhören?« Sie schüttelte energisch den Kopf. »Erwachsene Menschen müssen zu dem stehen, was sie sich selbst eingebrockt haben. Oder glauben Sie im Ernst, dass wir uns für die landwirtschaftliche Kooperative interessieren, an der Sie hinter dem Rücken des Schwiegervaters basteln? Ist Ihnen bewusst, dass Sie auch Hofsänger mit einbezogen haben? Schließlich galt der mit seiner Behauptung, Sie *nicht* getroffen zu haben, auch als Lügner.«

Sie ließen einen zerknirschten Alex Adler zurück.

Verärgert kehrte Frauke Dobermann zum Dienstwagen zurück. Ihr war der Unmut deutlich anzumerken, sodass Putensenf es vorzog, ein paar Schritte Abstand einzuhalten.

»Dobermann«, sagte sie mit schnarrender Stimme, als sich ihr Handy meldete.

»Brück. Wasserschutzpolizeirevier 4. Sie haben uns vor —«
»Ich weiß, wer Sie sind.« Sie war immer noch unfreundlich gestimmt.
»Passt es im Moment nicht?«, fragte der Hauptkommissar aus Cuxhaven.
»Der Ärger gilt nicht Ihnen. Wir sind gerade an der Nase herumgeführt worden.« Es klang ein wenig verbindlicher. Brück schien Verständnis zu haben. »Okay«, sagte er. »Sie wissen, dass wir von der Wasserschutzpolizei auch die allgemeinen polizeilichen Aufgaben auf Neuwerk wahrnehmen. Das ist Hamburger Staatsgebiet, und für vierzig Einwohner lohnt es nicht, einen eigenen Polizeiposten zu errichten.«

»Es wäre schön, wenn Sie zur Sache kämen.«

Brück ließ sich nicht beeindrucken. »Ich spiele Fußball in einer Seniorenmannschaft. Jungsenioren. Einer meiner Mannschaftskameraden ist der Juniorchef eines Neuwerker Hotels. Er ist ein bisschen fußballverrückt, da es für ihn jedes Mal eine mehr als umständliche Anreise bedeutet, um aufs Festland zu gelangen. Das ist Idealismus pur. Außerdem bin ich mit Lutz Ipsen, so heißt er, zusammen zur Schule gegangen. Er hat mich angerufen, da zwei merkwürdige Gäste bei ihm untergekommen sind. Amerikaner. Es kommt selten vor, dass sich Leute aus Übersee nach Neuwerk verirren. Meinem Freund ist zudem aufgefallen, dass einer von ihnen ein merkwürdiges Gepäckstück mit sich führt. Es könnte eine Angel sein, aber auch ein Gewehr. Lutz kennt sich damit aus. Er ist selbst Jäger. Es ist merkwürdig, da es auf Neuwerk nichts zu jagen gibt. Nicht für Touristen.«

»Gut mitgedacht, Brück«, sagte Frauke Dobermann. »Haben Sie auch Namen?«

»Wilson Redman und Steve Chincatti. Nicht nur das. Lutz hat mit seinem Smartphone Bilder von den beiden gemacht. Soll ich sie Ihnen zuschicken?«

Frauke bat darum.

Dann rief sie Lüder an und berichtete.

»Das Ganze nimmt Kontur an«, sagte Lüder und erzählte, was sie an Informationen über die Amerikaner zusammengetragen hatten. »Redman war bei den Green Berets und ist ausgebildeter

Scharfschütze. Warum tauchen die Leute der US-Sicherheitsfirma auf Neuwerk auf? Dort gibt es nichts Interessantes. Mir laufen zu viele Amerikaner bei uns mit Schusswaffen herum. Das ist eine wahre Inflation.«

»Neuwerk liegt quasi vor Cuxhavens Haustür. Dort hat Carretta den Schiffsverkehr beobachtet. Ob die Amerikaner das jetzt von Neuwerk aus vorhaben?«

»Das macht keinen Sinn«, sagte Lüder. »Sie haben von dort aus nicht den Überblick wie von dem hohen Haus direkt an der Kugelbake.«

»Wir sollten uns die Leute genauer ansehen«, schlug Frauke Dobermann vor.

»Mich kennen sie«, erwiderte Lüder. »Können Sie das übernehmen? Sind Sie allein?«

»Ich bin in Begleitung eines Mitarbeiters.«

»Des älteren?«, fragte Lüder.

»Das ist zutreffend«, erwiderte sie und hoffte, dass Putensenf Lüders Bemerkung nicht gehört hatte.

»Wenn es sich wirklich um ein Gewehr handelt, wie der Hotelier es vermutet, würde ich Ihnen gern noch Verstärkung schicken.«

»Wir können hier nicht in Bataillonsstärke antreten«, sagte Frauke Dobermann ablehnend.

»Nur einen Kollegen.«

»Doch nicht etwa …?«

»Genau den.«

»Dann bevorzuge ich den Hausmeister des Seniorenheims.«

Lüder ließ sich erklären, wo die beiden hannoverschen Polizisten waren.

»Der Kollege kommt mit der Fähre über die Elbe. Holen Sie ihn in Wischhafen ab.«

»Gibt es eine Alternative?«

»Nein!«

Sie nahm noch einmal Kontakt zu Hauptkommissar Brück auf.

»Wie kommen wir nach Neuwerk?«

»Wir haben seegehende Küstenstreifenboote.«

»Die Kripo kommt unauffällig und nicht mit Panzerkreuzern.«

»Wie spät ist es?«, fragte Brück rhetorisch. »Heute geht das Passagierschiff nicht mehr von Cuxhaven nach Neuwerk. In zwei Stunden wäre es möglich, mit dem Wattwagen hinüberzugelangen.«
»Können Sie das organisieren?«
»Sie kommen heute aber nicht mehr zurück.«
»Dann besorgen Sie uns auch eine Unterkunft. Für drei Personen.« Frauke Dobermann legte auf, bevor Brück nachfragen konnte.
»Nach Wischhafen. Zur Fähre«, wies sie Putensenf an.
»Was denn nun? Ich denke, Sie wollen nach Neuwerk.«
»Nicht denken, Putensenf. Tun. Und achten Sie auf die Blitzanlagen. Auch für Sie gibt es keinen Mengenrabatt«, erlaubte sie sich, eine Spitze zu setzen.
»Es gibt so viele schöne Berufe«, murmelte Putensenf.
»Und Sie haben den allerbesten erwischt.«
Unterwegs wollte Putensenf wissen, wen sie in Wischhafen erwarten würden. Frauke Dobermann verschwieg es ihm.

Sie schlängelten sich auf der Gegenfahrbahn an der langen Schlange der Wartenden vorbei und wurden von manchem bösen Blick begleitet. Zum Glück kam ihnen kein Fahrzeug entgegen. Am Fähranleger gab es die Möglichkeit, zu parken. Es dauerte nur wenige Minuten, bis sie die Fähre von der »großen« Elbe in die Wischhafener Süderelbe einbiegen und den Anleger ansteuern sahen. Zunächst waren nur die Lkws erkennbar. Erst aus der Nähe sah man die Pkws, schließlich die Konturen der »Fußpassagiere«.

Einer von ihnen war Große Jäger, der auf Frauke Dobermann und Putensenf zutrottete und sie mit einem »Moin« begrüßte, ohne einen Händedruck auszutauschen.

»Guten Tag«, erwiderte Frauke Dobermann, während Putensenf demonstrativ wegblickte.

Fluchend kroch Große Jäger auf den Rücksitz und stieß dabei mit den Knien heftig gegen die Vorderlehne.

»Geht's auch anders?«, beschwerte sich Putensenf unfreundlich.

»Ja, aber nicht bei mir.«

»Ausgerechnet der ›dicke‹ Jäger muss mit«, beklagte sich Putensenf laut bei seiner Vorgesetzten.

»Meinst du, Hühnerketchup, ich habe mir das ausgesucht?«
Putensenf trat heftig auf die Bremse, dass alle drei nach vorn geschleudert wurden.
»Putensenf! Große Jäger! Jetzt reicht's«, schrie Frauke Dobermann. »Wir sind hier nicht im Kindergarten. Sie benehmen sich wie die Halbwilden. Männer!«, fügte sie mit Nachdruck hinzu.
»Ich habe nicht –«, wollte Putensenf aufbegehren, aber Frauke Dobermann unterbrach ihn.
»Klappe, Putensenf. Verdammt noch mal!«
Der Kriminalhauptmeister zuckte zusammen.
»Siehste, Jakob«, meldete sich Große Jäger von der Rückbank.
»Er soll mich nicht duzen«, protestierte Putensenf.
»RUHE!!!« Frauke Dobermanns schrillen Schrei hätte man auf dem Kasernenhof kilometerweit gehört. Es half – bis kurz vor Cuxhaven.
»Wo müssen wir hin?«, wollte Putensenf wissen.
»Der Wattwagen wartet in Sahlenburg auf uns.«
»Wo ist das?«
»Mein Gott. *Das* ist ein Polizist. Der kennt sich in seinem eigenen Land nicht aus«, meldete sich Große Jäger zu Wort.
»Das ist auch wesentlich größer als Ihr Grünstreifen.«
»Etwas kleiner kann durchaus von Vorteil sein«, sagte Große Jäger. »Nehmen Sie Bayern. Das ist das flächenmäßig größte Bundesland. Deshalb gibt es da auch ungleich mehr Platz für Deppen.«
»Ich bring ihn um. Ich bring ihn um«, presste Putensenf zwischen den Zähnen hervor.

Der Ortsteil Sahlenburg lag weitab vom Cuxhavener Zentrum und zog sich an einer Straße entlang, die schließlich am Deich endete. Hinter einem kleinen Wäldchen versteckte sich das Hamburgische Seehospital. Vor ihnen tauchten einfallslos gestaltete Betonsilos auf.
»Ob es Menschen gibt, die hier Urlaub machen *müssen*?«, überlegte Putensenf laut.
»Konzentrieren Sie sich lieber auf die Straße«, forderte Frauke Dobermann ihn auf.

»Nicht mal das kann er«, mischte sich Große Jäger ein. Direkt am Deich lag zur rechten Hand ein Flachdachbau, in dem eine WC-Anlage Platz fand. Hinter diesem Haus standen auf einem Sandplatz zwei Wattwagen. Ein Treckergespann mit drei Planwagen machte sich gerade auf den Weg Richtung Deichdurchbruch.

»Wollt ihr nach Neuwerk?«, fragte eine Frau.

»Ja. Wo können wir parken?«, wollte Putensenf wissen.

»Das ist ein Stück wieder zurück, dann rechts. Da sind die Parkplätze. Das wird dann aber nichts mehr mit uns. Wir müssen los, bevor die Flut kommt.«

»Und nun?«

»Mensch, Jakob, stell den Wagen dort ab.«

»Da ist Halteverbot.«

Große Jäger tippte sich an die Stirn. »Mensch, du bist die Polizei. Leg das mobile Blaulicht auf das Armaturenbrett.«

»Nun macht schon«, forderte die Kutscherin die drei Polizisten auf. »Wir warten auf euch.«

Putensenf parkte den Wagen hinter einer Rampe, die zum Be- und Entladen der für Neuwerk bestimmten Frachtanhänger bestimmt war. Dann schielte er sehnsüchtig in Richtung Toiletten.

»Dazu ist keine Zeit mehr«, sagte Große Jäger und zerrte ihn am Ärmel in Richtung des hochbeinigen Wattwagens. Sie erklommen über eine Trittleiter den Wagenkasten.

»Wo ist euer Gepäck?«, wollte die Kutscherin wissen.

»Wir haben keins«, sagte Frauke Dobermann, »sondern müssen uns drüben eindecken.«

»Na, dann viel Spaß«, scherzte die Kutscherin. »Ich fürchte, die Konfektionsabteilung unseres Textilkaufhauses hat derzeit kein so großes Angebot.«

Die drei Polizisten quetschten sich auf die Bänke des Wagens, dann erklomm die Führerin ihren Sitz, löste die Bremse, und die beiden belgischen Kaltblüter zogen an.

Auf der leichten Anhöhe am Deichdurchbruch schien es, als würden die Pferde Schwierigkeiten haben, den mit zwölf Personen besetzten Wagen hinaufzuziehen, aber dann öffnete sich vor ihnen das Wattenmeer.

Unter dem strahlend blauen Himmel, an dem weiße Wolkenfetzen wie zerrupfte Wattebäuschchen hingen, dehnte sich die unendlich erscheinende Weite des Meeresbodens aus. In den Wasserlachen spiegelte sich die Sonne.

Große Jäger schlug dem vor ihm sitzenden Putensenf auf die Schulter, dass der zusammenzuckte. »Mensch, Hühnerketchup. Das ist wie Urlaub, oder?«

»Das ist eine Strafmission, wenn man mit Ihnen unterwegs sein muss.«

Einer der Reisenden zeigte auf die Büschen nicht unähnlichen, mit dem Stiel in den Wattboden gerammten Reisigbesen. »Was ist das?«

»Die Gegend ist waldarm. Das haben Sie schon bemerkt«, erklärte Große Jäger. »Das ist der Versuch, das Wattenmeer aufzuforsten. In ein paar Jahren führt eine schattige Allee nach Neuwerk. Daran, dass zu wenig gegossen wird, kann es nicht liegen, dass die Büsche noch nicht grün sind.«

Der Mann sah ihn einen Moment mit großen Augen an, dann lachte er und klopfte Große Jäger auf den Oberschenkel.

»Mann, det is jut«, sagte er begeistert in seinem Berliner Dialekt.

Die Kutscherin hatte den Dialog mitgehört.

»Das sind Priggen«, erklärte sie. »Damit werden, wie in diesem Fall, Wattwanderwege markiert. Diese hier nennt man Buschpriggen. Die sind etwa einen Meter hoch und werden im Watt eingegraben. Im Unterschied dazu werden kleine Fahrrinnen, für die eine Betonnung nicht möglich oder zu kostspielig ist, mit Stangenpriggen markiert. Das sind häufig fünf bis sieben Meter hohe Birken oder Stangen, die in den Boden gesteckt werden. Oben befestigt man zusammengesteckte Zweige. Je nachdem, ob die buschige Spitze nach oben oder nach unten zeigt, weiß der Schiffsführer, ob er steuerbords oder backbords an den Priggen vorbeifahren muss. Da sich die Wege durch Ebbe und Flut im Laufe eines Jahres verändern können, aber auch Wasser und Eisgang den Priggen zusetzen, müssen sie in der Regel jährlich erneuert werden.«

»Clever, aber ganz schön aufwendig«, nickte der Berliner.

Mit Belustigung registrierte Große Jäger, wie der vor ihm sitzende Putensenf unruhig hin und her rutschte.

»Drückt die Blase?«, fragte er. »Das kann ganz schön ärgerlich sein, wenn es so richtig quält. Frag doch mal das Mädchen, ob es nicht kurz anhalten kann. Hier sind doch genug Bäume.«

Als Antwort erhielt er nur ein wütendes Knurren.

Die Pferde zogen den Wattwagen im wechselnden Tempo über den Meeresgrund. Mal zeigte sich dieser als Schlick, dann war er mit Wasser bedeckt. An mehreren Stellen mussten sie Priele durchqueren, die dem Wattwagen bis zu den Achsen reichten. An drei besonders gefährdeten Stellen standen Rettungsbaken, erhöhte Schutzplattformen, zur Flucht vor hohen Wasserständen bei einsetzender Flut. Auf dem stählernen Mast war ein geschlossener Korb aus Metallgittern montiert, der durch eine Bodenluke über eine Leiter erreicht wurde und bei Gewitter als faradayscher Käfig vor Blitzschlag schützte. Seitdem die Rettungsbaken zwischen Neuwerk und dem Festland errichtet worden waren, war trotz zahlreicher Rettungseinsätze kein Mensch mehr im Watt ums Leben gekommen.

Irgendwann tauchte am Horizont der markante Leuchtturm der Insel auf, dann folgte die Silhouette des Eilandes.

Die Kutscherin streckte den Arm aus. »Der Leuchtturm ist übrigens Hamburgs ältestes Bauwerk. Er wurde 1310 als Wehrturm fertiggestellt und diente als Schutz vor Seeräubern.«

»Daran hat sich bis heute nichts geändert«, raunte Große Jäger der neben ihm sitzenden Frauke Dobermann zu. »Nur dass die Seeräuber heute Terroristen heißen. Zumindest in unserem Fall.«

Endlich hatten sie Neuwerk erreicht und erklommen die Deichhöhe. Die Pferde schienen mit dem Weg bestens vertraut. Es wirkte, als würde ihnen das heimische Terrain noch ein paar zusätzliche Impulse verleihen. Ihre Hufe klangen auf dem geteerten Weg wie Trommelschläge. Ohne Zutun der Wattwagenführerin bogen sie an einem kleinen Dreieck in die Inselmitte ab.

Hier war alles hanseatisch. In der Mitte des Dreiecks war eine Fläche mit Kopfsteinpflaster ausgelegt, in das die Buchstaben F H H eingelassen waren. Am dreiarmigen Mast mit den Laternen

lehnte ein leuchtend rotes Schild, das stolz »Freie und Hansestadt Hamburg« verkündete.
Die Bäume beidseits des Weges wiegten sich leise im Wind. Auf einem kleinen Hügel thronte ein Fahnenmast, der von zwei Kanonen bewacht wurde. Neben dem »Hubschrauberlandeplatz«, wie ein Schild verriet, hatte man eine Laderampe errichtet, an der ein Teil der Fahrgäste bequem den hochbeinigen Wattwagen verlassen konnte.

Es war nicht mehr weit bis zu ihrem Hotel, wo sie von einer jungen Frau mit einem Lächeln empfangen wurden.

»Herzlich willkommen auf Neuwerk«, sagte sie. »Sie sind die –«

»Danke«, unterbrach Frauke sie. »Wir stellen uns später vor.«

Die Kutscherin hatte die Leiter unter dem Wagen hervorgeholt und angelehnt und half den drei Beamten beim Hinabklettern.

»Wo ist Ihr Gepäck?«, fragte die junge Frau und sah der Reihe nach die Polizisten an. Sie entschied, dass Putensenf der Chef sein müsse, und war erstaunt, als Frauke Dobermann das Wort ergriff.

»Wir haben keins. Hier gibt es doch einen Kaufmann.«

Erneut lachte die Einheimische.

»Der führt nur andere Sachen. Bier, Alkoholika, Süßigkeiten und Touristennippes. Kommen Sie erst einmal rein. Wir finden eine Lösung. Allerdings kam Ihre Buchung sehr kurzfristig. Ich habe nur noch zwei Zimmer.«

Frauke Dobermann zeigte auf Putensenf und Große Jäger. »Die Herren teilen sich eins.«

Sie musste ein Lächeln unterdrücken, als sie in die ebenso empörten wie entsetzten Gesichter der Männer sah. Dann wurden sie zu ihren Räumen geführt.

Als Frauke Dobermann mit der jungen Frau allein war, sagte sie: »Wir würden es begrüßen, wenn der Grund unseres Aufenthalts, aber auch unsere Funktion nicht publik würden. Auch nicht unter Ihren Mitarbeitern.«

»Selbstverständlich«, versicherte die Hotelchefin. »Die beiden Amerikaner sind gerade auf der Insel unterwegs.« Sie zeigte gegen die Zimmerwand. »In die Richtung.«

»Was ist da?«
»Nichts. Nur unser Klärwerk.«
Darauf hatten es die Männer sicher nicht abgesehen, überlegte Frauke Dobermann. »Wo ist die Fahrrinne?«
»Im Prinzip auch in die Richtung. Die ist aber so weit weg, dass Sie von hier aus nichts sehen können.«
»Man kann also nicht Schiffe beobachten?«
»Nein«, sagte die Wirtin lachend. Plötzlich stutzte sie. »Es ist nichts Ungewöhnliches, dass wir Gäste haben, die mit dem Fernglas losziehen. In den entsprechenden Phasen können Sie hier Unmengen von Vögeln beobachten. Viele Gänse. Das ist ein grandioses Naturschauspiel. Zuerst haben wir auch gedacht, die beiden seien deshalb hier und würden ständig mit ihren Ferngläsern herumstreifen. Aber was soll das Gewehr?«, wurde sie plötzlich ernst. »Müssen wir uns Sorgen machen?«
»Nein«, beruhigte Frauke sie. »Ich würde mir gern das Zimmer der Männer ansehen.«
»Ja, natürlich. Ich hole eben den Schlüssel«, sagte die Frau und verschwand. Wenig später kam sie atemlos zurück. »Geht nicht. Sie kommen gerade zurück.«
»Dann müssen wir es noch verschieben«, sagte Frauke Dobermann. »Sonst ist Ihnen nichts aufgefallen?«
»Bis auf den Verdacht, dass einer der Männer ein Gewehr mit sich herumträgt – nein. Mein Mann und ich haben uns schon gefragt, ob wir nicht überreagiert haben.«
Frauke Dobermann beruhigte die Frau und bestätigte ihr, dass sie klug und umsichtig gehandelt hätten.
»Merkwürdig ist auch, dass die beiden enttäuscht waren, dass man hier kein Motorboot leihen kann, weder zum Selbstfahren noch mit Steuermann.«
»Ein Motorboot?«
Die Wirtin bestätigte es durch Kopfnicken.
»Wohin wollen die Amerikaner?«
»Das kann ich nicht sagen. Mit Sicherheit nicht nach Scharhörn oder Nigehörn zur Vogelbeobachtung. Und wer dorthin will, nimmt kein Gewehr mit.«
»Wie umfangreich war das Gepäck?«

Die Frau überlegte kurz. »Normal. Eine kleine Reisetasche. Alles unauffällig bis auf – wie gesagt – das Gewehr.«
Frauke Dobermann sah auf die Uhr. Es war Zeit für das Abendessen. Vielleicht bot sich eine Gelegenheit, das Zimmer der Amerikaner zu untersuchen.

Die drei Beamten nahmen in der gut besuchten Gaststube Platz und wählten aus der Speisekarte, die rustikale und regionale Küche bot. Während Frauke Dobermann sich auf ein Glas Wein freute, hatten die beiden Männer ein gut gezapftes Bier gewählt. Sie saßen ihr gegenüber, würdigten sich aber keines Blickes. Die Unterhaltung kreiste um die Insel Neuwerk, ihre Lage und ihre Besonderheiten.

»In der Inselschule gab es ein Kind und eine Lehrerin«, wusste Putensenf zu berichten. »Als das auf ein Internat wechselte, wurde die Schule vorübergehend geschlossen. Jetzt wartet man darauf, dass das nächste Kind schulpflichtig wird.«

»Hoffentlich hat es eine bessere Ausbildung als du«, stichelte Große Jäger.

»Ich will nicht, dass Sie mich duzen. Ist das klar? Mit solchen Leuten wie Ihnen pflege ich keinen Umgang.« Demonstrativ rückte Putensenf zehn Zentimeter von Große Jäger ab.

»Da kommt einer der Amerikaner«, presste Frauke Dobermann zwischen den Zähnen hervor.

Die beiden Polizisten waren professionell genug, sich nicht umzudrehen. Während das Essen serviert wurde und Große Jäger sein leeres Bierglas in die Höhe hielt und damit um Nachschub bat, erstattete Frauke Dobermann sporadisch Bericht über das Verhalten des Observierten.

»Was macht der Zweite?«, wollte Große Jäger wissen.

»Nur einer ist gekommen. Ich vermute, der andere hält Wache im Zimmer. Die Leute sind misstrauisch geworden.«

»Mist«, fluchte Große Jäger. »Dann müssen wir noch warten, bis wir uns umsehen können.«

»Warum marschieren wir nicht einfach hinein?«, schlug Putensenf vor.

»Um zu fragen, ob sie eine Partie Halma mit uns spielen?«, spottete Große Jäger.

Der Amerikaner hatte ein »Cowboy-Steak« bestellt, ein Rumpsteak mit Bratkartoffeln und Salat. Er stopfte es hastig in sich hinein und kippte dazu das Bier hinunter. Er kaute noch, als er aufstand und im Gang zu den Zimmern verschwand. Kurz darauf tauchte der andere auf.

»Das muss Redman sein«, sagte Frauke Dobermann. Dem ehemaligen Green Beret schien es nicht schnell genug zu gehen. Herrisch winkte er die Bedienung herbei, bestellte und überbrückte die Wartezeit, indem er unablässig Texte in sein Smartphone eintippte. Auch er schlang das Essen hinunter und verschwand anschließend aufs Hotelzimmer.

Große Jäger hatte inzwischen das vierte Bier getrunken und wollte den Arm heben, als Putensenf ihn am Ärmel packte und ihn herunterzog.

»Das ist jetzt genug.«

Der Husumer sah ihn fragend an.

»Ich vermute, wir müssen uns heute Nacht das Zimmer teilen. Ich habe keine Lust, eine durchwachte Naht zu erleben, nur weil er«, sprach er in der dritten Person von Große Jäger, »ständig zur Toilette laufen muss.«

»Mensch, Jakob. Du bist noch älter als ich. Wahrscheinlich bist du viel öfter unterwegs. Komm, wir trinken noch ein paar Neuwerker Aquavit, dann schläfst du bis zur übernächsten Flut.«

»Sagen Sie ihm, er soll mit der Kumpanei aufhören«, forderte Putensenf Frauke Dobermann auf. »Nur weil er da auch im Polizeidienst ist, allerdings irgendwo da oben in der nordischen Provinz, sind wir noch lange keine Freunde.«

»Das war eine Fehlentscheidung, hierherzufahren«, stellte Große Jäger fest. Mit einem Seitenblick auf seinen Nachbarn ergänzte er: »In jeder Hinsicht.«

»Da sehe ich nicht so. Wir haben ein paar Antworten auf offene Fragen bekommen. Ich bin gleich zurück«, sagte Frauke Dobermann und ging vor die Tür.

Es war immer noch nicht dunkel, obwohl es zwischen Neuwerk und Flensburg einen erkennbaren Unterschied beim Sonnenuntergang gab.

Flensburg. Wie lange war das her? Ihre Gedanken schweiften

kurz ab. Jetzt war Hannover ihr Lebensmittelpunkt. Sie hatte sich an ihre dortige Aufgabe gewöhnt, an ihren Vorgesetzten und die Mitarbeiter Madsack und Schwarczer, selbst an Putensenf. Ein Lächeln spielte um ihre Mundwinkel. Und an Georg. Sie würde ihn gleich anrufen, doch zunächst wählte sie Lüders Handynummer und berichtete von Neuwerk.

»Das war ein Glücksgriff, dass Sie nach Neuwerk gefahren sind«, sagte Lüder. »Und eine gute Entscheidung, nichts zu unternehmen. Ich bin mir sicher, dass die beiden Sicherheitsleute keine Angelausrüstung, sondern ein Gewehr mit sich herumtragen. Natürlich wäre es gut gewesen, wenn Sie das Zimmer hätten durchsuchen können. Sie haben nach einem Motorboot gefragt?«

Frauke Dobermann bestätigte es.

»Das ist eine typisch amerikanische Denkweise. Dort mietet man sich an der Küste ein schnelles Motorboot und jagt damit aufs Wasser hinaus. Die beiden sind schlecht vorbereitet. Wir wissen, dass Carretta von dem Apartment an der Kugelbake in Cuxhaven Ausschau nach eingehenden Schiffen gehalten hat. Ich bin mir sicher, Redman und Chincatti haben das gleiche Ziel. Der Tanz wird bald losgehen. Sie erhofften sich, von Neuwerk aus mit einem Motorboot an Bord eines Schiffes gehen zu können, haben aber die Gegebenheiten an unseren Küsten nicht bedacht.«

»Sollen wir sie aufhalten?«

»Nein«, sagte Lüder. »Die Situation würde eventuell eskalieren. Ich halte die Leute für gefährlich und zum Teil auch für skrupellos. Für die Bewohner und Urlauber auf Neuwerk besteht keine Gefahr. Redman und sein Kumpan haben es auf etwas anderes abgesehen. Wir werden sie lückenlos überwachen. Unterrichten Sie mich über jeden ihrer Schritte. Ich werde versuchen, eine Telefonüberwachung zu organisieren. Vermeiden Sie unter allen Umständen eine Auseinandersetzung.«

Anschließend betätigte Frauke Dobermann eine andere Kurzwahltaste auf ihrem Smartphone. Sie lächelte, als sich der Teilnehmer meldete.

»Hallo, Georg, mein Schatz.«

SECHZEHN

Lüder starrte eine Weile auf das Telefon. Er war nicht überrascht über das, was ihm die hannoversche Kommissarin berichtet hatte. Vermutlich verfügte die Sicherheitsfirma Hornblower & Flowers über Quellen, die den deutschen Ermittlungsbehörden nicht zugänglich waren. Ehrlichman und seine beiden Erfüllungsgehilfen wussten möglicherweise, mit welchem Schiff der Anschlag verübt werden sollte. Dass dieser unmittelbar bevorstand, bezweifelte Lüder nicht mehr. Es war im Interesse der selbst ernannten Schutztruppe, ihr Wissen nicht preiszugeben. Ein besseres Verkaufsargument konnten sie nicht finden. Man würde, gelänge es, das Attentat vor der Polizei zu verhindern, gegenüber Paulsen und anderen Reedern behaupten, Schutz geboten zu haben, wo die staatlichen Stellen versagten. Das war nicht im Interesse der Polizei. Selbstjustiz, dass bewaffnete Kräfte an Bord eines Schiffes gingen und dort die Funktionen übernahmen, die in Deutschland dem Staatsmonopol zufielen, durfte nicht geduldet werden. Andererseits, davon war Lüder überzeugt, würden die Hornblower-Leute keine Informationen preisgeben, wenn die deutschen Behörden jetzt zugreifen würden. Es war ein Katz-und-Maus-Spiel. Man konnte nur versuchen, die Amerikaner engmaschig zu observieren, um mit ihnen auf gleicher Höhe zu bleiben und im entscheidenden Moment zuzuschlagen.

Lüder nahm Kontakt zu Reeder Paulsen auf.

»Können Sie recherchieren, welche Schiffe heute und in den nächsten zwei Tagen den Hamburger Hafen anlaufen oder den Nord-Ostsee-Kanal passieren?«

»Wissen Sie, wie viele das sind?«, antwortete Paulsen mit einer Gegenfrage.

»Ich entnehme Ihrer Antwort, dass es möglich ist.«

»Ja. Diese Informationen liefert der Schiffsmeldedienst für den Bereich der Deutschen Bucht, der Elbe und des Kanals.«

»Ich brauche nur die Namen der Schiffe, die einlaufen oder

den Kanal passieren. In beide Richtungen. Wir können uns darauf beschränken, an eine bestimmte Größenordnung zu denken.«

»Und welche?«

»Da sind Sie gefragt. Ich suche ein Schiff, das so groß ist, dass man mit einer Havarie die Elbe blockieren könnte.«

»Puuhh«, stöhnte der Reeder. »Das ist nicht sehr konkret.«

»Nur Sie können uns in diesem Punkt helfen. Mir fällt niemand anders ein, der über den nötigen Sachverstand verfügt und dem ich vertrauen kann.«

»Ich kümmere mich darum«, versprach Paulsen.

Anschließend rief Lüder Dr. Starke an.

»Was gibt es Wichtiges, Herr Lüders, das nicht bis morgen warten kann?«, fragte der Kriminaldirektor.

»In unserem Geschäft ist alles wichtig«, antwortete Lüder burschikos. »Wir brauchen eine lückenlose Handyüberwachung für folgende Nummern.«

»Natürlich. Kommen Sie morgen früh gleich zu mir, dann werden wir die Notwendigkeit erörtern.«

»Nein. Das muss in einer Viertelstunde beginnen.«

»Das geht nicht.«

»Doch.« Lüder berichtete von der Befürchtung, dass ein Anschlag unmittelbar bevorstehen könnte.

»Wie kommen Sie darauf?«

»Das wiederum hat Zeit bis morgen, um Ihnen das auseinanderzusetzen.«

»Nein«, entgegnete Dr. Starke. »Wir müssen den Rechtsweg einhalten.«

»Es ist Gefahr im Verzug.«

Lüder hörte, wie sein Vorgesetzter am anderen Ende der Leitung tief Luft holte.

»Sie haben heute in Glückstadt randaliert«, sagte der Abteilungsleiter.

»Ich habe – was?«

»Nun ja, formulieren wir es anders. Sie haben Tabula rasa gemacht. Und Große Jäger hat – natürlich – dabei mitgemischt. Welche rechtliche Handhabe sehen Sie, um die beiden Männer festzusetzen? Bevor Sie zu fabulieren beginnen: Die beiden haben

sich mit dem Generalkonsul in Hamburg in Verbindung gesetzt. Man muss dort ganz schön sauer auf die deutschen Behörden gewesen sein und hat mächtig Druck gemacht. Die ganze Sache ist aus dem Ruder gelaufen. Berlin hat interveniert, die Bundesanwaltschaft ist eingeschaltet worden, und ich musste vor Oberstaatsanwalt Brechmann strammstehen. So, Herr Lüders, geht das nicht. Jedenfalls sind die Männer wieder auf freiem Fuß.«
»Das Ganze ist eine Farce. Merken Sie nicht, was dort gespielt wird? Man versucht die ganze Zeit, uns auszuschalten. Wir bewegen uns in einem rechtsfreien Raum. Da laufen Ausländer herum —«
»Amerikaner«, unterbrach ihn Dr. Starke.
»Sind das keine Ausländer? Auch die haben sich an unsere Gesetze zu halten, selbst wenn in den Staaten jedermann mit einem umgeschnallten Colt wie John Wayne herumstolzieren darf. Das ist bei uns verboten. Oder habe ich etwas versäumt?«
»Keineswegs«, beeilte sich Dr. Starke zu versichern. »Ich würde Sie nur bitten, Ihren Übereifer ein wenig zu bremsen.«
»Mir reicht es jetzt«, sagte Lüder und hängte ein. Anschließend rief er Jochen Nathusius an und machte seiner Empörung Luft.
»Sie haben recht«, antwortete der stellvertretende Leiter des Landeskriminalamts. »Wo sind Sie?«
»Im Büro. Wir brauchen außerdem eine Überwachung für drei Mobiltelefone.« Er nannte die Nummern der Leihgeräte für Ehrlichman, Redman und Chincatti.
»Ich melde mich wieder.«
Es dauerte vierzig endlose Minuten, bis das Telefon schnarrte.
»Gackerle«, meldete sich der Berliner Staatssekretär. »Ich bedaure, wenn es heute zu Missverständnissen gekommen ist.«
»Missverständnisse?«, fragte Lüder in scharfem Ton.
»Wir haben die Situation unter Kontrolle. Das Ganze ist diffizil. Sie wissen es doch.«
»Ich weiß noch viel mehr. Alles hängt am seidenen Faden. Das Attentat steht unmittelbar bevor.«
»Woher wollen Sie das wissen?« Gackerle klang atemlos.
»Durch akribische Polizeiarbeit.«
»Herr Lüders! Wir haben die besten Experten Deutschlands

an dieser Sache dran. Wir wissen, dass uns Gefahr droht. Glauben Sie nicht, dass Ihre Befürchtungen über das Ziel hinausschießen?«

»Wir verlieren Zeit, wenn wir jetzt diskutieren. Entweder Sie intervenieren bei der Bundesanwaltschaft, oder ...«

»Was, oder?«, fragte Gackerle lauernd.

»Ich werde geeignete Maßnahmen einleiten, um Schaden von der Bundesrepublik abzuwenden.«

»Ihr Engagement ist in Berlin ebenso bekannt wie Ihre Beharrlichkeit. Wir wissen Ihren Einsatz zu schätzen und kennen Ihre Erfolge in der Vergangenheit, Herr Dr. Lüders. Die beiden Männer, die Sie heute in Glücksburg –«

»Glückstadt«, korrigierte ihn Lüder.

»Es handelt sich um CIA-Agenten, die ebenfalls der Sache auf der Spur sind.«

»Wo kommen die plötzlich her? Ich denke, der ursprüngliche Tipp kam von den Italienern.«

»Der ganze Vorgang hat eine internationale Dimension. Ich bitte Sie, erschweren Sie uns nicht das ohnehin schon kritische Lavieren auf dem diplomatischen Parkett. Wir müssen abwägen zwischen der Gefahrenabwehr und dem politisch Machbaren.«

»Wir haben es doch nur mit Freunden zu tun«, sagte Lüder.

»Trotzdem. Es sei Ihnen versichert, dass man an entsprechender Stelle in Berlin große Stücke auf Sie hält.«

Gackerle verzichtete auf salbungsvolle Worte. Lüder schien es, als würde der Staatssekretär es ehrlich meinen.

»Haben Sie schon einmal mit Maurizio Archetti zu tun gehabt?«, fragte Lüder.

»Dem EU-Beamten? Flüchtig. Er hat mehr mit dem Wirtschaftsministerium zusammengearbeitet. Es gab auch Berührungspunkte mit dem Umweltministerium. Archetti war eine graue Eminenz. Fast ist das Bonmot zutreffend, dass ihm gleich war, wer unter ihm EU-Kommissar war. Ein umtriebiger Mann.«

»Man munkelt, dass er für kleine Gefälligkeiten zugänglich war?«

»Nennen Sie das Kind beim Namen«, empfahl Dr. Gackerle.

»Er galt als korrupt. Viele wussten es, aber niemand hat etwas

dagegen unternommen. Die Brüsseler Landschaft ist wohl ausgewogen, jedes Land achtet auf sein Tortenstück. Und Archetti verfügte über Verbindungen, die ein Außenstehender nicht durchschaut.«
»Nur zur Politik?«, fragte Lüder.
»Niemand wird Ihnen anderes bestätigen, aber jeder ahnte, dass es vielerlei Verquickungen gab.«
»Wir haben einen Mord aufzuklären.«
»Was ich Ihnen sage, ist informell. In Berlin waren wir ein wenig in Sorge, dass Archetti uns mit seinem Einfluss Schwierigkeiten bereiten könnte. Es hätte endlose Diskussionen gegeben, und die Holländer und Belgier hätten sich gewehrt, wenn Archetti sich zu sehr für die Elbe ausgesprochen hätte. Es ist ein ungemein schwieriges Taktieren. Aus historischen Gründen darf Deutschland nicht mit zu lauter Stimme auftreten, schon gar nicht den Eindruck erwecken, machtvoll zu sein. Andererseits müssen wir aufpassen, dass wir nicht immer unterdrückt werden und hintanstehen. Wir haben Archetti beobachtet und ihn gewähren lassen, solange uns sein Handeln ausgewogen schien.«
»Wem mag er im Wege gestanden haben?«
»Einigen, aber für einen Mord kommt davon keiner in Frage. Solche Dinge werden politisch gelöst.«
»Sicher?«
»Absolut.«

Lüder rief Große Jäger an.
»Man hat die Amerikaner wieder freigelassen«, erzählte er, ohne auf Einzelheiten einzugehen, zumal er den Eindruck hatte, dass der Husumer schon »Feierabend« gemacht hatte. Zumindest klang seine Stimme leicht belegt.
»Weit sind sie nicht gekommen«, sagte Große Jäger.
»Doch.«
»Nee. Zumindest nicht mit dem Auto. Der Mercedes hat nämlich auf zwei Reifen keine Luft mehr.«
»War das eine Intervention nach nordfriesischer Art?«
»Jo.«

Die CIA. Jan Klingbiel und seine Amerikabesuche. Natürlich waren die Amerikaner informiert. Man mochte über die Geheimdienste der Vereinigten Staaten denken, wie man wollte – sie waren erfolgreich. Irgendwie schien man herausgefunden zu haben, dass auf Deutschland ein terroristischer Anschlag geplant war. Art und Umfang waren ebenfalls bekannt. Zumindest ungefähr.

Da zwischen den beiden Ländern derzeit aber Eiszeit herrschte und die Deutschen den amerikanischen Agenten nach dem NSA-Skandal kritisch gegenüberstanden, hatten die Amerikaner den Umweg über Italien gewählt. Von den Italienern kamen die Tipps, die zu den hektischen Ermittlungen der Bundesanwaltschaft und des BKA führten. Und da alles sehr vage war und die Italiener auch nur das weitergeben konnten, was ihnen die Amerikaner offenbart hatten, herrschte Unsicherheit bei den deutschen Ermittlern. Wie weit konnte man den Italienern glauben, zumal die – aus Stolz – nicht verraten wollten, dass sie die Information nur »durchgereicht« hatten?

Lüder rief erneut Kriminaldirektor Nathusius an und erläuterte ihm seine Theorie.

»Sehr gut«, lobte ihn der stellvertretende Leiter des LKA. »Um nicht zu sagen: brillant. Wir werden vermutlich nie eine Bestätigung für diese Theorie bekommen, aber so könnte es gelaufen sein. Die Amerikaner wollen uns vorführen. Denen ist das deutsche Geschrei um die Abhöraffäre ein Dorn im Auge. Nach deren Meinung haben wir kein Interesse an intensiven Maßnahmen zur Terrorabwehr, sondern verschanzen uns hinter bürgerlichen Freiheitsrechten. Niemand in Amerika versteht die deutsche Aufregung. Die Amerikaner haben uns dennoch eine Warnung zukommen lassen. Nach dem Auffliegen der Aktion können sie uns später vorhalten, dass wir mit unseren Bedenken den geplanten Anschlag nicht entdeckt hätten. Siehe, so funktioniert eine effiziente Aufklärung. Deshalb, so werden sie sagen, hören wir Telefonate ab und betreiben weltweite Aufklärung.«

»Natürlich wusste man in Italien, dass Maurizio Archetti mit dem Thema Seeschifffahrt und dem Naturraum Elbe vertraut ist. Deshalb wurde er eingeweiht. Zusätzlich hat jemand die Gunst der Stunde genutzt und für die Freilassung Carrettas gesorgt. Der Mafia-Boss muss schon vorher einen guten Fürsprecher gehabt haben, sodass ihm die Vergünstigung mit dem Strafvollzug im eher humanen Meppen zuteilwurde.«

»Manchmal drückt man bei älteren Strafgefangenen ein Auge zu«, sagte Nathusius.

»So sind Archetti und Carretta als Randfiguren in die ganze Sache mit hineingezogen worden. Aus irgendeinem Grund hat sich Carretta engagiert. War es das schlechte Gewissen? Wollte er etwas wiedergutmachen? Das maritime Thema war aber eine Nummer zu groß für ihn. Er hat es völlig falsch angefangen.«

»Wie viele Menschen, die im Umgang mit dem Meer nicht vertraut sind«, bestätigte der Kriminaldirektor.

»In Italien waren zu viele Leute eingeweiht. Darunter ein Maulwurf. Der muss die Terroristen gewarnt haben. Aber ... die Sache hat einen Haken. Beide wurden mit einem Präzisionsgewehr erschossen. Eine ungewöhnliche Mordmethode für Terroristen.«

»Das sehe ich auch so«, bestätigte Nathusius. »Jan Klingbiel hat sich oft in New York aufgehalten?«

»Ja. Vielleicht ist ihm der amerikanische Geheimdienst bei seinen dortigen Kontakten auf die Spur gekommen und hat Klingbiel überwacht. Möglicherweise ist das die Quelle, aus der die Amerikaner ihren Verdacht schöpfen. Trifft das zu, hätten sie ein vorzügliches Argument für den Nutzen ihrer Spitzeltätigkeit, von der auch die Bundesrepublik profitieren würde.«

»Nicht alle Gespräche, die auf Regierungsebene geführt werden, dringen an die Öffentlichkeit. Wir haben uns alle gewundert, weshalb sich die Bundesregierung vehement gegen ein Verhör Snowdens auf deutschem Boden ausgesprochen hat. Man wolle die Beziehungen zu den Amerikanern nicht gefährden, hieß es. Ob die USA das geplante Attentat als Argumentation für ihr Verhalten genutzt haben? Hat man Berlin signalisiert, dass man künftig keine Warnungen mehr aussprechen wolle, wenn Deutschland weiterhin offensiv gegen die Abhöraktivitäten der NSA vorgeht?«

»Das würde erklären, dass man auf unserer Seite alles streng vertraulich behandelt und sogar über manchen Schatten springt und zum Beispiel Carretta entlässt.«

»Den Amerikanern ist nicht verborgen geblieben, dass Sie mit Ihren Ermittlungen in diese geheimnisvolle Welt eingedrungen sind. So hat man Sie überwacht, nachdem zuvor das BKA den gleichen Gedanken hatte.«

»Dann sind wir ein Stück weitergekommen«, sagte Lüder. »Jetzt müssen wir nur noch herausfinden, mit welchem Schiff man das Attentat ausführen will.«

»Und wer die Täter sind«, ergänzte Nathusius. »Jan Klingbiel betreibt schließlich kein Einzelunternehmen.«

Nach dem aufschlussreichen Gespräch mit Nathusius wollte Lüder Feierabend machen. Es war wieder sehr spät geworden. Auch auf dem Weg zum Hedenholz beschäftigte er sich mit den noch offenen Punkten, nachdem ihm ein genervt wirkender Paulsen bei einer nochmaligen Rückfrage erklärt hatte, er arbeite an der Analyse der Schiffsbewegungen.

»Das dauert noch«, hatte der Reeder gereizt geantwortet.

SIEBZEHN

Er öffnete vorsichtig ein Auge, schloss es wieder und öffnete das nächste Auge. Dann fuhr er sich mit der flachen Hand über das Ohr. Nach dem Knall blieb es still. Endlich.
Er öffnete beide Augen und sah Milchglas.
Die Zimmertür war mit lautem Knall ins Schloss geworfen worden. Auch sonst hatte Putensenf sich viel Mühe gegeben, das Aufstehen und den Gang durchs Bad mit reichlich Lärm zu verbinden.
Reine Schikane. Es war eine Zumutung, was man von einem Husumer Oberkommissar erwartete. Schlimm genug, dass er ohne jede Vorbereitung und Reisegepäck nach Neuwerk aufbrechen musste. Eine Nacht mit dem hannoverschen Polizisten im Doppelzimmer war die Höchststrafe.
Mühsam quälte sich Große Jäger aus dem bequemen Bett und rieb sich die Augen. Das Milchglas blieb. Merkwürdig. Gestern hatte die Fensterscheibe, die einen herrlichen Blick über die Weite Neuwerks gestattete, noch aus klarem Glas bestanden. Mit einem Achselzucken verschwand er ins Bad.
Als er später in den Wintergarten kam, war ein erstklassiges Frühstücksbüfett aufgebaut. Frauke Dobermann und Putensenf hatten einen Tisch mit Ausblick auf die Pferdekoppeln gefunden und aßen.
»Hier gibt es auch Milchglasscheiben?«, stellte Große Jäger verwundert fest.
»›Guten Morgen‹ heißt es«, sagte Frauke Dobermann in rauem Ton, während Putensenf mit vollem Mund hervorquetschte: »Man nennt es Nebel.«
Große Jäger klopfte dem Hannoveraner auf die Schulter, dass der nach vorn rutschte.
»Mensch, Jakob. Dein Mund ist ständig in Bewegung. Entweder sabbelst du, oder du schnarchst.«
»Von wegen. Ich habe die ganze Nacht kein Auge zubekom-

men. Kein Wunder, dass in Nordfriesland keine Bäume mehr stehen, so wie er da sägt. Haben Sie das nicht gehört?« Er sah Frauke Dobermann an.

»Mich interessiert nicht, wie Sie die gemeinsame Nacht verbracht haben. Viel wichtiger ist es, zu erfahren, was unsere Zielpersonen planen. Chincatti frühstückt. Redman habe ich noch nicht gesehen.«

»Er wird den Raum bewachen«, sagte Große Jäger.

»Wir sollten uns Zutritt dazu verschaffen«, schlug Putensenf vor. »Deshalb sind wir hier.«

»Ich habe mit Dr. Lüders abgestimmt, dass wir nichts unternehmen, sondern nur beobachten«, entschied Frauke Dobermann.

»Der ist doch aus Kiel. Hier sind wir in Niedersachsen«, protestierte Putensenf.

»In Hamburg, Jakob«, korrigierte ihn Große Jäger.

»Ich will nicht mit dem Vornamen angesprochen worden! Wir haben keine Brüderschaft geschlossen.«

Große Jäger grinste. »Ist das nicht üblich, sich zu duzen, wenn man die Nacht miteinander verbracht hat?«

»Chincatti ist fertig mit dem Essen«, unterbrach Frauke Dobermann das Scharmützel. »Jetzt müsste Redman erscheinen.«

Sie warteten vergeblich.

Zahlreiche andere Tische waren besetzt. Fröhliche Unterhaltungen drangen durch den modernen Raum. Kinder meldeten sich zu Wort. Die entspannte Atmosphäre Neuwerks schien sich auf die Stimmung niederzuschlagen. Große Jäger stand auf und ging zum Frühstücksbüfett. Mit seiner nicht sehr vorteilhaften Erscheinung erweckte er die Aufmerksamkeit anderer Gäste.

Bei seiner Rückkehr registrierte er die Blicke der beiden Paare vom Nebentisch.

Große Jäger lächelte freundlich und nickte in Richtung Putensenf.

»Schön hier, was? Ich begleite meinen wesentlich älteren Cousin und dessen Pflegerin. Er ist schon lange pensioniert, und es fällt ihm schwer, allein zu reisen.«

Wütend warf Putensenf das angebissene Brötchen auf den Teller.

»Jetzt reicht es aber«, sagte er überlaut.
»Pssst«, zischte ihm Frauke Dobermann zu. »Wollen Sie Aufsehen erregen?«
»Dafür sorgt dieser ungehobelte Klotz. Den würde man bei uns in Hannover nicht einmal zur Verkehrsregelung auf dem Kröpcke einsetzen.« Frauke Dobermann griff mit spitzen Fingern ihre Kaffeetasse und nippte daran.
»Mich beunruhigt, dass Redman nicht aufgetaucht ist. Was haben die beiden vor?«
»Ich werde nachsehen«, sagte Putensenf.
»Sie bleiben sitzen«, befahl die Hauptkommissarin. »Ich muss ohnehin telefonieren. Bleiben Sie hier sitzen. Beide. Und keine Auffälligkeiten. Ist das klar?«
Sie stand auf und verschwand im Gang, der zu den Hotelzimmern führte.
Wenige Minuten später erschien die Wirtin des Hotels an ihrem Tisch.
»Guten Morgen.« Sie beugte sich herab und vergewisserte sich, dass niemand ihr Gespräch belauschen konnte. »Die beiden Männer sind weg«, sagte sie.
»Weg? Inwiefern?«, fragte Putensenf.
»Vor der Tür stand der Trecker mit dem Planwagen und einem weiteren Hänger. Wir müssen nach Sahlenburg und auf dem Rückweg nicht nur Gäste, sondern auch Proviant und andere Sachen mitnehmen. Deshalb fahren wir heute nicht mit dem Wattwagen, sondern dem Trecker. Den haben sich die beiden geschnappt und sind los.«
»Doch nicht bei dem Nebel da draußen?« Putensenf zeigte auf das Fenster.
»Wir haben uns auch gewundert. Trotz der Markierung des Wegs mit Priggen ... Das Watt ist gefährlich. Schon ohne Nebel. Und bei schlechter Sicht besonders.«
»Los, Jakob. Wir müssen hinterher«, sagte Große Jäger und sprang auf. »Wir brauchen einen Trecker.«
»Sie können doch nicht hinterher«, sagte die Wirtin. »Soll jemand von uns fahren?«

»Einen Trecker«, sagte Große Jäger bestimmt. »Polizisten können alles. Zumindest die Husumer«, fügte er leiser an.

Zu dritt eilten sie aus dem Wintergarten, und kurz darauf stand der Traktor vor der Tür. Große Jäger klemmte sich hinter das Steuer, und Putensenf versuchte, Halt auf dem Notsitz zu finden.

Es knallte und knirschte. Schließlich machte das Gefährt einen Satz vorwärts, und Putensenf schrie auf, als er fast vom Traktor gefallen wäre. In diesem Moment tauchte Frauke Dobermann im Eingang auf und winkte heftig.

»Anhalten! Sofort anhalten!«, schrie sie.

»Das ist für Frauen zu gefährlich«, rief ihr Putensenf zu. »Besonders, wenn so ein Verrückter wie der hier am Steuer sitzt.«

Große Jäger trat das Gaspedal durch.

»Donnerwetter«, rief er gegen den Fahrtwind. »Die sind ganz schön fix, diese Dinger.«

Er hatte Mühe, das ungewohnte Fahrzeug auf dem schmalen Weg zu halten, als er die Kurven um den Leuchtturm und die ihn umstehenden Gebäude nahm. Putensenf klammerte sich krampfhaft am Sitz fest.

»Die können nicht so schnell mit ihren beiden Anhängern«, versuchte er zu erklären.

»Ruf deine Chefin an und erkläre ihr die Lage«, erwiderte Große Jäger. »Sie soll dafür sorgen, dass drüben in Sahlenburg ein Empfangskomitee bereitsteht.«

Putensenf hielt sich verzweifelt fest. »Wie soll ich telefonieren, wenn du wie ein Vollpfosten über die ... Aua. Verdammt noch mal.«

Der Trecker machte einen Satz, als sie den Huckel am Deichübergang nahmen und gleich darauf in den undurchsichtigen Seenebel eintauchten.

»Was ist, wenn wir vom Weg abkommen?«, versuchte Putensenf, gegen den Motorenlärm anzurufen.

»Das nennt man Pech.«

»Schon mal was von Eigenschutz gehört?«

Die Priggen, die den Weg markierten, waren kaum zu erkennen. Mehr als zwei waren an keiner Stelle zu sehen.

Mit Mühe hatte es Putensenf geschafft, sein Handy hervorzukramen und Frauke Dobermann anzurufen. Seine Erklärungen klangen abgehackt, da er im Sprechrhythmus unterbrochen wurde, wenn der Traktor wieder über eine Unebenheit auf dem Meeresboden hinwegrauschte.

Immerhin grinste er, als er das Gespräch beendet hatte und Große Jäger zurief: »Die ist ganz schön sauer. Frauen eben.«
Dann stutzte er und sah sich um. »Wo sind die Wegmarkierungen geblieben? Ich sehe sie nicht mehr.«
Große Jäger streckte den Arm aus und zeigte in den Nebel. »Die müssen irgendwo da drüben sein.«
»Verflucht noch mal.«
Dann schwieg der Kriminalhauptmeister. Es war ein Höllenritt. Das Wasser spritzte auf. Der trotz der Jahreszeit eiskalte Wind ließ die Beamten frieren. Sie waren nicht für das Watt gekleidet. Alles war dank des Nebels klamm.
»Da!«, schrie Große Jäger. »Das müssen sie sein.«
Schemenhaft tauchte vor ihnen die Rückseite des Gepäckanhängers auf. Gleich darauf war er wieder in der Nebelwand verschwunden, bis er erneut sichtbar wurde.

Der Oberkommissar fuhr zusammen, als ihm Putensenf im Jagdfieber auf die Schulter schlug.

Der Motor jaulte auf, als Große Jäger das Gaspedal durchtrat und die Maschine durch Wasserlachen trieb. Plötzlich zuckten sie zusammen, als es knallte.

»Verdammte Scheiße«, fluchte Große Jäger. »Der Typ mit dem Gewehr schießt auf uns.«

Er trat auf die Bremse und schlug einen Bogen, ohne zu beachten, dass er dabei nicht die günstigste Stelle durch den Priel nahm und der Traktor bis zu den Achsen im Wasser versank.

»Was ist, wenn wir stecken bleiben?«, rief Putensenf.
»Du musst dich schon entscheiden«, erwiderte Große Jäger. »Willst du absaufen, wenn die Flut kommt, oder erschossen werden? Man stirbt nur einmal.«

Langsam kämpfte sich die Zugmaschine aus dem Priel heraus. Der Oberkommissar lenkte etwas nach links und spürte die Erleichterung bei Putensenf, als die Priggen wieder sichtbar wurden. Kurz darauf hatten sie auch das Gespann der Amerikaner eingeholt. Diesmal hielten sie Abstand. Einer der Verfolgten hatte sich bis zum zweiten Anhänger vorgearbeitet und schoss von dort. Es war ihr Glück, dass der Schütze einen genauso ruckeligen Standort hatte wie sie auf dem Trecker. Schemenhaft sahen sie, wie der Mann sich aufstellte und versuchte, im Stehen zu balancieren.

»Was macht er da?«, fragte Putensenf. Der Nebeldunst verschluckte die Konturen.

Große Jäger verriss den Lenker, als unweit von ihnen eine Explosion die nur durch das Dröhnen der Motoren durchdringende Stille des Wattenmeeres erschütterte. Ein Lichtblitz zuckte auf. Die Detonation hinterließ einen Schmerz im Gehör. Das Watt flog ihnen um die Ohren.

»Die Hunde werfen Handgranaten.« Große Jäger trat auf die Bremse. »Das war's«, rief er.

Wieder spürte er den schmerzhaften Schlag auf der Schulter.

»Sieh!« Putensenfs Stimme überschlug sich fast. »Sieh doch!« Obwohl sie standen, blieb der schemenhafte Umriss des Treckergespanns sichtbar.

»Die halten«, stellte Große Jäger fest und legte den Rückwärtsgang ein. »Wir müssen weg, bevor sie uns angreifen.«

»Nein«, protestierte Putensenf. »Hast du das nicht gesehen? Der, der hinten auf dem Wagen stand und geschossen hat, ist mit seinem Gewehr in der Hand vom Anhänger gesprungen, in den Dreck geflogen, hat sich hochgerappelt und ist dann zu Fuß geflüchtet.«

»Zu Fuß?«, fragte Große Jäger erstaunt. »Bei dem Nebel? Der kommt hier doch nie raus.«

Er legte den Vorwärtsgang ein und fuhr langsam in Richtung des Gespanns. Jetzt war das wütende Aufheulen des Motors zu vernehmen.

Langsam tastete sich der Oberkommissar mit seinem Fahrzeug vorwärts. Der Lärm des Motors verriet ihm, dass jemand versuchte, das festgefahrene Fahrzeug durch viel Gas wieder freizubekommen. Als sie auf gleicher Höhe waren, sahen sie Chincatti, der ihnen einen kurzen Blick zuwarf, dann wieder den Kopf zwischen die Schultern einzog, mit beiden Händen das Lenkrad umklammerte und wie ein Verrückter auf das Gaspedal einhämmerte.

»Los, Jakob, hol ihn dir«, sagte Große Jäger.

»Darauf kannst du dich verlassen«, antwortete Putensenf und kletterte vom Trecker. Er stand kaum mit dem zweiten Bein im Watt, als er wegrutschte und in den Dreck fiel.

»Typisch Binnenländer«, grinste Große Jäger vor sich hin. Laut rief er: »Pass auf. Das ist glatt.«

»Kannst du das nicht früher sagen?«, fluchte Putensenf und brüllte zu Chincatti hinüber: »Gas weg. Motor aus. Polizei. Geben Sie auf.«

»Das ist ein Amerikaner. Der versteht dich nicht«, rief Große Jäger.

»*No gas. Motor out. Here is the police. Hands up*«, radebrechte Putensenf.

»Das kann er auch nicht«, murmelte Große Jäger. »Kein Wunder, dass England keine Weltmacht mehr ist, wenn die Hannoveraner das Königshaus gestellt haben. Dann hat kein Untertan den Monarchen verstanden.«

Putensenf hatte sich mühsam hochgerappelt, vermied es aber, einen Schritt zu machen.

Große Jäger hatte seine Dienstwaffe gezückt und gab einen Warnschuss in Chincattis Richtung ab, als der Amerikaner wieder einmal einen verzweifelten Blick herüberwarf. Das zeigte Wirkung. Resigniert nahm er die Hände vom Lenkrad und hob sie in Schulterhöhe. Als Große Jäger eine kreisende Bewegung mit dem Lauf der Waffe machte und zum Meeresboden zeigte, kletterte Chincatti vom Trecker und baute sich neben dem Hinterrad auf.

Mit winzigen Schritten balancierte Putensenf zu ihm und bedeutete Chincatti, sich umzudrehen und gegen das Schutzblech des großen Rades zu stemmen. Dann klopfte er den Mann ab, rief über die Schulter »unbewaffnet«, und legte ihm Handfesseln an.

Sie hörten Motorengeräusche hinter sich. Kurz darauf tauchte ein Trecker auf, gesteuert von einem Einheimischen.

»Sind Sie von allen guten Geistern verlassen?«, rief Frauke Dobermann vom Beifahrerplatz. »Ich habe Ihnen befohlen –«
»Wir haben einen«, unterbrach Große Jäger die Hauptkommissarin. »Der andere ist zu Fuß ins Watt geflüchtet.«
»Der kommt nicht weit. Bei dem Nebel. Und als Ortsfremder. Sie hätten ihn –«
Große Jäger hob die Hand und gebot Frauke Dobermann Einhalt. »Wie denn? Er hatte ein Gewehr. Außerdem hat er mit Handgranaten geworfen.«
Frauke Dobermann schüttelte den Kopf und kletterte vom Trecker.
»Vorsich…«, setzte Große Jäger an. Dann grinste er breit. »Zu spät. Sie kommen aus Flensburg, was? Da gibt es kein Wattenmeer. Selbst Klaus Jürgensen, der stets flucht, wenn er an die Westküste kommt, kennt nicht die Beschaffenheit des Meeresbodens.« Amüsiert verfolgte er, wie sich Frauke Dobermann mühsam wieder aufrichtete.
»Wir müssen zurück«, mahnte der Einheimische. »Schnellstens. Es ist schon reichlich spät. Wir haben auflaufendes Wasser.«
»Was ist mit Redman?«, fragte Große Jäger. »Der ist in die Richtung gelaufen.«
»Eigensicherung«, wies Frauke Dobermann an. »Niemandem ist damit gedient, wenn wir auch ertrinken. Also. Vorwärts. Zurück nach Neuwerk.«
Große Jäger stieg vom Fahrerplatz ins Watt hinab und streckte den Arm aus. »In die Richtung ist er.«
»Große Jäger!«, mahnte ihn Frauke Dobermann im Befehlston.
Der Oberkommissar setzte bedächtig einen Fuß vor den anderen. Mit kleinen Schritten stapfte er in Richtung Nebelwand. Das Wasser umspülte mittlerweile seine Knöchel.
»Bleiben Sie stehen«, forderte ihn Frauke Dobermann lauthals auf.
Er hörte nicht auf sie, sondern stapfte weiter.
»Wir müssen zurück. Sofort«, sagte der Einheimische, erklomm den Fahrersitz des Gespanns und befreite das festsitzende Gefährt routiniert aus dem Priel, nachdem Putensenf Chincatti auf den Personenanhänger mit den festmontierten Sitzbänken

verfrachtet und den Amerikaner dort festgebunden hatte. Dann stieg Putensenf auf den Traktor, mit dem er gekommen war, startete den Motor und wendete das Fahrzeug.

Frauke Dobermann starrte in die Nebelwand, die Große Jäger inzwischen vollständig verschluckt hatte. Sie legte die Hände wie einen Trichter an den Mund.

»Grooooße Jääääger! Kooommen Sie sofort zurüüüück!«, rief sie aus Leibeskräften.

ACHTZEHN

»Colorado River.«
»Colo… was?«
»›MS Colorado River‹. Das könnte das Schiff sein.«
Lüder räusperte sich. Das Telefon hatte ihn aus tiefstem Schlaf gerissen. Er brauchte ein paar Sekunden, um zu registrieren, dass Reeder Paulsen aus Hamburg am anderen Ende der Leitung war.
»Die ›MS Colorado River‹ ist ein Bulk-Carrier und fährt unter der Flagge von Trinidad und Tobago. Heimathafen ist Port of Spain, obwohl das Schiff einer amerikanischen Reederei gehört. Bulk-Carrier sind Massengutfrachter, die loses Schüttgut wie Erze, Kohle oder Getreide transportieren. Die ›MS Colorado River‹ ist ein Schiff der Panamax-Klasse, das heißt, es kommt noch so gerade eben durch den Panamakanal. Schiffe dieser Größenordnung haben kein eigenes Ladegeschirr mehr. Die ›MS Colorado River‹ kommt aus Baltimore und hat Getreide für Hamburg geladen. Sie ist zweihundertachtundsiebzig Meter lang. Wenn das Schiff bei Brunsbüttel manövrierunfähig wird und sich quer legt, ist die Katastrophe da. Können Sie sich vorstellen, welchen Aufwand es bedeutet, die Getreideladung mitten auf der Elbe zu löschen und auf kleinere Schiffe umzuladen?«, sagte Paulsen atemlos.
»Wann soll die ›MS Colorado River‹ Cuxhaven erreichen?«
»Etwa gegen zehn Uhr am Vormittag.«
Lüder bedankte sich. Er unterdrückte die Frage, ob es noch andere Schiffe geben könnte.
»Weißt du, wie spät es ist?«, meldete sich Margit verschlafen aus dem Nachbarbett.
»Vier Uhr zweiundvierzig«, erwiderte Lüder, hauchte ihr einen Kuss auf die Stirn und stand auf. Er schlich sich ins Wohnzimmer und rief Nathusius an.
Der Kriminaldirektor ließ kein Wenn und Aber hören.
»Ich besorge Ihnen einen Hubschrauber, der Sie nach Cuxhaven bringt, und alarmiere das dortige Havariekommando«, sagte Nathusius. »Halb sechs am Eichhof?«

Lüder beeilte sich, unter die Dusche zu springen. Er verzichtete auf einen Kaffee und etwas Essbares und fuhr durch menschenleere Straßen zum Polizeizentrum. Er hatte kaum seinen Wagen abgestellt, als er das typische »Flapp-flapp« eines sich nähernden Hubschraubers hörte. Kurz darauf setzte der siebensitzige Eurocopter EC 135 der Bundespolizei-Fliegerstaffel aus Fuhlendorf bei Bad Bramstedt auf. Die Landespolizei Schleswig-Holstein verfügte über keine eigenen Hubschrauber und bediente sich bei Bedarf der Unterstützung der Bundespolizei.

»Kennen wir uns nicht?«, fragte der Pilot und nannte noch einmal seinen Namen. »Hauptkommissar Schmitz. Ich habe Sie und einen Hasenfuß seinerzeit nach Berlin zu einer Krisensitzung geflogen.«

»Der Hasenfuß war Kriminaldirektor Dr. Starke«, sagte Lüder lachend. »Wir mussten nach Berlin, um einen Afrikaeinsatz nach einer Schiffsentführung zu besprechen. Ich wusste zu der Zeit noch nicht, dass es eine ›Fahrt zur Hölle‹ werden sollte. Damit meine ich aber nicht Ihre Flugkünste. Heute geht es nach Cuxhaven.«

»Klingt nach Seefahrt«, sagte der Pilot gut gelaunt. »Na, dann wollen wir mal.«

Die Maschine hob ab, flog einen Bogen und stieg in den blauen Himmel. Um diese Jahreszeit war es um halb sechs Uhr schon hell.

Lüder genoss den Flug über das noch im Schlaf unter ihm liegende Land. Die Waldflächen rund um den blau schimmernden Westensee wechselten sich mit Feldern und Wiesen ab. Dazwischen eingestreut lagen kleine Dörfer. Etwa auf Höhe der Autobahnbrücke bei Schafstedt überquerten sie den Kanal. Von hier oben sahen selbst die großen Schiffe, die im Konvoi auf der Wasserstraße unterwegs waren, nicht so gewaltig aus, wie sie sich dem staunenden Betrachter an Land präsentierten. Später lag Marne abseits unter ihnen, bevor sie über die Köge hinwegflogen und das breite silberne Band der Elbe erreichten. Aus dieser Perspektive war zu erkennen, wie mächtig der Fluss war. Kurz darauf erreichten sie das Havariekommando Cuxhaven, eine gemeinsame Einrichtung des Bundes und der Küstenländer.

Die Bundespolizei war als Sicherheitspartner an dieser Institution beteiligt. Lüder wurde in das maritime Lagezentrum geführt, in dem der Stab zusammensaß. Dessen Mitglieder ließen sich von Lüder über die Lage informieren.

»Gut«, fasste Hemmersdorff, der Leiter, zusammen. »Die Situation ist unklar. Wir gehen von einer Vermutung aus, ohne exakte Anhaltspunkte zu haben. Wir müssen von einer *möglichen* Bedrohungslage sprechen. Deshalb werden wir die ›Colorado River‹ auffordern, zu stoppen und nicht in die Unterelbe einzufahren. Ungefähr hier.« Er zeigte eine Position auf der Seekarte an. »Das liegt nördlich der Fahrrinne, ist aber noch tief genug, um das Schiff nicht zu gefährden. Wir haben nur wenig Zeit. Falls sich der Verdacht als unbegründet herausstellt, müssen wir das Schiff wieder freigeben.« Er sah Lüder an. »Aufgrund der Vorabinformationen, die wir von Herrn …«

»Nathusius«, half Lüder aus.

»… aus Kiel erhielten, haben wir die Möglichkeiten durchgespielt. Am wahrscheinlichsten ist es, dass Ruderanlage oder Maschinen manipuliert werden. Eine andere Möglichkeit besteht darin, eine Sprengung vorzunehmen, um die Bordwand zu beschädigen und das Schiff zum Sinken zu bringen. Das halten wir aber für weniger realisierbar. Unsere Idee ist es, zunächst ein Prisenkommando der Bundespolizei abzusetzen. Eine Spezialeinheit, die die ›Colorado River‹ sichert. Irgendjemand muss an Bord sein und die Manipulation durchführen. Wenn das Schiff durch die Bundespolizei übernommen ist, werden wir in einer zweiten Welle Nautiker und Fachleute rüberbringen, die den Carrier untersuchen. Dazu gehören ebenso die Schiffsbetriebstechnik wie die Software, die auch angreifbar ist. Die weitere Vorgehensweise ist davon abhängig, was wir vorfinden.«

»Wir sollten uns einen Überblick über die Besatzung verschaffen«, schlug Lüder vor.

Hemmersdorff winkte ab.

»Wir haben uns bereits Informationen über die ›Colorado River‹ und ihre Ladung aus der Datenbank besorgt. Die Besatzung …«

Wie auf Kommando betrat ein jüngerer Mann das Lagezentrum und überreichte dem Leiter einen Ausdruck. Hemmersdorff warf einen kurzen Blick darauf und las vor:

»Die Besatzung besteht aus dreizehn Seeleuten sowie sechs Passagieren. Der Kapitän ist ein erfahrener Seemann und stammt aus Russland. Der Erste Offizier ist Portugiese, der Zweite Bulgare. Der Rest der Besatzung ist ein bunter Haufen aus Pakistan, Malaysia, Indonesien. Ein Norweger – das ist der Koch – und ein Schweizer komplettieren die Mannschaft. Wir konnten daran nichts Auffälliges entdecken.«

»Sie sprachen von Passagieren?«, fragte Lüder.

»Eine interessante Marktlücke, die die Reedereien schon vor vielen Jahren entdeckt haben. Immer mehr Liebhaber interessieren sich für diese andere Art zu reisen. Die ›Colorado River‹ hat sechs Fahrgäste an Bord, denen es bei der Atlantiküberquerung sicher nicht an Komfort gemangelt hat, auch wenn die Seefahrt so viel natürlicher erlebt werden kann und nicht mit Kreuzfahrten vergleichbar ist. Wer sind die sechs?«, fragte sich Hemmersdorff selbst und warf erneut einen Blick auf das Papier. »Gut gemacht«, sagte er in Richtung des jungen Mannes, der den Ausdruck beschafft hatte. Dann erklärte er: »Ein älteres Ehepaar aus England, beide über siebzig, aber offenbar immer noch abenteuerlustig. Ein armenischer Unternehmer, der in Berlin lebt.«

»Moment«, unterbrach Lüder.

Hemmersdorff gebot ihm, zu schweigen. »Der scheint nicht unser Mann zu sein. Mkhitaryan, so heißt er, hat geschäftlich in den Vereinigten Staaten zu tun. Er leidet unter extremer Flugangst, teilt uns die Agentur mit. Deshalb überquert er zwei- bis dreimal jährlich den Atlantik auf diese Weise.«

»Weiter«, forderte Lüder und sah auf die Uhr.

»Den Nächsten können wir auch ausschließen. Es ist auch ein alter Bekannter bei der Agentur. Ein Buchhändler von der Insel Föhr, der als Globetrotter schon viele Frachtschiffreisen absolviert hat. Viele wissen von seinem außergewöhnlichen Hobby. Ah«, sagte der Leiter, als sein Finger weiter abwärtswanderte. »Die beiden sind interessant. Zwei US-Bürger.«

»Männlich?«, fragte Lüder.

Hemmersdorff nickte. »Beide. Alter um die vierzig.«

»Das sind sie«, sagte Lüder überzeugt. »Gibt es eine Aussage über die Ethnie? Sind das möglicherweise Amerikaner arabischer Abstammung?«

»Das geht hieraus nicht hervor«, antwortete Hemmersdorff.

»Wir müssen es riskieren«, schlug Lüder vor. »Sie sagten, der Koch sei ein Norweger. Es ist ein Risiko, aber können Sie unter irgendeinem Vorwand versuchen, den Mann an Bord des Schiffes zu erreichen? Vielleicht kann er uns etwas über die beiden erzählen. Wie sehen sie aus? Wie verhalten sie sich? Zeigen sie Auffälligkeiten?«

Der Leiter zeigte auf einen älteren Mann mit grauen Haaren. »Kümmerst du dich darum?«

»Klar.« Der Grauhaarige stand auf und verließ den Raum.

Er kam nach zwanzig Minuten wieder.

»Amaldus Ulving, so heißt er, war überrascht, als ich nach ihm fragte. Ich habe mich als Mitarbeiter der Seemannsmission in Hamburg ausgegeben und gesagt, ich wollte ihn fragen, ob er das Seemannsheim wieder besuchen werde. Er habe es bei seinem letzten Besuch versprochen. Ulving habe ich erzählt, dass ich vom Zoll sei. Stimmt sogar. Wir hätten einen Tipp bekommen, dass zwei Männer Rauschgift schmuggeln würden. Er möge das bitte vertraulich behandeln und niemandem etwas erzählen. Ich hoffe, er hält seine Zusage ein. Vorstellen konnte er sich das nicht, schon gar nicht unter den Passagieren. Die Amerikaner sind Weiße. Einwandfrei. Sie wirken auf Ulving eher wie Aufpasser und halten Abstand zu den anderen. Ulving meint, die beiden Männer würden aber auf dem Schiff herumschnüffeln.«

»Wie sieht ihr Gepäck aus?«, fragte Lüder.

»Dazu konnte Ulving nichts sagen.«

»Ich halte es nicht für ausgeschlossen, dass es sich um Sicherheitsleute handelt«, äußerte Lüder eine Vermutung. »Wir sollten sie im Auge behalten. Ich traue ihrem Arbeitgeber nicht.«

»Dann muss doch jemand im Vorfeld Verdacht geschöpft haben«, sagte Hemmersdorff, »wenn eine Reederei Sicherheitsleute anheuert.«

»Vielleicht gibt es einen Verdächtigen unter den Besatzungsmitgliedern. Lassen Sie uns die Liste noch einmal durchgehen«, schlug Lüder vor.

Sie arbeiteten sich durch die Namensliste und versuchten, Informationen zu den Crewmitgliedern zusammenzutragen, ohne auf Auffälligkeiten zu stoßen. Dann klingelte Lüders Handy.

»Nathusius«, meldete sich der Kriminaldirektor. »Jan Klingbiel hat sich bei uns gemeldet. Er wollte mit Ihnen sprechen.«

Lüder war sprachlos. »Klingbiel, den alle Welt sucht?«, fand er schließlich Worte.

»Richtig. Er ist in Cuxhaven und möchte sich mit Ihnen in einer halben Stunde an der Kugelbake treffen.«

»Woher weiß er, dass ich hier bin?«, rätselte Lüder.

»Ich habe es ihm gesagt. Klingbiel verlangt aber, dass Sie allein kommen. Er sagt, er werde schweigen, wenn sich ein Polizeiaufgebot einstelle. Seien Sie vorsichtig«, mahnte der Kriminaldirektor.

Das war eine unerwartete Wende.

Die Kugelbake lag am Ende eines ins Wasser hinausgehenden Damms. Es gab nur die eine Zuwegung. Rund um die Spitze waren kantige Granitbrocken aufgetürmt, gegen die die Wellen schlugen. Ein Boot konnte dort nicht anlegen. Für Klingbiel war es eine Sackgasse. Wie konnte der Islam-Konvertit davon ausgehen, dass trotz seiner Forderung die Polizei den Damm nicht absperren würde? Niemand konnte verhindern, dass sich Polizeibeamte unter die Spaziergänger mischten, die den Weg zu Cuxhavens Wahrzeichen an der Nordspitze Niedersachsens antraten. Lüder sah aus dem Fenster. Es war diesig.

Hemmersdorff bemerkte seinen Blick.

»Das haben wir hier oft. Es klart bald auf. Was meinen Sie, welch dichte Suppe weiter draußen herrscht. Drüben auf Neuwerk sehen Sie die Hand vor Augen nicht.«

Lüder entschuldigte sich, als sich sein Handy erneut meldete. Frauke Dobermann rief an und bestätigte, dass auf Hamburgs Insel im Wattenmeer dichter Nebel herrschte. Weiterhin erzählte sie, dass sie gerade den Frühstücksraum verlassen hatte, nachdem die beiden observierten Personen nacheinander zum Essen gewesen waren.

»Wir hatten keine Gelegenheit, unauffällig einen Blick in das Zimmer der beiden zu werfen«, schloss sie ihren Bericht. Zwei Minuten später meldete sie sich erneut. »Meine beiden Mitarbeiter Madsack und Schwarczer sind in Cuxhaven.«

»Haben Sie sie hinbestellt?«

»Nein. Sie sind auf eigene Faust gekommen, nachdem sie hörten, dass Putensenf und ich nach Neuwerk gefahren sind.«

Lüders berichtete von seiner Verabredung an der Kugelbake, anschließend versuchte er vergeblich, Große Jäger zu erreichen. Er landete sofort auf der Mailbox.

Hemmersdorff stellte Lüder ein Zivilfahrzeug zur Verfügung. »Einer meiner Männer wird Sie fahren«, bot er an. »Noch etwas. An die ›Colorado River‹ ist die Anweisung ergangen, zu stoppen. Dem ist das Schiff nachgekommen. Es ist mit mäßiger Fahrt auf die Nordseite der Fahrrinne ausgewichen.«

»Mäßige Fahrt?«, fragte Lüder.

Hemmersdorff nickte. »Bei einem Riesenschiff können Sie nicht auf die Bremse treten. Es dauert Seemeilen, bis Sie es stoppen. Aber das ist okay. Bisher verläuft alles planmäßig. Wir haben alles im Griff.«

Lüder verließ das maritime Lagezentrum und wurde zum Parkplatz unterhalb des Forts Kugelbake gebracht.

»Warten Sie hier auf mich«, bat er den älteren Mann. »Bleiben Sie im Auto.«

Vor dem Aussteigen prüfte Lüder noch einmal seine Waffe, dann machte er sich auf den Weg. Die zahlreichen Imbissbuden, die den Parkplatz begrenzten, waren zu dieser Stunde noch geschlossen. Nur an wenigen war das Personal mit den Vorbereitungen für das Tagesgeschäft aktiv.

Lüder erklomm die Deichkrone und wandte sich nach rechts. Es war nasskalt. Und diesig. Die Nordsee verschwand ebenso im Dunst wie die vorausliegende Elbmündung. Schiffe waren bei diesem Wetter nicht zu sehen.

Nur vereinzelt traf er auf unermüdliche Spaziergänger. Die Mehrheit würde im Laufe des Tages folgen, wenn es aufgeklart war und der Frühdunst sich verzogen hatte.

Dort, wo der Deich nach Süden abknickte, begegnete er einem

korpulenten Mann, der leicht schnaufte. Auch wenn es recht kühl war, wirkte der bis oben geschlossene Trenchcoat ein wenig befremdlich. Zum Glück war der Kragen nicht hochgestellt. Sonst hätte Hauptkommissar Madsack aus Hannover wie ein amerikanischer Filmdetektiv aus den fünfziger Jahren gewirkt. Lüder ging erhobenen Hauptes an Madsack vorbei. Falls er unter Beobachtung stand, sollte keine Reaktion verraten, dass die Männer sich kannten. Madsack verhielt sich ebenso geschickt.

An dieser Stelle begann der geteerte Zugang zur Kugelbake. Links und rechts, leicht abfallend, lag feiner weißer Sand. Von Weitem erblickte Lüder eine einzelne Person, die unter dem hölzernen Seezeichen stand und ihm entgegensah. Er erkannte Jan Klingbiel, dessen Bild er in den Dateien gefunden hatte. Der Islamist, der auf dem Drohvideo in arabischer Kleidung mit einer Kufija auf dem Kopf aufgetreten war, trug eine Windjacke, unter der ein T-Shirt sichtbar war.

»Sind Sie von der Kieler Polizei?«, fragte er, als Lüder sich ihm näherte. Dabei hielt er seine Hände in den Taschen der Windjacke vergraben.

Lüder zog seine Dienstwaffe.

»Ich will Ihre Hände sehen«, forderte er Klingbiel auf. »Ziehen Sie die ganz langsam aus den Taschen.«

»Ich bin unbewaffnet.«

»Hände heraus.«

Klingbiel folgte der Aufforderung und zeigte Lüder die offenen Handflächen.

»Umdrehen.«

Klingbiel gehorchte. Er streckte auch die Arme in die Höh und ermöglichte Lüder, ihn abzutasten. Er war tatsächlich bewaffnet.

Lüder trat zwei Schritte zurück und sah Klingbiel i۱ gen. Für einen kurzen Moment hielt der dem Blick s⸍ wanderten seine Augen an Lüder vorbei in die Fer

»Sie kennen mich?«

Lüder nickte.

»Sie waren hinter mir her?«

Erneutes Nicken.

»Was wissen Sie von mir?«
»Einiges.«
»Aber nicht alles.«
»Dann lassen Sie hören.«
Klingbiel zeigte auf die Pistole.
»Die brauchen Sie nicht.«
»Das entscheide ich.«
Gleichmütig zuckte Klingbiel mit den Schultern.
»Sie wussten von meiner Anwesenheit in Brunsbüttel.«
»Ja.«
»Willi Sauerteig und Frau Mirrow vom Gymnasium Marne haben mich gesehen.«
»Sie haben sich nicht versteckt.«
»Ich bin des Versteckspiels überdrüssig.« Es klang müde. »Meinen Eltern geht es nicht gut. Mein Vater hat nach meiner plötzlichen Abreise sehr gelitten. Er war stets der Inbegriff der Korrektheit und Anständigkeit. Mein Abtauchen hat in der Kleinstadt gewaltiges Aufsehen erregt. Und meine Mutter ... Sie ist sehr krank.«

»Ich weiß. Krebs.« Lüder steckte die Waffe weg.
»Niemand kann sagen, wie lange sie noch bei uns ist. Viel Hoffnung haben wir nicht mehr.«
»Wir?«, betonte Lüder.
Klingbiel nickte müde. »Sie ist meine Mutter. Ich war in Brunsbüttel und habe Jens Rusch um Rat gefragt.«
»Den bekannten Maler? Er ist sicher der prominenteste Bürger Brunsbüttels. An jeder Straßenkreuzung steht ein Schild, das auf sein Atelier verweist.«
»Er ist nicht nur Maler, sondern einer der bedeutendsten Künstler des Landes. Ich habe aber aus einem anderen Grund Kontakt zu ihm gefunden. Als ehemals Betroffener engagiert er sich im Kampf gegen den Krebs. Über die Erkrankung meiner Mutter haben wir uns kennengelernt. Sie haben sicher von der Wattolümpiade in Brunsbüttel gehört, einer Benefizveranstaltung. Des Weiteren ist er bei der Aktion ›Stark gegen Krebs‹ ktiv, zu der sich mittlerweile viele Menschen bekennen, darter zahlreiche Prominente. Erkennungszeichen sind ein grünes

Gummiarmband und eine geballte Faust.« Klingbiel zog den Ärmel hoch und zeigte es Lüder. »Ich habe also bei Jens Rusch Rat gesucht.«

Sie wurden durch das lauter werdende Motorengeräusch eines Hubschraubers unterbrochen. Nur schwer im Dunst erkennbar, flog ein Eurocopter Super Puma an ihnen vorbei in Richtung Außenelbe. Lüder warf einen kurzen Blick auf die Maschine. Das musste das Einsatzkommando der Bundespolizei sein.

»Was hat er Ihnen empfohlen?«, nahm Lüder den Faden wieder auf.

»Mich um meine Familie zu kümmern. Damit auch ein Stück um mich. Ich bin da in etwas hineingeraten, das ich nicht überblickt habe. Zu verlockend war das Angebot, das man noch während des Studiums an mich herangetragen hat.«

»Man hat Sie mit Reisen nach New York geködert?«, fragte Lüder.

Klingbiel nickte. »Ich kam mir ungeheuer wichtig vor. Ein junger Mensch, noch nicht fertig mit dem Studium, und dann wird man hofiert.«

»Von den falschen Leuten.«

»Sind es wirklich die falschen Leute?«

»Terroristen, die unser Land bedrohen.«

Klingbiel stutzte. Dann lachte er bitter auf. »Sie haben wirklich keine Ahnung«, sagte er. »Daran erkennen Sie, wie gut die Leute sind.«

»Was ist daran positiv?«

»Das wird sich herausstellen. Aber mein Mitwirken hat Früchte getragen.«

»Bittere Früchte.«

»Zum Teil – ja.« Klingbiel nickte ernst. »Es ist aber anders, als Sie denken.«

»Ich hatte oft leise Zweifel, ob Sie sich wirklich den Islamisten angeschlossen haben«, erklärte Lüder. »Wir haben im Vorfeld keine Anhaltspunkte für Ihren Gesinnungswechsel gefunden. Das Abtauchen kam zu plötzlich. Üblicherweise ist es ein schleichender Prozess, der dem sozialen Umfeld nicht verborgen bleibt. Das war bei Ihnen nicht gegeben.«

»Sie sind klug«, sagte Klingbiel anerkennend und scharrte mit dem Fuß.

»Sie haben provoziert, allerdings im Namen des amerikanischen Geheimdienstes«, riet Lüder.

Klingbiel sah ihn lange an. Dann nickte er unmerklich. »Ich kann nicht mehr. Ich will aussteigen. Meine Eltern ... Niemand ahnt, welcher Druck dort aufgebaut wird. Man fühlt sich zunächst umschmeichelt, träumt vom großen Abenteuer, bis man feststellt, dass man sich verkauft hat. Man fühlt sich irgendwann wie Goethes ›Faust‹.«

»Sie wollen aussteigen? Waren Sie undercover im Nahen Osten unterwegs? Jagt man Sie?«

Klingbiel schüttelte den Kopf.

»Ich bin kein Kämpfer. Ich habe nur im Studio gearbeitet und bin nie aus den Staaten herausgekommen. Es war ein Test der CIA. Sie haben alles gelenkt und wollten damit analysieren, wie die wahren Terrorgruppierungen auf die neu erwachsene Konkurrenz reagierten. Außerdem konnte man mit der sogenannten neuen Terrorzelle die eigenen Landsleute provozieren. Man hat einfach Drohungen ausgestoßen und den Menschen Schrecken eingejagt. Schon wurden bereitwillig neue Gelder zur Verfügung gestellt, und die Befugnisse der Geheimdienste blieben unangetastet. Man hat sie nicht mehr so kritisch hinterfragt. Es gehört zu den Wesenszügen der Amerikaner, überall Verrat zu wittern. Klassiker sind der Irakkrieg, aber auch die Interventionen in Grenada oder Nicaragua. Wie gut, dass Deutschland beim Irakkrieg nicht mitgemacht hat. Andererseits muss man anerkennen, dass wirklich ein hohes Bedrohungspotenzial gegeben ist. In vielen Ländern der Welt macht man regelrecht Jagd auf amerikanische Bürger und missachtet deren Rechte. Denken Sie an die fürchterlichen Bombenattentate, zum Beispiel in Nairobi, aber auch die völkerrechtswidrige Botschaftsbesetzung in Teheran, ganz zu schweigen vom 11. September.«

»Sie wollen jetzt der deutsche Snowden werden?«, fragte Lüder mit einer Spur Ironie in der Stimme.

Klingbiel war das entgangen. »Bestimmt nicht. Dazu bin ich viel zu unwichtig. Ich habe weder hinter die Kulissen gesehen noch an großen Entscheidungen teilgenommen. Eigentlich war ich nur eine Marionette, die getanzt hat, wenn jemand über mir an den Fäden zog. Ein bisschen habe ich aber dennoch mitbekommen. Jeder, der schon einmal mit Amerikanern zu tun hatte, weiß, wie herzlich und liebenswert sie sind. Aber nur so lange, wie man nicht ihr Land kritisiert. *God's own country.* Es ist drüben gar nicht gut angekommen, dass man sich hier so fürchterlich über die Abhöraffäre aufgeregt hat. Hat man hier vergessen, dass man den Krieg verloren hat und ohne amerikanische Unterstützung heute ein Agrarstaat wäre? Wem verdanken die Deutschen die Zustimmung zur Wiedervereinigung? Die Bundesrepublik wird zu mächtig in Europa. Die Wirtschaftskraft muss gleichmäßiger verteilt werden. Wenn man sie blockiert, wäre das ein Denkanstoß, und die Deutschen würden wieder bescheidener auftreten.«

»Sie meinen, wenn man die Wirtschaft sabotiert und die Elbe blockiert?«

»So ist es. Das wäre ein schwerer Schlag für Deutschland. Außerdem würde man damit die Chinesen treffen, die wesentlich in Hamburg engagiert sind und deren Europaexporte zum großen Teil hier anlanden. Ihre Schiffe laufen den Hafen an. Mit Zynismus sagt man auch, dass Deutschland die Vereinigten Staaten zu oft an den Umweltpranger stellt. Wenn die Elbe nicht mehr als Seeweg zur Verfügung steht, dient es auch dem Umweltschutz, und die Amerikaner könnten mit einer gewissen Häme auf uns zurückzeigen. Den Russen hätten sie auch gleich eins ausgewischt. Deren Feederschiffe werden ebenfalls in Hamburg beladen und laufen durch den Nord-Ostsee-Kanal. Man hat sich drüben immer gewundert, dass offenbar noch keinem auf dieser Seite des Atlantiks die herausragende strategische Bedeutung des Hamburger Hafens aufgefallen ist. Man weiß in Amerika auch, dass man vom Handelsverkehr mit den großen Riesenschiffen abgekoppelt ist. Die laufen alle auf der Strecke von Asien nach Europa. Die Amerikaner haben die Entwicklung verschlafen. Da war es ein gelungener Schachzug, Angst und Schrecken durch vorgetäuschte Attentate zu verbreiten. Gleichzeitig würde man behaupten können, die Europäer seien unfähig, solche Verschwörungen selbst aufzudecken.« Klingbiel lachte hell auf. »Wie sollten sie auch? In diesem Fall geschah alles in einer CIA-Denkfabrik. Ein genialer Schachzug. Es hat die Deutschen mächtig aufgeschreckt. Man hat sich in den USA köstlich amüsiert, dass die hiesigen Behörden wie ein aufgeschreckter Hühnerhaufen herumgelaufen sind. Das No-Spy-Abkommen, die Forderung nach weniger Einfluss durch CIA und NSA ... all das hätte man in Berlin totgeschwiegen, ja – man wäre den Amerikanern noch dankbar für ihre Tipps gewesen.«

»Und warum ist das über die Italiener gelaufen?«

»Denen traut niemand etwas zu. Damit ist Deutschland zusätzlich vorgeführt worden. Nicht auf dem Plan standen die beiden Mordopfer.«

»Warum hat die CIA die getötet?«

Klingbiel wich ein Stück zurück und hob beide Hände zur Abwehr. »Moment! Das waren nicht die Amerikaner.«

»Wer sonst?«

»Nun kommt Teil zwei des Dramas. In mancher Hinsicht geht man drüben anders vor. Denken Sie an den Einsatz von Drohnen. Für die schmutzige Arbeit bedient man sich oft der Dienste von Dritten.«

»Sicherheitsfirmen. Söldnertruppen.«

Klingbiel nickte. »Sie kennen es. Das sind oft ehemalige exzellent ausgebildete Spezialisten der US-Armee. Scharfschützen. Einzelkämpfer. Skrupellos. Die machen fast alles für Geld. Sie schützen auch Drogenkuriere und Gangsterbosse. Oder arbeiten als Auftragskiller.«

»Zum Beispiel Hornblower & Flowers.«

»Die sind berüchtigt. Man hat also genau dieses Unternehmen eingeschaltet. Die sollten einen Plan für ein fingiertes Attentat ausarbeiten.«

»Also gibt es gar kein Attentat. Alles ist nur fingiert.« Lüders Gedanken kreisten. Wie sollte er seinen Vorgesetzten das erklären? Den enormen Aufwand rechtfertigen?

»Doch«, rief ihn Klingbiel in die Gegenwart zurück. »Man geriet in helle Aufregung in Langley. Inmitten des aufgeschreckten Hühnerhaufens der deutschen Ermittler kam ein Provinzpolizist, wie man Sie geringschätzig nannte, der Sache auf die Spur.

Man hat auf indirektem Weg Druck auf Berlin ausgeübt und Sie schließlich beschattet. Dann war da noch etwas.« Klingbiel legte eine Kunstpause ein. »Es war wie beim ›Zauberlehrling‹. Alles geriet aus dem Ruder. Mit Schrecken stellte man fest, dass Hornblower & Flowers es nicht bei dem fingierten Attentat belassen, sondern den Plan umsetzen wollten.«

»Nicht aus politischen, sondern wirtschaftlichen Gründen«, sagte Lüder. Es hätte für das Sicherheitsunternehmen keine bessere Werbung geben können als diese Aktion. Alle Reedereien hätten sich gedrängt, den teuren Schutz von Hornblower & Flowers einzukaufen. »Eine moderne Art der Schutzgelderpressung. Global und weltweit.«

»Wenn Sie es so sehen – ja.«

»Mit welchem Schiff soll das Attentat durchgeführt werden?«

»Ich weiß es nicht.«

Sie sahen beide zum Himmel. Der Dunstschleier wies schon erhebliche Lücken auf. Deutlicher als sein Vorgänger war der zweite Hubschrauber zu erkennen, der Richtung Nordsee flog. Das mussten die Experten sein, die die »Colorado River« auf Sprengstoff und andere Manipulatoren untersuchen sollten, überlegte Lüder. Demnach musste die Besetzung des Schiffes durch die Kommandoeinheit der Bundespolizei erfolgreich abgelaufen sein.

»Was war mit den beiden Italienern?«

»Genau weiß ich es nicht. Soweit ich gehört habe, gehen sie auf das Konto der Hornblower-Leute. Offenbar hatten die beiden unabhängig voneinander etwas herausgefunden. Man glaubte es zumindest. Einer soll sich auffällig oft an der Elbmündung und vor Brunsbüttel herumgetrieben haben.«

Das war Alberto Carretta, dachte Lüder und sah einen Mann, der einen Leinenbeutel über die Schulter trug, die Mole entlang auf sie zukommen.

Ehrlichman.

»Wir bekommen Besuch«, sagte er zu Klingbiel.

Der sah in die Richtung. »Kenne ich nicht.«

»Der deutsche Statthalter von Hornblower & Flowers.«

Schritt für Schritt näherte sich Ehrlichman. Als er dreißig

Meter entfernt war, blieb er stehen, nahm die Tasche von der Schulter und griff hinein.

»Kommen Sie«, schrie Lüder, packte den überraschten Klingbiel am Ärmel und zerrte ihn hinter die halbrunde Mauer aus groben Findlingen, die die Kugelbake zur Seeseite abschloss. Dann hechtete er selbst hinterher.

Lüder hatte sich noch nicht hingeduckt, als das »Ratta-ta-ta« der Uzi aufbellte, die Ehrlichman aus der Tasche geholt hatte. Beide zogen den Kopf tief ein. Gesteinsbrocken flogen über sie hinweg, als die Garbe den Rand der Mauer zersplitterte. Lüder hatte seine Waffe gezogen. Es war ein ungleicher Kampf.

Sie waren durch die Mauer zwar geschützt, Lüder konnte mit seiner Pistole aber nicht den Kopf über die Deckung erheben, weil Ehrlichman ihn mit einer Garbe sofort erwischt hätte. Lüder riss sich die Jacke vom Leib und schob sie vorsichtig über den Rand. Sofort ratterte die Maschinenpistole wieder los.

Es klang schon näher. Es war eine fast aussichtslose Situation. Durch die Rundung der Mauer gab es auch keine Ecke, zu der Lüder hätte robben und von der aus er die Gegenwehr hätte einleiten können. Fieberhaft suchte er einen Ausweg. Leute wie Ehrlichman waren gnadenlose Killermaschinen. Er würde es auf beide abgesehen haben. Klingbiel, weil der als Verräter galt, und Lüder, weil er die Pläne von Hornblower & Flowers durchkreuzt hatte. Niemand würde diesem zwielichtigen Unternehmen je wieder einen Auftrag anvertrauen.

Noch einmal schob Lüder die Jacke in die Höhe. Erneut durchsiebte eine Salve die Stofffetzen. Plötzlich war da das Bellen einer anderen Waffe zu hören. Zwei Mal.

Dann war Ruhe.

Lüder wartete ein paar Atemzüge, bis er erneut die Stofffetzen über den Rand schob.

Statt eines Feuerstoßes hörte er eine Stimme, die auf Deutsch sagte: »Sie können herauskommen.«

Vorsichtig blinzelte er über den Mauerrand und sah in fünfzehn Metern Entfernung einen Mann in schwarzer Lederjacke stehen, der die Pistole noch in Händen hielt. Der Lauf war nach unten gerichtet.

Zwischen dem Mann und Lüders Standort lag Ehrlichman auf dem Boden. Die Uzi war ihm aus der Hand gefallen.
»Wer sind Sie?«, fragte Lüder.
»Thomas Schwarczer. Polizei Hannover.«

NEUNZEHN

Auf der Mole wimmelte es von Einsatzkräften. Ehrlichman war sofort tot gewesen. Ein Geschoss hatte ihn in den Rücken getroffen und die Lunge durchschlagen, das zweite war von hinten in den Kopf eingedrungen. Der hannoversche Kommissar hatte nicht riskiert, Ehrlichman auf andere Weise zu stoppen, sondern gleich zum finalen Todesschuss angesetzt.

»Wo haben Sie sich aufgehalten, als ich Ihrem Kollegen Madsack begegnet bin?«, fragte Lüder.

Schwarczer zeigte zum Meeressaum. »Da unten«, sagte er gelassen.

Während am Tatort die Routine ablief, rief Lüder im maritimen Lagezentrum an.

»Gibt es Neuigkeiten?«

»Alles okay«, sagte Hemmersdorff in breitem Norddeutsch. »Das Kommandounternehmen hat das Schiff besetzt. Die beiden Amerikaner haben keinen Widerstand geleistet, obwohl sie schwer bewaffnet waren. Nach ersten Erkenntnissen sind es Sicherheitsleute von Hornblower & Flowers. Sie behaupten, für den Schutz der ›Colorado River‹ angeheuert worden zu sein. Als die Sicherheitslage hergestellt war, wurde der zweite Trupp abgesetzt. Die Experten haben sehr schnell einen Sprengsatz an der Ruderanlage entdeckt und unschädlich machen können. Nach einer ersten Einschätzung hätte die Explosion verheerende Folgen gehabt. Wie Sie es vorausgesagt haben. Das Schiff ist schon wieder in Fahrt und steuert den Hamburger Hafen an. *Time is money.*«

Frauke Dobermann hielt sich noch auf Neuwerk auf.

»Ich warte hier mit meinem Mitarbeiter Putensenf und Chincatti auf das Polizeischiff aus Cuxhaven. Hauptkommissar Brück schickt es, um uns abzuholen.«

»Wo ist Große Jäger?«

»Wir hatten dichten Seenebel im Watt. Als die Flüchtigen stecken geblieben sind, ist Redman mit seinem Gewehr zu Fuß

geflüchtet. Und das bei auflaufendem Wasser. Trotz meiner ausdrücklichen Anweisung ist ihm Große Jäger hinterhergelaufen.«
»Zu Fuß?«, fragte Lüder ungläubig. »Beide kennen das Watt nicht. Nebel. Und beginnende Flut. Sucht man sie?«
»Es gibt die Wattrettung der Berufsfeuerwehr Cuxhaven. Die haben einen speziell für die Wattrettung umgebauten Unimog sowie passende Boote. Die Männer kennen sich aus.«
»Suchen sie noch?«
»Nein.«
»Warum nicht?«
»Man hat sie gefunden.«
»Und?«
»Redman hatte sich auf eine Rettungsbake geflüchtet. Als Große Jäger ihn eingeholt hatte, versuchte Redman, auf ihn zu schießen. Da das Gewehr ins Wasser gefallen war, hatte der unbeherrschte Husumer Glück. Dann wollte ihn Redman mit einer Handgranate vertreiben. Große Jäger hat Redman sein Handy gezeigt, der Amerikaner hatte seines verloren, und erklärt, nur damit könne man Hilfe holen. Er hat ihm weiterhin eingeredet, das Wasser werde so hoch steigen, dass auch der Stahlkäfig auf der Rettungsbake überflutet werde. So hat sich Redman in Todesangst überreden lassen und Große Jäger auf die Bake gelassen. Ich weiß nicht, wie es dem Oberkommissar gelungen ist, Redman mit Handschellen an den Stahlkäfig zu fesseln. Vermutlich hat er das Handy auf einer Leitersprosse liegen lassen und Redman damit genötigt. Als sie beide einträchtig im Käfig saßen, hat Große Jäger erneut Anstalten gemacht, zu gehen, wenn Redman nicht plaudere. Der Amerikaner muss eine panische Angst vor dem Wasser und dem Ertrinken haben, denn er hat ein Geständnis abgelegt. Ja, er hat die beiden Italiener erschossen. Er war aber nur der Handlanger, behauptet er. Er hat geschossen, weil er als Präzisionsschütze ausgebildet war. Ehrlichman hat immer neben ihm gestanden und Anweisungen gegeben. Das Gewehr ist sichergestellt. Ich gehe davon aus, dass die Kriminaltechnik nachweisen wird, dass es sich um die Mordwaffe handelt. Bei aller Schlitzohrigkeit ... So geht es nicht, was sich der Husumer geleistet hat.«

»Ach, Frau Dobermann. Lassen Sie es gut sein.«
»Nein«, antwortete die hannoversche Hauptkommissarin entschieden.
Lüder seufzte.
»Große Jäger ist eben ein großer Jäger.«

Dichtung und Wahrheit

Staatssekretär Dr. Gackerle hat sich gemeldet und noch einmal darauf hingewiesen, dass die Verwicklungen um das geplante Attentat streng geheim bleiben müssten und in keinem Fall an die Öffentlichkeit dringen dürften. Jede Information darüber würde das ohnehin schwierige deutsch-amerikanische Verhältnis zerrütten, auch ...

... wenn die Geschichte und die handelnden Personen ausschließlich meiner Phantasie entsprungen sind.

Als vor zehn Jahren mein erster Roman erschien, hätte ich nicht geglaubt, dass bis heute insgesamt fünfundzwanzig Krimis aus meiner elektronischen Feder fließen würden. Ein schöner Erfolg, an dem ganz viele Menschen beteiligt sind.

Mein herzlicher Dank gilt meinem Verleger und den vielen klugen Köpfen im Verlag, in der Grafik und in der Druckerei. Ohne Lektorat wären manche Fragen ungeklärt geblieben. Ich danke dem Buchhandel, dessen Engagement erst die Verbreitung der Bücher ermöglicht hat. Die Medien und die Kritik haben mich die ganze Zeit über konstruktiv begleitet und mir manchen Denkanstoß vermittelt.

Die Themenvielfalt in meinen Romanen beruht auf der Unterstützung zahlreicher Experten, die meine Wissbegierde stets erschöpfend gestillt haben und nie müde wurden, jede neugierige Frage zu beantworten.

Aber was wäre ein Autor ohne Leser? Ihnen danke ich ganz besonders herzlich für die langjährige Treue. Jede Begegnung mit Ihnen bei einer Lesung ist für mich ein absoluter Höhepunkt in meiner Arbeit.

Hannes Nygaard
TOD IN DER MARSCH
Broschur, 240 Seiten
ISBN 978-3-89705-353-3
eBook 978-3-86358-046-9

»Ein tolles Ermittlerteam, bei dem man auf eine Fortsetzung hofft.«
Der Nordschleswiger

»Bis der Täter feststeht, rollt Hannes Nygaard in seinem atmosphärischen Krimi viele unterschiedliche Spiel-Stränge auf, verknüpft sie sehr unterhaltsam, lässt uns teilhaben an friesischer Landschaft und knochenharter Ermittlungsarbeit.«   Rheinische Post

Hannes Nygaard
VOM HIMMEL HOCH
Broschur, 240 Seiten
ISBN 978-3-89705-379-3
eBook 978-3-86358-049-0

»Nygaard gelingt es, den typisch nordfriesischen Charakter herauszustellen und seinem Buch dadurch ein hohes Maß an Authentizität zu verleihen.«   Husumer Nachrichten

»Hannes Nygaards Krimi führt die Leser kaum in lästige Nebenhandlungsstränge, sondern bleibt Ermittlern und Verdächtigen stets dicht auf den Fersen, führt Figuren vor, die plastisch und plausibel sind, sodass aus der klar strukturierten Handlung Spannung entsteht.«
Westfälische Nachrichten

www.emons-verlag.de

Hannes Nygaard
MORDLICHT
Broschur, 240 Seiten
ISBN 978-3-89705-418-9
eBook 978-3-86358-042-1

»Wer skurrile Typen, eine raue, aber dennoch pittoreske Landschaft und dazu noch einen kniffligen Fall mag, der wird an ›Mordlicht‹ seinen Spaß haben.«   NDR

»Ohne den kriminalistischen Handlungsstrang aus den Augen zu verlieren, beweist Autor Hannes Nygaard bei den meist liebevollen, teilweise aber auch kritischen Schilderungen hiesiger Verhältnisse wieder einmal großen Kenntnisreichtum, Sensibilität und eine starke Beobachtungsgabe.«   Kieler Nachrichten

www.emons-verlag.de

Hannes Nygaard
TOD AN DER FÖRDE
Broschur, 256 Seiten
ISBN 978-3-89705-468-4
eBook 978-3-86358-045-2

»Dass die Spannung bis zum letzten Augenblick bewahrt wird, garantieren nicht zuletzt die Sachkenntnis des Autors und die verblüffenden Wendungen der intelligenten Handlung.« Friesenanzeiger

»Ein weiterer scharfsinniger Thriller von Hannes Nygaard.«
Förde Kurier

Charles Brauer liest
TOD AN DER FÖRDE
4 CDs
ISBN 978-3-89705-645-9

www.emons-verlag.de

Hannes Nygaard
TODESHAUS AM DEICH
Broschur, 240 Seiten
ISBN 978-3-89705-485-1
eBook 978-3-86358-047-6

»Ein ruhiger Krimi, wenn man so möchte, der aber mit seinen plastischen Charakteren und seiner authentischen Atmosphäre überaus sympathisch ist.« www.büchertreff.de

»Dieser Roman, mit viel liebevollem Lokalkolorit ausgestattet, überzeugt mit seinem fesselnden Plot und der gut erzählten Geschichte.« Wir Insulaner – Das Föhrer Blatt

Hannes Nygaard
KÜSTENFILZ
Broschur, 272 Seiten
ISBN 978-3-89705-509-4
eBook 978-3-86358-040-7

»Mit ›Küstenfilz‹ hat Nygaard der Schleiregion ein Denkmal in Buchform gesetzt.« Schleswiger Nachrichten

»Nygaard, der so stimmungsvoll zwischen Nord- und Ostsee ermitteln lässt, variiert geschickt das Personal seiner Romane.« Westfälische Nachrichten

www.emons-verlag.de

Hannes Nygaard
TODESKÜSTE
Broschur, 288 Seiten
ISBN 978-3-89705-560-5
eBook 978-3-86358-048-3

»Seit fünf Jahren erobern die Hinterm Deich Krimis von Hannes Nygaard den norddeutschen Raum.«
Palette Nordfriesland

»Der Autor Hannes Nygaard hat mit ›Todesküste‹ den siebten seiner Krimis ›hinterm Deich‹ vorgelegt – und gewiss einen seiner besten.«
Westfälische Nachrichten

Hannes Nygaard
TOD AM KANAL
Broschur, 256 Seiten
ISBN 978-3-89705-585-8
eBook 978-3-86358-044-5

»Spannung und jede Menge Lokalkolorit.«   Süd-/Nord-Anzeiger

»Der beste Roman der Serie.«   Flensborg Avis

www.emons-verlag.de

Hannes Nygaard
DER TOTE VOM KLIFF
Broschur, 272 Seiten
ISBN 978-3-89705-623-7
eBook 978-3-86358-039-1

»Mit seinem neuen Roman hat Nygaard einen spannenden wie humorigen Krimi abgeliefert.« Lübecker Nachrichten

»*Ein spannender und die Stimmung hervorragend einfangender Roman.*« Oldenburger Kurier

Hannes Nygaard
DER INSELKÖNIG
Broschur, 256 Seiten
ISBN 978-3-89705-672-5
eBook 978-3-86358-038-4

»*Die Leser sind immer mitten im Geschehen, und wenn man erst einmal mit dem Buch angefangen hat, dann ist es nicht leicht, es wieder aus der Hand zu legen.*« Radio ZuSa

www.emons-verlag.de

Hannes Nygaard
STURMTIEF
Broschur, 256 Seiten
ISBN 978-3-89705-720-3
eBook 978-3-86358-043-8

»*Ein fesselnder Roman, brillant recherchiert und spannend!*«
www.musenblaetter.de

Hannes Nygaard
SCHWELBRAND
Broschur, 272 Seiten
ISBN 978-3-89705-795-1

»*Sehr zu empfehlen.*« Forum Magazin

»*Spannend bis zur letzten Seite.*« Der Nordschleswiger

www.emons-verlag.de

Hannes Nygaard
TOD IM KOOG
Broschur, 240 Seiten
ISBN 978-3-89705-855-2
eBook 978-3-86358-156-5

»Ein gelungener Roman, der gerade durch sein scheinbar einfaches Ende einen realistischen Blick auf die oft banalen Gründe für sexuell motivierte Verbrechen erlaubt.« Radio ZuSa

Hannes Nygaard
SCHWERE WETTER
Broschur, 256 Seiten
ISBN 978-3-89705-920-7
eBook 978-3-86358-067-4

»Wie es die Art von Hannes Nygaard ist, hat er die Tatorte genauestens unter die Lupe genommen. Wenn es um die Schilderungen der Örtlichkeiten geht, ist Nygaard in seinem Element.«
Schleswig-Holsteinische Landeszeitung

»Ein Krimi mit einem faszinierenden Thema, packend aufbereitet und mit unverkennbar schleswig-holsteinischem Lokalkolorit ausgestattet.« www.nordfriesen.info

www.emons-verlag.de

Hannes Nygaard
NEBELFRONT
Broschur, 256 Seiten
ISBN 978-3-95451-026-9

»Nie tropft Blut aus seinen Büchern, immer bleibt Platz für die Fantasie des Lesers.« BILD Hamburg

Hannes Nygaard
FAHRT ZUR HÖLLE
Broschur, 272 Seiten
ISBN 978-3-95451-096-2

Kriminalrat Dr. Lüder Lüders vom LKA Kiel steht vor seinem schwierigsten Fall und zugleich dem größten Abenteuer seiner Laufbahn: Die „Holstenexpress" aus Flensburg ist von somalischen Piraten gekapert worden, und er soll vor Ort den Dingen auf den Grund gehen. Kaum ein Europäer ist bislang in die Hochburg der Piraten am Horn von Afrika vorgedrungen, geschweige denn lebend zurückgekehrt. Lüder begibt sich in große Gefahr, und in der größten Not kommt ihm ausgerechnet sein alter Husumer Freund Große Jäger zu Hilfe.

www.emons-verlag.de

Hannes Nygaard
DAS DORF IN DER MARSCH
Broschur, 272 Seiten
ISBN 978-3-95451-175-4

Bauer Reimer Reimers staunt nicht schlecht, als er am Morgen im Bullauge seiner Biogasanlage einen menschlichen Finger entdeckt. Gehört er dem aus mysteriösen Gründen untergetauchten Bürgermeister? Oder gibt es einen Zusammenhang mit dem Streit um die geplante Windkraftanlage? Christoph Johannes und Große Jäger, die Kultkommissare aus Husum, stoßen in der scheinbaren Idylle auf unheilvolle Allianzen und etliche Verdächtige: Denn die Nachbarn sind einander in herzlicher Mordlust verbunden ...

Hannes Nygaard
SCHATTENBOMBE
Broschur, 256 Seiten
ISBN 978-3-95451-289-8

»Hannes Nygaards ›Hinterm Deich‹-Krimis gehören inzwischen zu den Klassikern der norddeutschen Krimilandschaft.«
Holsteinischer Courier

www.emons-verlag.de

Hannes Nygaard
MORD AN DER LEINE
Broschur, 256 Seiten
ISBN 978-3-89705-625-1
eBook 978-3-86358-041-4

»»Mord an der Leine‹ bringt neben Lokalkolorit aus der niedersächsischen Landeshauptstadt auch eine sympathische Heldin ins Spiel, die man noch häufiger erleben möchte.« NDR 1

Hannes Nygaard
NIEDERSACHSEN MAFIA
Broschur, 256 Seiten
ISBN 978-3-89705-751-7
eBook 978-3-86358-000-1

»Einmal mehr erzählt Hannes Nygaard spannend, humorvoll und kenntnisreich vom organisierten Verbrechen.« NDR

»Nygaard lebt auf der Insel Nordstrand – dort an der Küste ist er der Krimi-Star schlechthin.« Neue Presse

www.emons-verlag.de

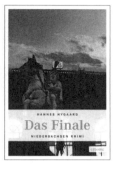

Hannes Nygaard
DAS FINALE
Broschur, 240 Seiten
ISBN 978-3-89705-860-6
eBook 978-3-86358-160-2

»Wäre das Buch nicht so lebendig geschrieben und knüpfte es nicht geschickt an reale Begebenheiten an, man würde ›Das Finale‹ wohl aus Mangel an Glaubwürdigkeit schnell beiseitelegen. So aber hat Nygaard im letzten Teil seiner niedersächsischen Krimi-Trilogie eine spannende Verbrecherjagd beschrieben.«
Hannoversche Allgemeine Zeitung

Hannes Nygaard
AUF HERZ UND NIEREN
Broschur, 256 Seiten
ISBN 978-3-95451-176-1

»Der Autor präsentiert mit ›Auf Herz und Nieren‹ einen spannend konstruierten und nachvollziehbaren Kriminalroman über das organisierte Verbrechen, der auch durch seine gut gezeichneten und beschriebenen Figuren und Protagonisten punkten kann.«
Zauberspiegel

www.emons-verlag.de

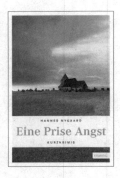

Hannes Nygaard
EINE PRISE ANGST
Broschur, 240 Seiten
ISBN 978-3-89705-921-4
eBook 978-3-86358-068-1

»*Hannes Nygaard erzählt schwarze Geschichten zum Gruseln und Schmunzeln.*« Lux-Post

www.emons-verlag.de